法国大革命批判辞典

3

制度卷

〔法〕弗朗索瓦·孚雷 莫娜·奥祖夫 主编

张智 译 刘北成 校

商务印书馆
创于1897 The Commercial Press

François Furet
Mona Ozouf
et collaborateurs
**DICTIONNAIRE CRITIQUE DE LA RÉVOLUTION FRANÇAISE
INSTITUTIONS ET CRÉATIONS**

©Editions Flammarion, Paris, initially published in 1988,
New revised and enlarged edition in 2007
根据 Flammarion 出版社 2007 年版翻译

《法国大革命批判辞典》中文版
编委会

刘北成　庞冠群　申华明

张　智　黄艳红　洪庆明

说　明

本册据弗拉马里翁（Flammarion）出版社2007年出版的《法国大革命批判辞典》（修订版）第三卷《制度卷》翻译。修订版经重新审读和校对，文献目录也大幅更新，并增添了布罗尼斯瓦夫·巴奇科撰写的词条"公共教育"。

"参见条目"中黑体标注者为本卷中的词条，其余则见于本《辞典》其他各卷，即《事件卷》《人物卷》《观念卷》《阐释卷》。

中文版编委会

2021年

一部"革命政治的表象史"

(代译序)

法国大革命,若从 1789 年算起,已经 230 多年了,但是它的影响至今不灭。

大革命为什么重要?以色列史学家阿隆·康菲诺对此作了一个解释。他把法国大革命称作一个"根基性过去"(foundational past):"根基性过去是指代表一个时代的事件,因为它体现了一种历史创新,成为道德和历史尺度,成为衡量一切人类事物的尺度。根基性要素不是事件的一种内在品质,而是存在于人们主观性之中的一种历史建构。"在他看来,法国大革命正是上述意义上的历史创新事件。具体而言,"《人权宣言》和恐怖重新定义了政治和道德。大革命催生了从 1789 年起决定现代欧洲和世界历史的思想和实践:自由主义、社会主义、女权主义、人权、总动员以及革命观念本身。大革命是关于民主和国家恐怖的第一次现代经验,因此被视为衡量现代历史的新标准。对于英国评论者埃德蒙·柏克来说,它是一个不惜任何代价都要避免的模式,但对于列宁来说，它是一个值得效仿的典范。"①

康菲诺的论断言简意赅，颇有见地。大革命作为现代性的雅努斯门槛，以《人权宣言》和恐怖两副面孔示人，不仅粗暴地截断了过去与现代，而且预示了"现代"或"现代化"的张力和冲突，开启了现代世界的路线竞争。

在西方乃至更广大的世界，从柏克-潘恩论战开始，有关大革命的争论从未停止。一代代的研究者和论战参与者，自觉不自觉地代入89年或93年乃至帝国的党派。这里不仅有语境和代际的差异，也有物质和精神利益的关联。正如法国历史学家弗朗索瓦·孚雷曾总结的："其他任何历史争论都没有如同每一代人都会发生的关于法国大革命的争论那样激烈和尖锐。"实际上，大革命不仅是一个历史事件，而且一直以历史话语的形式参与现实生活。现实与大革命形成互文关系。每一代人需要用大革命叙事和阐释来提供实践和思想的依据，大革命的历史话语成为现实的建构因素。而每一代人的大革命话语也是当时的现实映像，每一代人基于当代记忆和想象的历史话语来重构大革命。当然，大革命的历史话语积累了丰富厚重的思想遗产。

按照莫娜·奥祖夫的说法，法国经历了"旧制度与大革命的百年战争"，到19世纪末大致尘埃落定。艰难出世的第三共和国终于向第一共和国遥遥致敬。后来有"老虎总理"之称的共和

---

① Alon Confino, "Introduction. Edge of the past" in id., *Foundational Pasts: The Holocaust as Historical Understanding*, New York: Cambridge University Press, 2012, pp.5-6。康菲诺认为，法国大革命和大屠杀是近现代的两个根基性过去。他赞同孚雷的大革命结束论，理由是大屠杀的重要性在逐渐取代大革命。

派政治家乔治·克列孟梭宣布：大革命是一个整体（bloc），必须完整地接受大革命的一切，包括恐怖。这个基调当然不能结束争论。大革命史学作为一门专业学科，就是在第三共和国的实证主义和共和主义的氛围中诞生的。20世纪前期和中期，以巴黎（索邦）大学法国革命史研究所为中心的专业研究深受马克思主义的影响，自马迪厄、勒费弗尔到索布尔形成了学院派正统。学院派目光向下，开掘社会经济分析，将视野扩大到农村、无套裤汉以及民众心态，但他们对雅各宾派有明显的偏爱。本书第5卷有关于学院派的详尽评述，尽管是通过孚雷的批判目光，但仍可窥见一斑。

1989年，正值法国大革命二百周年之际。此前，索布尔的继承人米歇尔·伏维尔受法国政府委托协调法国和国际的相关学术活动，但是以孚雷为代表的修正派也开辟了另外的学术天地。1988年出版的《法国大革命批判辞典》就是修正派的集体之作。

《批判辞典》的主编和主要撰稿人是弗朗索瓦·孚雷和莫娜·奥祖夫。孚雷（François Furet，1927—1997）属于年鉴学派的第三代。年鉴学派第一代（吕西安·费弗尔和马克·布洛赫）和第二代（布罗代尔）以及第三代多数历史学家（如雅克·勒高夫）关注跨学科研究，偏爱总体史、社会史以及心态史，不愿触及大革命这样的"事件史"和政治史课题。孚雷是一个例外。他曾加入法共，匈牙利事件后退党。他从进入学界就热衷研究大革命，先后发表《法国革命史》（两卷，与里歇合著，1965年）、《思考法国大革命》（1978年）和《马克思与法国大革命》（合著，1988年）。他从马克思主义的社会史研究起步，但转而反对学院派的"雅各宾史学"和马克思主义社会史研究取向，主张回归19世纪托克维尔和基内的思路，强调大革命发生和整个进程的复杂性和偶然性。他先后主持法国社会科学高等研究院和雷蒙·阿隆研究所，建立了修正派的道统。奥祖夫（Mona Ozouf, 1931— ）是孚雷学术小圈子中的密友。她以《革命节日》（1976年）这部创新之作开启了对大革命的政治文化研究，也得到一些年鉴学派学者的认可。他们二人代表了年鉴学派第三代中的政治史回归倾向和政治文化分析取向。

《法国大革命批判辞典》并非人们常见的辞典。我们可对比一下1989年出版的《法国大革命历史辞典》。二者都是规模宏大的集体作品。《历史辞典》由学院派已故掌门人索布尔启动，由伏维尔主持完成，编写者64人，均为大学及其附属研究所的法国革命史专业学者。全书1132页，按照法文字母顺序排列，收录1000多个词条，并附有大事年表，可谓关于法国大革命的一部百科全书。与之相比，《批判辞典》的体量大体相似，全书1122页，却只有99个词条，每个词条是一篇长文。编写者只有24人。孚雷、奥祖夫和里歇三人撰写了其中的53篇。① 所有作者都就职于法国大学体系之外的机构：法国社会科学高等研究院、法国国家科研中心或国外大学。（这里需要说明一下，法国社会科学高等研究院是布罗代尔在大学之外组建的研究机构。）其中一些作者并非法国革命史专业研究者，而是政治学或政治哲学学者或社会学者。全书按照专题分为5卷，不是按照社会理论概念

---

① 第二版增补了6条，总计105条。新增条目是雾月十八日、圣多明各革命、布里索、圣茹斯特、公共教育和绝对君主制。其中圣多明各革命由新邀的意大利学者撰写。

分类（如政治、经济、宗教等），而是对一般历史现象加以分类（事件、人物、制度、观念和阐释者）。有评论者认为，这两部辞典属于两种历史书写体系，前者提供实证基础上的史实，后者则偏重阐释、比较和话语分析。后者许多词条明显利用了学院派的研究成果。当然，奥祖夫等人也显示了坚实的档案研究功底。

在孚雷看来，对大革命不论诅咒还是歌颂，都属于"纪念史学"，大革命依然是一种身份话语，在这个意义上，大革命依然没有结束。但是，时代已经变了，从第三共和国到第五共和国，大革命的基本原则得到了充分落实。我们可以告别革命，亦即，不再代入大革命的角色，可以用一种批判的态度反思法国大革命。借助恢复被学院派史学霸权所遮蔽的19世纪的思想资源，我们可以重新获得评判大革命的勇气和能力。[①] 该辞典的"批判"主旨也正在于此。

在方法论上，辞典的作者们剑走偏锋，拒斥学院派的社会经济解释，认为后者使用的概念（如封建制）需要还原到历史语境中。《批判辞典》完全自限于政治史，但是也开出一条政治文化研究的新路。有评论者指出："辞典作者的主要方法论标准，是对'革命者对自己行动的表述'的研究。……不仅仅是在19世纪历史学家的指令下重写法国大革命，批判史学还在特别关注'法国大革命关于自身的话语'的基础上，对'观念在法国大革命中的作用'进行了初步评估（转引奥祖夫的话）。一些词条对法国大革命中文本的分析以及对话语融贯性的恢复解释了这些作用。这里看到

[①] 参见傅勒（即孚雷）的《思考法国大革命》，生活·读书·新知三联书店，2005年。

的远不是一个虚无缥缈的思想故事。因此,《批判辞典》最具原创性的贡献在于一部'革命政治的表象史'。这是一个已经部分完成但仍有待完成的历史,这可能解释了表面上并不完整系统的词条选择,但我们已经可以特别欣赏到关于革命概念的精彩系列,要么是高度象征性的(如奥祖夫关于自由、平等、博爱、再生、革命的词条),要么是相当重要的关于新政治艺术的(如贝克关于主权的词条)。"①

大革命二百周年的纪念活动确实呈现出一派纪念的气氛,但无论法国国内还是国外,重心在《人权宣言》。法国政府给先贤祠增补了3人,包括启蒙哲人、吉伦特派成员孔多塞,立宪派主教、鼓吹废奴主义的格雷古瓦教士和数学家蒙日。修正派史学也赢得了媒体。"我赢了",孚雷的这句玩笑话也并非虚夸。伏维尔在中国出席史学界的纪念活动时,甚至听到"我们都是热月党人"这种令他难以置信的表达。放眼当时全球的"山崩地裂"(霍布斯鲍姆的比喻),修正派的胜利其实不过是时代潮流转向和国际学术进展的一个表征而已。

近年来,无论修正派还是学院派都已回归平静的学术研究。有关大革命的争论似乎止于青萍之末,不再掀起惊涛骇浪。大革命是否真的成为了过去?近日有新闻说,法国现任总统马克龙悄悄地把三色国旗上的蓝色改回象征法国大革命的海军蓝。在发生《查理周刊》袭击、出版《21世纪资本论》的国度,这会是什么预兆吗?

* * * * * *

---

① 法国政治观念史学者雅克·吉约蒙的书评。

一部"革命政治的表象史"（代译序）

法国大革命在现代中国的历史话语中占据重要地位。各个时代各个流派代表学者以《法国革命史》为名的经典史著大多译成了中文。孚雷也曾撰写过《法国革命史》，提出著名的侧滑论，但很快就放弃了。因此，《法国大革命批判辞典》可以作为修正派的代表作，进入法国大革命史学的谱系。也许它是大革命史系列的一个压轴之作，至少目前看是如此。这一学术价值判断是我们选择翻译这部著作的一个学术动机。

刘北成

2021 年 11 月 21 日

目 录

军队（Armée） ……………………………………………… 1
革命议会（Assemblées révolutionnaires） ……………… 16
指券（Assignats） ………………………………………… 32
国有财产（Biens nationaux） …………………………… 50
历法（Calendrier） ………………………………………… 64
俱乐部及民众社团（Clubs et sociétés populaires） …… 79
民法典（Code civil） …………………………………… 105
救国委员会（Comité de salut public） ………………… 125
巴黎公社（Commune de Paris） ……………………… 134
宪法（Constitution） …………………………………… 151
教士公民组织法（Constitution civile du clergé） …… 175
省（Département） ……………………………………… 189
革命政府（Gouvernement révolutionnaire） ………… 206
税收（Impôt） …………………………………………… 225
公共教育（Instruction publique） ……………………… 239
最高限价（Maximum） ………………………………… 261
革命宗教（Religion révolutionnaire） ………………… 272

选举制度（Suffrage） …………………………………… 291

军队
Armée

自革命伊始,革命者就处于恐惧之中,害怕会遭到侵略,因为他们明白他们向欧洲的旧秩序提出了极大的挑战。1791年,战争的压力变得更加急迫,布里索及其他一些人就断言,革命要么是扩张主义的,要么就会被摧毁。《皮尔尼茨宣言》和《不伦瑞克宣言》只是点燃了民众的激情,加剧了民族的神经症。从1792年向奥地利宣战起,直至拿破仑的雾月政变,法国几乎一直处于与欧洲其他强国的战争之中,这是一场在人力和物力方面付出了昂贵代价的战争,它由此也使得许多国内成就扭曲变形。在这样的环境中,军队不可避免地在国家事务中扮演着至关重要的角色。同样不可避免的是,它迅速政治化,被视为革命政治中不可或缺的组成部分。

当然,大革命继承了旧制度下的线列军(l'armée de ligne)。这支军队并没有被解散,直到推行军事改革前,它仍是法国主要的国防手段。不过,对许多人而言,用它来保护大革命,则远远无法令人满意。它是在地方上由旧的外省军团招募形成的,这使得革命者迅速将它和旧秩序下的特权等同起来。当兵服役,不是出于一种迫切的义务感,而是出于贫困和绝望;军队中士气低落,纪律靠野蛮的体罚来强制执行,而且普通士兵没有任何公民权利和自由。相反,军官团体由贵族组成(1781年的《塞居尔条例》要求所有军官必须能够证明自己至少有四个盾形纹章),而且职位经常由卖官鬻爵得来。军队规模相对较小,在紧急时刻,则靠强制性的军役补充兵力,这是一种不平等又招人怨恨的制度,它给民众所带来的沉重负担,已成为陈情书中数不胜数的抱怨的主题。简而言之,这支军队因其自身结构,是有可能削弱大革命所追求的那些理想的。

同时,它还激起了更多现实的反对意见。在攻克巴士底时,军队中许多人违抗军纪,加入起义民众,这时,他们是在表达自己的真实情感。1790年和1791年,军队中士兵哗变的例子不断增加,最著名的例子是南锡的士兵哗变,因为参加者指望着革命能结束军官的暴虐统治。这些军官中的许多人成为首批流亡者,他们放弃了职位,与家庭成员在国外会合,而不是去背叛他们的教会和国王。1791年至1792年12月期间,因辞职或政治流亡,旧线列兵部队失去了约1/3军官。迪穆里埃(Dumouriez)也许是最为臭名昭著的流亡军人,可他也不过是众多流亡者中的一员。

军队改革不单单源于一种教条主义的意愿,即创造一个顺从于国家的工具,它还源于冲突所造成的多方压力。1790年南锡的士兵哗变给旧体系所造成的震撼和迪穆里埃投敌一样强烈;尽管它被野蛮地镇压下去,但其对执政者所造成的影响却不曾消失。一系列改革接踵而至。人们取消了残酷和屈辱性的惩罚。军衔的授予以功勋而非社会出身为标准。人们中止了国王对于外国雇佣军的依赖,取消了线列兵与民兵之间的区别,还废除了强制征兵的习俗,这种习俗在旧制度法国的城市和乡村中促成了对于军事机构的畏惧。各军团对于各自省份的依附被废除,军旗之下的应召者是为法兰西、为民族、为祖国服务。换言之,人们努力将旧线列兵军团转变为真正的国家军队,在这样的军队中,每一位法国人都骄傲地把在军队服役作为一种义务,服军役也成为公民身份所隐含的责任之一。

这些改革本身有助于提高部队士气,但革命者不可能只满足于这些局部的变化。一支旨在踏遍欧洲、传递法国大革命解放信息的军队,必须在政治上和军事上,为这一任务做好准备。而且,尽管这支军队源于1789年的王室军队,通常在军事技艺方面训练有素,技术娴熟;然而,人们不禁怀疑他们缺乏进行这种新式战争所必需的政治意愿。这里并不只是担心看到他们会在每场战役结束后纷纷开小差或溜回家;更多的是要改变每个法国人心目中根深蒂固的关于18世纪士兵的形象:迫于暴力而唯命是从,拖着残躯回到村庄,缺乏维持生计的手段,也没有家庭,注定要在当地的济贫院或慈善之家(maison de charité)中度过余生。新的政治秩序需要一支新型军队,它应以一种截然不同的方式从更广泛的不同阶层的人口中招募而成。因此,议会强调志愿服役的原则,并在1791年和1792年,发出充满激情的号召,号召人们为了将祖国从敌人手中拯救出来,要做好准备,无私地奉献他们的服务,甚至在必要的情况下,奉献他们的生命。

令地方政府颇为满意的是,众多的法国年轻人响应号召,在1791年首次号召时尤其如此。当时法国与她的邻国还处于和平状态，而且任何可能的冲突都似乎将是短暂且充满荣耀的。相反，旧线列步兵军团的征兵已然终止。在大革命最初的美好日子里，这些志愿军的形象中还存在着某种无忧无虑和英雄主义。年轻人获得了同乡的尊敬。人们向他们许诺，说当他们凯旋，回到市镇后，就能获得优待；他们还获得了在线列步兵军团中"白裤兵"（culs-blancs）无法企望的特权。他们甚至还获得了在必要时返回家中处理个人事务的权利；而且他们的服役时间不超过一次战役。在这一点上，1791年12月28日法令有明确的规定："所有被国民自卫军志愿营接受的公民，在每次战役结束后，都能自由离队……战役将认定在每年12月的第一天结束。"

志愿军团与传统线列步兵军团相分离，并且享受着线列兵部队所没有的特权，它们的创立势必激起紧张、引发妒忌。如果说线列步兵军团的士兵以他们的技术才能为傲，对新兵的业余表示出蔑视的话，那么，对志愿军而言，他们则强调自己对于大革命的政治忠诚，并将线列兵部队视为只是为钱卖命的雇佣兵。这种分裂毒害了军队内部的关系，使得不同部队之间难以合作。正是为了解决这一问题，迪布瓦-克朗塞（Dubois-Crancé）筹划了最为激进的军队组织改革——1793年2月21日的混编法，这个法令引发了巨大的争议，遭到了激烈反对，尤其是来自于吉伦特派的反对。混编法将两个志愿军的营和一个线列步兵的营合并，形成一种新的单位——半旅（demi-brigade），由此结束了军队内部的两分。它还结束了这两支军队在薪饷、纪律和服装方面的差异。它采取了低级军官和士官的选举制，旧的正规军只获得了1/3的位置。人们相信，在新的半旅中，所有士兵之间的合作是可能的：

职业军人传授志愿军军事技术，与之相应，志愿军则和他们交流政治觉悟和公民意识。受战争形势所迫，这一法律推迟了几个月，最终在1793—1794年的冬天实施；尽管这一法律因其理想主义，遭到时人的蔑视，但在将革命军队塑造成为一支高效、能取得胜利的军事力量方面，它扮演了至关重要的角色。

单凭志愿军就可以进行一场漫长、耗资巨大的战争，这样的观念过于理想主义了。第一部召集志愿军的法律，面向的是18—40岁的男性，而在随后的几年中，潜在新兵的数目几乎没有变化。大多数真正有热情的人，在1791年就已经入伍，由此导致登记的人数在1792年显著下降。对奥地利的战争并没有如乐观主义者梦想的那样，以一种轻而易举的胜利结束；伤员和士兵开始陆续返回法国的村庄；前线的来信讲述的是军旅生活的恐怖、垂死者的鲜血和哀号、补给的中断以及军营日常生活的单调无聊。本来已经准备好为祖国做一番丰功伟绩的人，在延长服役期限的观念前退缩了。因此，至1793年，政府发现，如果要补足军团兵额，它就不得不借助某种形式的强制兵役。尽管人们始终精心维系着志愿服役的话语，但1793年的两次大型征兵——2月的"征召30万新兵"及随后夏季的"总动员"（*levée en masse*）——却采用了指派和强制。政府急切地需要补充人力；需要重于原则，所采用的程序也极度粗略。征召的标准按照各省份的人口比例简单地加以确定，而如何实施则留给各市镇自行决定。它们的义务是为军队提供人员，所有18—40岁的未婚男性，或没有子女的鳏夫，都处于永久征用状态。将军们获得了他们所需要的步兵，就这一意义而言，这种征兵制度起到了作用，但它在社会的很多地方，留下了一种苦涩感。总动员是由抽签来决定谁应征,并且——只在这一阶段的征兵中实行——不允许富人出钱找人代役;它无疑招致了相当程度的不满,尤其在农村地区;但人们认为它的不公正更少,造成的分歧也更小,正因为此,普通大众更能接受这一法令。

尽管存在这些重要的原则,但我们并不能想象大革命成功地制定了一种完全公正的征兵方法。在原则的实施中,牺牲的程度明显不同。与农村相比,城市付出了更多,与农民相比,手工业者付出了更多。18—22岁的青年构成了新兵的主体。在整个大革命期间,有利于富人的替代制度以及官员所享受的豁免引起了普遍的愤怒。更为重要的是,军队需要的人数每年都有很大的变化。如果说 1793 年的征兵数字几乎大到令人恐惧的话,那么,在随后几年中,法国并没有实行系统的大规模征兵,直到 1799 年年度征兵的引入。那些在 1793 年不幸抽到人人都憎恨的"黑票"的人,五年之后仍构成了军队中最重要的部分;如果他们觉得自己被要求支付政府"血税"中过多的份额,这也是可以得到谅解的。年度征兵制(共和六年茹尔丹法)的生效,成为了第一帝国庞大军队的源头。尽管它在人力方面有着或多或少的透支,尤其在以农业为主的村庄里;但这类征兵制度,建立在对符合征召年龄者进行普查的基础上,这至少会拥有一点好处,即可以得到大众的理解,并且看上去相对公平。革命者们依赖于抽签和净化表决(scrutin épuratoire)①,他们从未达到标准化或高效行政的程度。

---

① 政审的方式。——译者(本书页下注均为译者注,不另注。)

村民用净化表决选出爱国的年轻人，让这些年轻人替他们去打仗，这就为最可怕的滥用敞开了大门，而抽签决定则让人们回想起了旧民兵时期的放肆行径。在1790年代，大革命从未真正成功地说服大多数人——至少在乡村是如此——使他们相信，对一名公民而言，军役是公民的一项神圣义务，或是年轻人可接受的一份成年礼。

不过，它成功地创造出了一种与18世纪的军队极为不同的新型军队。它起用了那些经历过考验的人作为军官，而他们中的许多人，在旧线列军团中都只是士官，今后，这些人就有希望看到，会有迅速的升迁和更为重要的职位作为服役的回报。社会出身不再成为晋升的障碍，尽管对于更重要的指挥权而言，政治忠诚仍是基本标准。年轻人也获得了回报，才华横溢的年轻军官，如奥什（Hoche）或波拿巴本人，迅速升至军队的关键职位。政府通常根据政治标准，直接任命将军，而低级军官则由他们的人选举产生。正如圣茹斯特所解释的那样："选举将军的权利属于整个共同体。"在外国人眼中，这种制度似乎是通往混乱的根源。但正是这一体系，为法兰西赢得最重大的胜利，并让如马索（Marceau）和奥什（Hoche），克莱贝尔（Kléber）和茹尔当（Jourdan）这样杰出的将领，成为军队首领。它促使军队内出现了一种新的统一的指挥，因为军官们不再与他们指挥的军队相隔绝，而在旧制度下，他们由于无法逾越且荒谬无稽的阶级壁垒而不能直接指挥部队。军官的社会出身完全变得多样；共和二年的军队中，约1/3的军官是中等阶级出身，当然，这绝不是说中等阶级出身的军官已经扮演了主导角色。在把军队塑造成一种真正的国家机构的过程中,这种开放的新现象起到了至关重要的作用。

创建革命军队当然并非是一帆风顺的。无论从军事角度还是从纯粹的行政角度来看,仅仅军队的规模就显示了困难的根源之所在。按照18世纪的惯常标准,从1793年改革及共和二年改革中诞生的军队规模绝对庞大。在1757年,七年战争期间,法国拥有两支军队,分别为99 000人和24 000人。相比之下,总动员的目标是总共募集75万人的兵力,这被认为是拯救身处危急中的祖国所必需的力量。在随后几年间,军队人数明显下降,到共和三年果月,已经少于50万人;至共和六年年底,降至326 000人。尽管如此,事实上,在整个战争年代,革命的法国继续依靠庞大的军队;而这就带来了供给、纪律和控制方面的问题。采取新的战术成为必要,这种新战术与18世纪那种训练有素、密集的战斗队形全然不同。

战术必须得到调整,以便与所部署部队的类型相适应。早期的军事失利,很大程度上可以归因于人们没有认识到,单凭仅有热情而几乎毫无训练的步兵,是无法成功地打一场传统战争的。在早期,人们过于将重要性与政治信念和品行端正联系在一起,仿佛单靠这两种品质就能赢得战役的胜利。人们要求军队防御过长的边境,它们过于随意地分散在幅员广阔的国土之上。通常,法国纵队显得笨重累赘,毫无机动性。然而,至共和二年冬天,人们重新考察了战术,在战争技艺方面对士兵进行了更为专业的训练。将军们开始强调高机动性,这样,军队可以控制广阔的区域,同时还可以迅速将兵力集中到战场要冲之处。军队侧翼接受了训练,能够迅速转向,突破敌人的队列。不过人们首先将"大众战术"

发展成为一种严密的军事学说。在1793年10月8日的一封信中，救国委员会对其进行了极为扼要的阐释："发动决定性打击的时刻已经到来，这需要采取大规模行动。此类单独行动弥补并引发了其他所有行动。它比任何细枝末节的行动都更为有用。不要因在多个位置，以相同或较少的兵力击败敌人而自鸣得意。那是一种骑士的荣誉，并不适合我们的制度，正因为存在这种错误的荣誉观念，战争才无止境地持续下去。"简言之，革命军队采用了一种与它们所掌握的大量年轻新兵相适应的战略。它们也为现代战场战略的演进做出了自己独特的贡献。

尽管炮兵提供了至关重要的支援，但革命者还是最依赖步兵；骑兵所起到的作用，与它们在传统的18世纪的战争中相比，要弱得多。人们还强调进攻以及突然袭击的价值。"采取攻势，不停进攻，"共和二年牧月8日，救国委员会写到，"进攻，这样我们自己就不会被攻击。"这种进攻型的策略有助于解释共和军队在1793年和共和二年间重新取得的成功。这正是"战争命运"大转折的时期，法国人重新夺取了主动权，并获得了令人敬畏的战士的声名。战局逆转的特征之一是，使用刺刀这样的冷兵器作为武器进行肉搏战。如同约翰·林恩①所指出的那样：刺刀崇拜几乎要成为一种军事教义；不过，在关键性的这几个月中出现的战术体系，远不能简化为单纯依赖于一种武器。尽管根据道德和政治信念来评价法国的成功也许是颇为诱人的，但单凭高度军队动员并不能解释战局所发生的、有利于革命者的逆转。如同林恩

---

① 约翰·林恩（John Lynn, 1943—　），美国军事史学者。

所强调的那样:"法国人在战场上的成功至少还依赖于其他三个因素:对技术的掌握达到适当的程度,这只能来自于训练;有一种与法国大革命的资源相匹配的军队结构;有一套利用了所有适合于那个时代的人和武器技术的战术体系。步兵成了'战场女王',因为它满足了这些标准。"被革命领袖的修辞所炫惑的历史学家们,也许还想不到从非军事角度来解释军队的成功。因政治权力的任命成为最高指挥官的人,以及新获晋升、突然成为半旅指挥官的前士官,通常是满脑子革新观念的战士。胜利还缘于迅速出现的新型职业精神。

我们不能因此忽略政治因素。指挥战争是落在各大委员会身上最重要的任务之一,他们以极度干涉主义的方式对他们所扮演的角色进行了解释。特派员前往军队,监督战争的指挥并确保政治教导得以实施,就如同在外省一样。战争特派员一直驻扎军队,直到营一级。甚至在战斗中,军事权威也并未与政治控制明显区分开来,因为当特派员认为局势要求非这么做不可时,他们就能否决负责军官所下的命令。譬如,当将军打了败仗,或把军队带到了穷途末路时,他们就可能成为政治处罚的牺牲品,处罚从仅仅受到训斥,到免职直至刑事指控。譬如在北方军团,卢克纳(Luckner)、居斯蒂纳(Custine)及乌沙尔(Houchard)这三名指挥官,就因在1791至1794年间的军事失利而遭到审讯,并被送上断头台。政治特派员可能会取代无能的将军,成为军队首领,而他们的战争经验则是以俱乐部和国民公会中的辩论为基础的。雅各宾派议员迪戈米埃(Dugommier)作为特派员前往东比利牛斯军,他亲自担任指挥,以此解决了指挥能力平庸的问题;

他表现出了极高的指挥天赋，成功扭转了变幻莫测的西班牙前线的战局，使其变得有利于法国军队。在一个所有职业忽然向一切才智之士开放的时代，雄心勃勃的人没有理由不在军事领域里也和在政治领域里一样大显身手，而且政治家一直心存恐惧，害怕非政治化的军官阶级有可能叛国和背叛革命。此外，人们在一支有着高度政治意识的军队中，看到了军事力量和信念的源泉。圣茹斯特是最为活跃的军队特派员之一，他认为，政治职责对营这样的战斗单位的效率而言是至关紧要的。对此，他从未有过一丁点儿怀疑。在他看来，"军队……正展示着对于民族不容置疑的忠诚，正是这种忠诚，与职业士兵的专业精神相结合，构成了军队的真正力量。"

当其他国家的军队竭尽全力，彻底去除军队的政治色彩时，共和国则力图使它的士兵政治化。他们归根结底是公民，作为公民，他们享有政治自由。他们可以投票，参加游行示威，在军队里组建俱乐部，或是经常出入他们所驻防的城市中的俱乐部。人们向士兵发放报纸，以加强他们的政治教育：不仅有如《军营之夜》这样专门为军队办的报纸，还有《国民公会公报》及挑选出来的当时的政治传单。人们为军队订购了大量报纸，合计约750万份，此外还用各种方法确保战士能知晓每天的主要政治议题。譬如，在北方军团中，《杜歇老爹报》流传甚广，同样流传广泛的还有各色传单以及各种爱国歌曲。在战斗前夕，长篇政治演讲有助于动员士兵，人们还利用爱国节日，以一种鲜活和具象的方式来展现政治。纪律——由军事法庭强制施行——同样包含了强烈的政治道德因素，它尤其致力于处理那些被认为摧毁了对军队的信任及军队诚信的罪行，如抢劫和抗命，叛逃（要么为了投敌，要么为了在国外立足），表达不爱国或反革命的观点。对待"非公民的言辞"（propos incivique，对这一概念的界定颇为空泛，这样就几乎能将所有对于大革命及其领袖的批评囊括在内），人们不会对士兵表现出比在公民社会里更大的宽容。在军队事务中，通过树立典范、威慑和政治权力的直接干预，大革命试图塑造出足够政治化、相信他们为之而战斗的理由的士兵。有时它也会走得太远，在军队中产生出埃尔贝派小组和忿激派小组，他们对平等主义的热忱远远超出了巴黎的政治领袖。在北方的许多城市中，如里尔和康布雷，卫戍部队的士兵将他们的激进观点强加于当地的雅各宾俱乐部，并促使它们变成极端主义的温床。后来，在督政府统治时期，雅各宾俱乐部遭到关闭，成员被清除，一些雅各宾派活动家面临报复的威胁，就把军队当作避难所。

　　问题依旧不少。尽管有严刑峻法，但抢劫仍是法国军营的一大祸害。当在境外作战时，士兵认为战利品是合法奖赏；要劝阻他们不在本国境内寻找同样的好处，通常也很困难。的确，在军饷被拖欠相当长的时间——动辄几个月——的情况下，抢劫更具吸引力；此外，政府支付给所有在编人员的指券，通常遭到农民和旅店店主的拒收。为军队提供食物和衣物，武器和弹药，也成为革命政府常常无法以令人满意的方式解决的问题。士兵们忍饥挨饿，情绪低落，装备糟糕，他们很容易变得心怀怨恨。厌倦和缺吃少穿使他们元气大伤。思乡病——军队驻扎在远离家乡的地方，军医常会诊断出一种可怕的"乡愁病"——导致呕吐、嗜睡，在最极端的例子中，甚至导致死亡。士兵感觉遭到了抛弃和欺骗，尤其是当他们得知妻子和孩子并未收到国家许诺发放的年金时更是如此。不满常常导致逃离军队——在大部分情况下，不是投敌，而只是回到农场或手工作坊那种熟悉的、令人安心的生活方式之中。政府的宣传描绘了一幅美好画卷：为了一个深信的理由，志愿军们激情燃烧。这种理想主义的确存在，尤其在雅各宾统治时期，那几个月，政治化达到了极致。但革命士兵寄回家的书信，常常讲述的是一个完全不同的故事：征兵将年轻人生生带离市镇，他们被迫穿上军服，为几乎无法理解的原因作战。来自比利牛斯山和中央高原的农村青年，几乎无法加入到关于公民身份和平等观念的热烈讨论之中；在现实中，军人日常生活似乎常常与征兵士官所使用的英雄主义修辞相去甚远。

过于强调这些不足之处，也许不太恰当，因为其中许多是那个时代所有军队的通病。而大革命在军事方面所取得的成就是不可否认的：它创造了一种重新整合的新军队结构，打破了地方主义和享有社会优先权的旧传统，并在士兵和公民之间建立起一种不确定但真实的和谐。所有这些进展都需要政治意愿和军事远见，而这两者都不缺乏。在对于士兵及其家属的关心之中，在为寡妇和孤儿提供抚恤金的方案中，在对残疾军人院条例的改革中，大革命也显示出了值得称道的一面。至于军队本身，它们立即放弃了雅各宾式的过度政治化，强调才干和训练更甚于爱国主义。到意大利战役开始之时，它们与在瓦尔密战役和热马普战役获得最初胜利的志愿军已经相去甚远了。在训练士兵的方法上，它们要复杂得多,专业得多。拿破仑巨大的军事野心,正是建立在这些既成的基础之上的。

阿兰·福雷斯特(Alan Forrest)

延伸阅读

BERTAUD, Jean-Paul. *La Révolution armée. Les soldats-citoyens et la Révolution française*, Paris, R. Laffont, 1979.

BERTAUD, Jean-Paul. *La Vie quotidienne des soldats de la Révolution, 1789-1799*, Paris, Hachette, 1985.

CORVISIER, André. *L'Armée française de la fin du XVIIe siècle au ministère de Choiseul. Le soldat* (thèse Faculté des lettres et sciences humaines, Paris), 2 vol., Paris, Presses universitaires de France, 1964.

FORREST, Alan. *La Révolution française et les pauvres*, Marie-Alyx Revellat 译自英文, Paris, Perrin, 1986。英文原版为: *The French Revolution and the Poor*, Oxford, Basil Blackwell, 1981.

GODECHOT, Jacques. *Les Institutions de la France sous la Révolution et l'Empire*, 2e éd., Paris, Presses universitaires de France, 1968.

GROSS, Jean-Pierre. *Saint-Just. Sa politique et ses missions*, Paris, Bibliothèque nationale, 1976.

LYNN, John Albert. *The Bayonets of the Republic: Motivation and Tactics in the Army of Revolutionary France, 1791-1794*, Champaign, University of Illinois Press, 1984.

MEYNIER, Albert. «L'armée en France sous la Révolution et le premier Empire», *Revue d'études militaires*, 1932.

REINHARD, Marcel. «Nostalgie et service militaire pendant la Révolution», *Annales historiques de la Révolution française*, 1958.

SCOTT, Samuel F. *The Response of the Royal Army to the French Revolution: The*

Role and Development of the Line Army, 1787-1793, Oxford, Clarendon Press, 1978.

SOBOUL, Albert. *Les Soldats de l'an II*, Paris, Club français du livres, 1959.

参见条目

波拿巴（Bonaparte）

布里索（Brissot）

意大利战役（Campagne d'Italie）

救国委员会（Comité de salut public）

流亡者（Émigrés）

忿激派（Enragés）

自然疆界（Frontières naturelles）

埃贝尔派（或科特利埃派）（Hébertistes（ou Cordeliers））

民族（Nation）

圣茹斯特（Saint-Just）

革命议会
Assemblées révolutionnaires

菲勒蒂埃[①]告诉我们:"会议/议会(Assemblée),即人们为了同一目的,在同一地点集会。教士大会(Assemblée du Clergé),省三级会议(Assemblée des États),秘密非法大会(Assemblée illicite, clandestine)……"实际上,旧法国对这三类会议并不陌生。五年一次的教士大会,因1560年的普瓦西协约(Contrat de Poissy)而为君主政府承认。三级会议省——保留了省三级会议的地区——每年都会召开会议,会议所扮演的基本角色就是同意——当然,并非没有讨价还价——国王所要求的税收额度。当国王希望向所有的省进行咨询时,他有两种方式:显贵会议和三级会议。这两种方式最为接近,但它们在形式上并不相似。前者的召开使君主政府可以获得某种"一致同意"(consensus),而无需付诸召开后者所需的迟钝而复杂的选举机制,在君主政府必须做出某种根本抉择时尤为如此。当1506年,路易十二想要

[①] 安托万·菲勒蒂埃(Antoine Furetière, 1619—1688),编有《大词典》(*Dictionnaire universel*)。

批准解除其女与未来的查理·昆特之间的婚约时；当1527年，弗朗索瓦一世坚决不履行他在《马德里条约》中所许下的承诺时；1560年，为了检查新教徒的状态，1596年（鲁昂）及1627—1628年（巴黎），都召开了显贵会议。1628—1787年间，则从未召开显贵会议。1789年之前的最后一次三级会议，是在1614年召开的。在当时人眼中，这两种会议形式之间的差异比在我们眼中要小得多：虽然两者遴选代表的方式不同（前者是任命，后者是选举），但是在两种会议中，三个等级都有代表，都以公开的书面咨询意见或以陈情书的形式为会议做准备。

大革命诞生于这些古老的制度。1787年2月，卡洛纳（Calonne）召开了显贵会议，从宣布要召开显贵会议那一刻起，就使人们热情高涨；人们在其中看到了一种代表制的可能性，让人联想起过去，联想起加洛林王朝古老的"三月校场"或"五月校场"。一位编年史家写道："当天最大的新闻就是国民议会的召开，它在公众中造成了最为强烈的轰动。人们带着崇敬和感激，看到我们的君主呼吁国民站在他那边。"人们将路易十六比作查理曼。将这次与会的144人，其中大部分为贵族，视为国民代表，这种对于历史的曲解，其实无关紧要。意象比现实更具革命性。显贵会议失败后，三级会议的召开变得越来越紧迫。省议会出自卡洛纳的想法，而洛梅尼·德·布里埃纳（Loménie de Brienne）则以1788年6月17日敕令，指定了它的职能，不过这些职能可能有些方面过大，有些方面过小。首个革命议会在多菲内省的维齐耶（Vizille，1788年7月21日）召开。第三等级在维齐耶的会议中占据了支配地位，会议宣布第三等级代表人数翻倍，按人头投票。布吕耶纳于 8 月 8 日宣称将召开三级会议，但并未就在维齐耶提出的、对于未来议会的模式和组成的要求表态。内克在 12 月 27 日的《大臣会议纪要》（*Résultat du Conseil*）中同意第三等级代表人数翻倍，但他同时又提醒，按等级投票合乎传统。然而，一切都取决于这一问题：按等级投票，就意味着教士与贵族的保守力量将获得多数；按人头投票，对于资产者而言，就有赢得前两个等级中的盟友，即下层教士和自由贵族的可能性。1789 年 5 月 5 日，三级会议于凡尔赛的梅尼大厅（salle des Menus-Plaisirs）召开，此后，正是第三等级，在一个多月的潜在冲突后，主动发起了革命：6 月 10 日，他们邀请其他两个等级加入，以验证所有代表的资格。6 月 20 日，发现梅尼大厅关闭后，代表们栖身于附近的网球场，并在那里许下了著名的誓言："国民议会鉴于被召集起来制定王国宪法［……］，现决定这个议会的所有成员应立即庄严宣誓：决不与国民议会分离，在王国宪法制定和巩固于坚实的基础上之前，势必集会于环境所要求的任何地点。"23 日，路易十六御临会议，下令分席开会，按等级各自讨论。议会拒绝这一命令，坚持之前的决定："代表国民的议会不能接受命令。"27 日，考虑到既成事实，国王向"他忠诚的教士和贵族"发出邀请。因此，正是由于第三等级代表的革命性创举，大革命三大议会中的第一个诞生了。

这个我们无法确切确定其诞生日期（5 月 5 日？6 月 17 日？6 月 20 日？）的议会，延续了 2 年多，直到 1791 年 9 月 30 日。它的社会构成和职业构成相对易于确定，而确定它各时期的人数却不那么容易。流亡使得一部分教士、贵族或资产者代表逐步退出。第一次流亡高潮出现在 7 月 14 日之后，另一次是在 1789 年 10 月事件之后，还有一次是 1791 年 6 月国王出逃在瓦伦失败之后。但是，除了这几次高潮外，不要忘记，精心策划的悄无声息的流亡，如涓涓细流，始终存在。就社会构成而言，如果人们置身 1789 年 5—6 月，就会发现在三级会议的"等级"框架之中，比例失衡非常明显，对第三等级而言，实际上与 1614 年一样差异巨大。在教士中，仅有 46 名主教，其余为低级教士，尤其是本堂神甫。贵族中，近 2/3 当选贵族为来自外省的中小贵族。强大的第三等级代表中，没有农民、手工业者或工人，这与 1614 年并无二致。因此，它代表的是"资产阶级"，然而，是何种"资产阶级"呢？除商人和食利者外，法律人士构成其主体。各省派出了它们的头面人物：代表多菲内省维齐耶会议的穆尼埃（Mounier）和巴纳夫（Barnave）、代表诺曼底的图雷（Thouret）和比佐（Buzot）、代表布列塔尼的朗瑞内（Lanjuinais）和勒·夏普利埃（Le Chapelier）（他们加速了三级会议向制宪议会的转变）、代表阿拉斯的罗伯斯庇尔（Robespierre）、代表尼姆的拉博·圣艾蒂安（Rabaut Saint-Etienne）。巴黎当时被巴伊院士的声望所笼罩。所有这些人都富裕，富有经验而且成熟。他们承认自由派贵族具有某种优先权。此外，前两个等级的两位成员，被意外选入第三等级：巴黎的西耶斯神父和普罗旺斯的米拉波子爵。如果人们愿意的话，可以称之为一场律师的革命，只是这些律师借了贵族之势。

在头几个月，制宪议会中的分歧主要是在政治观点上，而不是在社会观念上。担任"爱国党"领袖的拉法耶特（La Fayette）、迪波尔（Duport）和亚历山大·德·拉梅特（Alexandre de Lameth）以自己的声望为制宪议会增光添彩。尤其是拉法耶特，他是"两个世界的英雄"；在参加 1788 年显贵会议时，他就已要求召开国民议会；近 1 年来，他已经成为大众的偶像。制宪议会先后 54 位主席中，有 33 位是贵族。在圣奥诺雷街聚会的"爱国者"代表于 1789 年 12 月创立了雅各宾俱乐部，俱乐部的历任主席中，不仅有杰出的平民，也有埃基荣公爵（duc d'Aiguillon）、亚历山大·德·博阿尔内（Alexandre de Beauharnais）及维克托·德·布罗格利（Victor de Broglie）。因此，在 1789 年年底和整个 1790 年，自由派贵族扮演了重要的角色。但在 1789 年 6、7 月得到公认，并即将成为爱国党先锋的代表，却是第三等级的成员，如巴伊、巴纳夫、穆尼埃、勒·夏普利埃和马卢埃（Malouet）。与爱国党相对的是一个被称为"黑党"——因王后帽花的颜色而得名——的"贵族"党。这个团体从一开始就捍卫大革命之前的制度，拒绝任何让步或妥协。卡扎莱斯（Cazalès）和莫里神父（Abbé Maury）是该团体的领袖；尤其是莫里神父，他一直对民主报刊大为恼火，大加讽刺。

　　制宪议会对两份根本性法律文本，废除封建捐税的 8 月 4 日法令和 8 月 11 日法令进行了表决，并对人权展开讨论，由此引发的辩论打破了爱国党的团结。虽然议会在 8 月 26 日表决通过了著名的《人权宣言》，但同时，如何组织公共权力机构的问题也被提了出来，正是这一问题，导致爱国党内部的第一次分裂。这也是革命阵营中的第一个裂缝。右翼围绕着穆尼埃、马卢埃、克莱蒙－托内尔（Clermont-Tonnerre）和拉利－托朗达尔（Lally-Tollendal）形成，并得到内克政府的支持；它想给予国王对议会所提出的法律以绝对否决权，并想在新宪法中确立一种英国式的两院制：由选举产生的众议院和世袭的参议院。作为王政派（Monarchiens），这一团体和宫廷在许多观点上都很接近；相反，迪波尔、巴纳夫和拉梅特反对国王否决权，因为后者意味着对议会权力的分割。尽管拉法耶特试图调停，但至8月底，这两大派系之间的分裂已无可挽回。制宪议会中，代表们于9月投票表决，决定给与国王搁置否决权，以换取王室承诺批准8月法令；代表们还投票否决了创建第二个议院的提议（849票反对，89票支持，100票弃权），此时，王政派已降至少数派。10月事件后，王政派中的一部分人退出议会，其中包括穆尼埃本人，他回到了故乡多菲内，后来流亡国外。其他人，包括马卢埃和克莱蒙－托内尔，在议会中形成了一个小抵抗团体，他们此后在巴黎的马术厅（salle du Manège）聚会。与短期的失败相比，王政派更具历史重要性。他们的指导思想，一个由显贵领导的保守而自由的制度，将在其他制度下，以其他形式延续下去，直至1849年的"城堡卫戍官"①以及19世纪70年代的"大公共和国"②。然而，就当时而言，虽然王政派与左派决裂，但"黑党"或"贵族党"并未毫无保留

48

---

① "城堡卫戍官"（Les Burgraves），原为雨果创作的历史剧剧名，被用于称呼12位资深的保守派议员，如奥尔良派的莫莱（Molé）、正统派的贝里耶（Berryer）等人，他们组成了一个委员会，在1849年的选举中领导右翼。

② 大公共和国（république des Ducs），指1871—1879年从第二帝国至第三共和国的转折时期。丹尼尔·阿莱维（Daniel Halévy, 1872—1962）等历史学家认为它意味显贵统治的最终失败。

地接受他们,因为他们不愿加入流亡队伍。

由蒙莫朗西[①]、塔列朗-佩里戈尔(Talleyrand-Périgord)及拉罗什富科兄弟领导的爱国党成为了议会的多数派,而那些在议会各委员会默默工作的资产阶级法律人士则加强了其地位;爱国党因这一地位,迅速与两位一度作为其偶像的人:米拉波和拉法耶特,拉开距离。米拉波作为演说家的天分使他成为三级会议中的头面人物之一。但他不喜欢一个全权议会的观念;这使得他从1789年10月起就与宫廷相互接近。1790年5月,他转而为宫廷服务,以换取宫廷为其偿还债务,并提供每个月6000利弗尔的薪俸。自那时起,他就在国王和议会间左右逢源,试图说服国王,又试图缓和议会的势头。在这场错综复杂的游戏中,他失去信誉和名声。至于拉法耶特,1790年的头几个月,他声望很高。马迪厄称其为"宫相",这并不准确。乔治·勒费弗尔则称1790年为"拉法耶特年"。这么说并没错,但自夏天起,他让每个人都感到不快。米拉波怂恿宫廷反对他;左派则怀疑他讨好贵族。结果,议会左派的领导权逐步转移到"三巨头"手中,"三巨头"由佩剑贵族亚历山大·德·拉梅特,穿袍贵族、"大立法者"迪波尔和这个小团体的雄辩家巴纳夫组成。这些"爱国党"代表都是雅各宾俱乐部的积极成员;在俱乐部的支持下,不到两年,他们就取得了相当大的成就。

尽管如此,爱国党仍走向新的分裂。自1791年春天起,在殖民地问题(尤其是圣多明各)上,尤其在面对报刊和俱乐部对

---

① 蒙莫朗西(Mathieu de Montmorency, 1766—1826),法国贵族、保王党人。

于革命的抬码加价时，人们感觉到了裂痕的存在。在巴纳夫和迪波尔身后，一个"托利"派开始形成，5月17日，迪波尔阐释了该派方案："革命已经结束。必须通过与所有过激行为斗争来确立和保卫它。必须限制平等，减少自由，解决舆论。政府必须强大，团结，稳固。"国王出逃瓦伦及其失败使得分裂骤然来临。巴纳夫以捍卫财产为名，为国王遭到"劫持"这一说法辩护。"我们要结束革命吗？我们要再次开始革命吗？你们已经使所有人在法律面前一律平等。你们已经使公民自由和政治自由神圣而不可侵犯。你们已经向国家索要它从人民主权那里夺走的一切。任何进一步的措施都将是有害和令人恐惧的。朝向平等的下一步意味着对财产的摧毁。"自7月16日起，几乎所有爱国党代表都退出了雅各宾俱乐部，迁至同在圣奥诺雷街的斐扬修道院聚会。在外省，斐扬派吸引了45个子俱乐部，雅各宾派留住了26个。150多名代表宣称应团结一致。可团结一致已不再可能。制宪议会被迫为新人腾出位置。罗伯斯庇尔使以下方案得以表决通过，即现任代表均无资格当选为将于1791年10月1日召开的下个议会的代表。"我们已经到达革命的尽头，"立宪议会在解散前宣称道。它将愿望当作了现实。

新议会——立法议会——生命短暂，它被分为两个长短不一的时期：1791年10月至1792年8月10日为第一个时期，尽管存在内部的纷争和外部的威胁，但它仍全面履行着立法职能。实际上，它是将赌注押在与国王共治之上。8月10日后为第二个时期，它只能苟延残喘，直至9月20日国民公会的召开。

实际上，大革命从一开始就没有一种一分为二的权力，而只有两种并行的权力，即：立法议会的权力与许多代表参加的俱乐部的权力。那些曾是制宪议会成员，却与立法议会议员不合的人，通过俱乐部来对政治方针发挥重要影响。在各自的省、区和市镇担任着重要职位的新议员们来到巴黎，加入不同的俱乐部。136人选择了雅各宾派，260人加入斐扬派。大多数人——超过300人——则拒绝加入因7月分裂而形成的这两大派系中的任何一个。他们同后来被称为"平原派"（la Plaine）或"沼泽派"（le Marais）的那些人一样，保持着对于1789年原则及成就的忠诚。但这些成就遭到了双重威胁：来自于宫廷及路易十六周围的那些人的威胁，以及来自于革命者抬码加价的威胁。无论路易十六还是很大一部分革命者都主张战争，1792年4月20日，议会几乎一致表决赞同宣战。但战争最初的失利，引发了8月10日起义，这是一场不顾议会反对而发动的起义，巴黎各区和外省的结盟军怀疑议会已经变成"温和主义"的议会。这改变了议会内部与外部的力量平衡。此后，国王沦为政治上的摆设。

议会将行政权授予一个六人行政会议，以取代国王，其中似乎只有丹东一个人能在议会与巴黎公社之间架起一座桥梁。议会已注定要解散，因为8月10日，在长矛环侍之下，它决定以普选的方式进行国民公会的选举。右派和中派议员离开了议会，很快，它就变得空荡荡的。在议会周围，政治风景发生了变化。斐扬派试着去动员各省支持者，却徒劳无功，此后，他们不再拥有任何实权。拉法耶特向奥地利寻求庇护，却遭到逮捕，在一个要塞中被囚禁了数年。斐扬派心怀希望，想建立一个伟大的自由派，这种希望与那个世纪的需要如此吻合，但它还是烟消云散了。"民主"革命与反革命之间的鸿沟无法弥合。一个新的权力机构体现了这种民主革命，那就是源自8月10日起义委员会的巴黎公社。立法议会只剩248名成员（按继续出席立法议会的议员人数统计），他们中有店主、手艺人、不起眼的法律人以及公务员。在公社中，前演员科洛·德布瓦（Collot d'Herbois）和前奥拉托利会会员塔里安（Tallien）开始接受政治方面的速成教育。尽管表面上存在着双重权力机构：议会和公社，但只有后者才拥有实权。这6周，是历史学家所说的"第一次恐怖统治"时期：法国国土遭到入侵，9月大屠杀，立法议会让位于国民公会，就在同一天，瓦尔密被重新夺回（1792年9月20日）。

为什么是一个"公会"（Convention）？这个源自英语的术语，因美洲的独立而闻名。① 它表示一个拥有两种权力的议会：制定一部新宪法（就此而言，它是一个新的制宪议会），并暂时行使主权。因此，它既是一个立法议会，又是行政权的源头。那么普选呢？实际上，只有少数人参加了选举。右派人士，从"贵族派"到斐扬派，所有8月10日的反对者都被排除在外，或自我排除。那些被1791年宪法剥夺了投票权的"消极公民"，要么不知道他们的新权利，要么害怕行使它。支配了选举并大规模当选的，是在革命之初获得声望的人——从地方政府官员和省政府官员，到之前两个国民议会的议员。9月20日当选的749名代表中，有

---

① 1787年美国制宪会议（Constitutional Convention）召开。

将近 400 名是区议会或省议会的议员，96 名是制宪议会的代表，89 名来自立法议会。大革命会吞噬它的一些子女，但它有不可思议的生育能力。而且，它还具有一种延续性：在接连不断的撕裂和伤残过程中，尽管遭遇狂风暴雨，大革命还是沿着它的道路前行。

1792 年 9 月末，政治界线仍未明确划定。近百名雅各宾派代表将在即将到来的几个月中发现，他们即将分裂。除了 8 月 10 日公社的支持者所控制的巴黎外，各地选举将所有支持民主革命的人聚集了起来：从未来的吉伦特派到未来的山岳派。当时人们不会对此感到惊讶。然而很快，同情心和策略上的差异开始出现。在前一议会中占据支配地位的布里索派或吉伦特派是最著名的派系，可以说也是成员当选次数最多的派系：卡拉当选 7 次，布里索 3 次，孔多塞 2 次。巴黎再次是一个例外。其代表不但包括罗伯斯庇尔和丹东，还包括公社的所有领袖：诗人法布尔·代格朗蒂纳（Fabre d'Églantine），演员科洛·德布瓦，教师比约·瓦雷纳（Billaud-Varenne）以及记者卡米尔·德穆兰（Camille Desmoulins）。此外还有马拉——尽管他很不情愿。公社还不顾罗伯斯庇尔的反对，选举了菲利普-平等（前奥尔良公爵）。吉伦特派在议会中占据支配地位。作为革命战争的称颂者，他们因为无可争辩的演说天分而为人注意、因某种富有浪漫主义色彩的文字和朝气而为人称颂，由此，吉伦特派吸引了一个他们未能真正占有多数的议会。多数派属于一个没有组织却强有力的群体——"平原派"，它将在整个国民公会期间持续存在，贬损它的人称之为"沼泽派"。其政治领袖，巴雷尔、康邦、西耶斯，在捍卫财产权和自由方面，支持吉伦特派；然而，一涉及革命在危急中，必须采取非常措施以保护革命这一问题，他们便与吉伦特派产生了分歧。上百名议员围绕在巴黎议员周围：他们构成了山岳派。但他们自身也分裂了。丹东热切地捍卫共和主义者的团结。但吉伦特派拒绝了他递过来的橄榄枝，并对巴黎公社及公社议员大加指责。从此，斗争就公开化。

和所有的古典悲剧一样，国民公会的历史是一场 3 幕戏剧。两个日子决定了它的进程：1793 年 6 月 2 日和共和 2 年热月 9 日（1794 年 7 月 27 日）。这里无须描述所有充满暴力和喧嚣的场景，也不必描述这个也许是整个大革命史中存在时间最长、内容最为丰富的议会的来龙去脉。下面仅限于勾勒故事的梗概。

直到 6 月 2 日，国民公会仍处于吉伦特派的控制之下。但审判国王、春季战局失利、旺代叛乱以及巴黎无套裤汉因危机进一步提出的要求，迫使公会表决通过了非常措施，这就迈出了朝向恐怖统治的第一步。同时，吉伦特派和山岳派之间的权力斗争公开化。

迪穆里埃的叛变在山岳派议员中引起了激烈反应。丹东宣称："在山岳派、希望暴君死亡的爱国者，和那些想要拯救他、并在全法国造谣中伤我们的懦夫之间，不再有休战。"所谓的"懦夫"就是"吁请派"（les appelants），即要求对路易十六的判决应诉诸人民的国民公会议员。4 月 5 日，马拉要求召回吁请派。吉伦特派则提醒所有不安的资产阶级："你们的财产已经遭到威胁，你们对这种威胁却闭目不见，"佩蒂翁如是说。5 月 25 日，伊斯纳尔（Isnard）威胁要毁灭巴黎，这成为 6 月 2 日起义的信号。在国民公会的历史上，这一天因为两个事件成为最为重要的日子：

29 名吉伦特派议员遭到起诉。另有 75 名吉伦特派议员签署了抗议书，然后被驱逐出议会。其余吉伦特派议员放弃了席位，希望在外省煽动"联邦主义"叛乱，这场运动非常肤浅，且昙花一现。这些人在开始前，就已被击败。然而，对公会而言，清洗代表团体开启了一个可怕的先例，直到最后，它都困扰着公会成员。很久之后，山岳派议员勒瓦瑟尔（Levasseur）在他的《回忆录》中写道："是的，吉伦特派是共和主义者……是的，驱逐他们是不幸的。"

6 月 2 日开启了国民公会的第二个阶段，即山岳派阶段，它持续了一年多。期间有革命政府的组建、恐怖统治、作为对丹东派和埃贝尔派的大审判结局的一系列清洗：对于这些事件的分析，在本书中都可以找到。重要的是，国民公会和它的多数派，即平原派，渴望、赞同并通过了罗伯斯庇尔、圣茹斯特和库通（Couthon）领导下的救国委员会所实行的非常专制。恐惧在其中发挥了作用，同样发挥作用的还有罗伯斯庇尔的手段百出。他不但是一名"独裁者"，也是一位伟大的议会领袖。这就解释了为什么热月 9 日晚上，在为公社武力解救后，他处于被动之中：他不是一位暴民，而是一名议会人士。

国民公会比罗伯斯庇尔多存在了 15 个月。尽管有危机和反复——对于曾经的恐怖分子的镇压、吉伦特派的回归和统制经济的终结，但"热月党人"时期保持了对于革命连续性的忠诚。在吉伦特派后、在山岳派后，平原派登场了，它甚至欢迎经过改革的山岳派加入其行列。如西耶斯或康巴塞雷斯（Cambacérès）这样的议员，终于打破了谨慎的沉默，如今他们可以自由讲话和行动。共和三年果月 5 日（1795 年 8 月 22 日）新宪法得以通过。这部宪法以一部《权利宣言》和一部《义务宣言》为序言，它重拾 1789 年的理想，在制定过程中又考虑到 1792 至 1794 年间的种种事件。它主要关心的是为代议制原则建立起坚不可摧的防御。正如布瓦西·当格拉斯（Boissy d'Anglas）所说："当叛乱是一种普遍现象时，它就不再需要辩护书。当它只是一种部分现象时，它便始终有罪。"拒绝一切主权是重组政府的依据。那么，人民的主权呢？对此，西耶斯写道："这个词在想象中占据了如此巨大的部分，是因为在法国人的精神中，还充斥着对于君主的迷信，因此，将浮华特质和绝对权力的所有遗产赋予这个词就成为了一种义务；而浮华特质和绝对权力曾让被篡夺的主权绚烂夺目。"这便是公开肯定了一种真正的自由主义。具体而言，立法权由两院分享，五百人院拥有立法动议权，元老院将提案变为法律。督政府由此诞生，不过，在我看来，这些议院的历史，恢复了另一种议会逻辑：不仅因为存在两院，还因为两院此后居于公众之外，服从于每年改选 1/5 议员，不掌握行政权，所以它们不再构成革命推动力的核心，甚至不再是公共生活的中心。督政府、军队以及舆论，将它们的声音和一种不再是议会制度的事物糅合在一起。

德尼·里歇（Denis Richet）

延伸阅读

提及法国大革命的通论著作,从米什莱到饶勒斯,从乔治·勒费弗尔到阿尔贝·马迪厄的著作,都非常知名。弗朗索瓦·孚雷和我也贡献了我们的论述:《法国大革命》(*La Révolution française*, 2 vol., Paris, Hachette, «Réalités», 1963-1965; rééd. 1 vol., Fayard 1973; Marabout, 1979; Le Livre de poche «Pluriel», 1989)。

参见条目

旧制度(Ancien Régime)

巴纳夫(Barnave)

布里索(Brissot)

俱乐部与民众社团(Clubs et sociétés populaires)

巴黎公社(Commune de Paris)

丹东(Danton)

选举(Élections)

流亡者(Émigrés)

三级会议(États généraux)

联邦主义(Fédéralisme)

斐扬派(Feuillants)

吉伦特派(Girondins)

雅各宾主义(Jacobinisme)

拉法耶特(La Fayette)

路易十六(Louis XVI)

马拉(Marat)

米拉波(Mirabeau)

王政派（Monarchiens）

山岳派（Montagnards）

内克（Necker）

罗伯斯庇尔（Robespierre）

西耶斯（Sieyès）

主权（Souveraineté）

选举制度（Suffrage）

指 券
Assignats

术语革新绝非毫无危险。整个法国在 1789 年 12 月发现了"指券"（assignat）一词，并且将在此后几年间学习使用它，要猜想指券曲折的命运，也许只需揭示它最初的模糊性：《财政百科全书》（*Encyclopédie des finances*，1784）只以一种技术性的文风，提及"assignation"（转让证书）一词，意为"旨在让一名会计员在固定期限中支付一定数额的钱款的命令或通知"。Assignat（指券）则完全是另一种东西：在法国南方条例法所使用的古老语言中，"assigner"一词指，设立一笔年金或嫁资，同时冻结资金（l'assignat）作为收取的担保。因此，转让证书意味着一种期票（billet à échéance）、一种临时性的货币符号，而一张指券则代表着财产，是对未来支付的具体而可靠的抵押。制宪议会玩了一个精妙的文字游戏，将转让证书变成了指券。这种语义上的转变蕴含着其他一切转变，直至 1796 年指券最终崩溃。作为新国家财政体系的符号，指券成为了大革命的重要象征，以致两个世纪后，人们仍为到底是哪个导致了另一个的灾难而争论不休。

在革命初期（1789年12月），指券只是一种适度的临时财政手段。为了付清所欠贴现银行的短期债务，国家得到制宪议会的授权，出售之前为王室和教士所拥有、但刚刚被收归国有的财产，总计4亿利弗尔。制宪议会并不想建立一个国家特别银行，这种银行不仅会如同在英国模式中那样，向国王和大臣提出技术性建议，还会为那些显赫的资产者提供政治支援。因此，制宪议会必须找到另外一条途径，迅速偿还所欠贴现银行的债务，预先支用出售国有财产所获得的钱款，并附带避免在各种交易中消耗过多的金属货币。由此就诞生了"第一种"指券，它是财政部门自1790年1月起发行的一系列票据。这些利息为5%的票据（billet）以200、300和1000利弗尔的面值发行（这些票据自然是留给富裕阶级使用的）。在购买国有财产时，它们是得到承认的首选方式；1791年春天，在国有财产首次被出售之后，"特种金库"（Caisse de l'extraordinaire）就会回收指券，然后由特种金库偿还贴现银行现金；最终，逐步销毁所有指券。因此，指券是债权人借给国家的一种强制性、但非强征性的贷款，它其实就是让国家可以轻松地重新安排债务期限。这是一种再普通不过的做法了。自路易十四统治时期开始，巴黎和其他大城市的金融界就已经逐步习惯使用总收税人签发的收据（rescription des receveurs généraux）或包税所发行的票据；这些票据由税务所担保，在行内人中间，它们就像纸币那样，用于买卖、流通。新指券看上去比上述票据更安全，它甚至和白银一样安全，实际上，在起初几个月，它保持了面值。作为贴现银行股东和西班牙银进口商的勒库特勒克斯（Lecouteulx）家族，不是让家族里的人担任特种金库的出纳员吗？吊诡的是，正是指券最初的可靠性导致了其崩溃。

实际上，1790年夏天前后，三个重大事件交汇累积，产生了种种后果：自1788年就一直存在的国库危机，因已不再征收旧税，新税尚未开征这一事实而加剧；由于需要偿还旧制度时期人们购买官职的巨额资金（大革命废除了这些官职），紧急债务的数额有了相当幅度的增加；最后，大革命未来进程的不确定性，助长了各类货币投机。制宪议会在9月所设立的货币委员会考虑废除金币，并在法国采用银本位制。因此，委员会不免会认可所有国有财产均可转让的观点，并且发行8亿利弗尔指券。政府由此偿还了大部分可要求立即偿还的债务，并在相当大的程度上缓解了金属货币不足的压力。

1790年9月间，制宪议会中充斥着关于这一问题的辩论（内克于4日辞职），辩论的结果是决定发行"第二种"指券，即强制流通的无息货币——纸券。这些辩论，已成为法国财政史著作中最经典的内容，它们有着相同而持久的生机，直到1926年，它们还常常为人引用并复述。这是因为，它们明确提出了一个超出演说家政治动机之上的根本问题：倘若在法国和在英国一样，纸币的流通已成为必需，那么，国家能够无需银行业和商业利益集团的协助，自行安排纸币的流通量吗？鉴于自约翰·劳以来所蒙受的损失，旧制度的观点是：不能，由这种损失得出的结论是，无需纸币，或者只能有极少量的纸币。内克和银行家们的回答也是不能，1800年至1806年间，随着第一个准独立的法兰西银行的创立，这些银行家才终于感到心满意足。乐观颂扬一个"新生"民族的人则回答道：能。他们认为新生的民族必然会拿出它所有的财富，用作其政策的保障。财政部技术官僚的回答也是肯定的，他们从未怀疑自己的技术及掌控事件的能力。这个团体最典型的代表之一是前高级征税官及总收税人（premier commis des impositions et receveur général），后成为制宪议会成员及财政委员会发言人的安松（Anson），他从技术层面，对米拉波所主张、但遭到塔列朗和杜邦·德·内穆尔抨击的方案给予了支持。

  辩论的核心主题并非降低利息（4 月以来，利息已降至 3%）。此外，所有参与者都清楚地意识到，作为担保的国有财产，其价值为 20 亿—30 亿利弗尔，这明显超过了预计发行的指券的面值，甚至超过可要求立即偿还的债务总额。货币问题才是真正的辩论主题。为了说明这一问题，人们使用了近期美国纸币的例子：尽管有国会担保，美国纸币仍大幅贬值。人们还能从卡洛纳的改革中吸取教训，这一改革只是想改变金银比率，却遭遇了心理上和技术上的巨大难题。许多代表都很明确地提出了这样一个问题：市场会在现有货币、金属货币和新纸币之间建立起何种比率？塔列朗强调："实际上，目前只存在一种占据支配地位的货币，即银币。如果您们让纸币流通，它将成为纸张。您们会下令要求这一纸币不贬值，我同意这么做。但您们无法阻止银币增值，这完全是一回事。您们能确保在一次交易中，人们必须用一张面值 1000 利弗尔的指券来支付 1000 利弗尔；但你们绝对无法强迫人们用总值 1000 利弗尔的埃居① 换一张 1000 利弗尔的指券。正因

---

  ① 埃居，法国古货币。自 13 世纪开始使用，最初为金币，路易十三于 1641 年改为银币。

为如此，整个体系将会崩溃。"

这是对通货膨胀、物价上涨和货币贬值这三个内在于事物本性的、相互关联的问题的预测，针对这一预测，米拉波作出了回应，他的两个回答，受到行政乐观主义的启发。"为什么指券在兑换金属货币时会贬值？因为无论如何我们都需要金属货币，因为我们的指券也许很稀缺，而金属货币却更为稀缺。务必要让兑换两者的需求更少。发行面值更小的指券，您们就不会淘汰银币：让它更接近于指券的面值，您们就不太能感觉到它的稀缺。"

米拉波的第二个论据是，英国在面积、人口和资财上都逊于法国，却让比法国多得多的纸币流通："即使我们让流通的纸币达到 20 亿，我们所拥有的纸币仍然比那些富裕的岛国居民要少得多……"即便法国纸币消失，"农田、地产、最有价值的财产"仍然存在，"而英国的民族纸币只依靠贷款的信誉……尽管英国身负巨额债务，但它靠着一种舆论的符号，一种对财富的虚拟而兴旺发达。"

重读所有这些文本时，我们会对一个显而易见的现象大感震惊：正统派与乐观派都言之有理；我们只能根据法国大革命的成功或失败这一政治行为，来对他们加以评判。英国之所以在 25 年后取得了对于法国的决定性胜利，不是因为它盲目地遵循正统经济学说，而是因为它愿意冒着风险，背负巨额债务，并且让固定面额的纸币广为流通。因此，1790 年 9 月的法国，更像是真的处于一场恐怖的世界战争时期；在达成和平妥协之前，争论的唯一主题是，国有财产的出售是否能获得成功。孟德斯鸠－费赞萨克[①]断言:"指券将是联结所有私人利益和普遍利益的纽带。即便是反对者,通过大革命,并为了大革命,都将成为产业主和公民。"

这一问题通过投票得以解决,投票结果为518票赞同,423票反对,一种指券-货币得以发行。此后,质疑其功用就变成了不爱国:因为这么做就相当于质疑国家明智地使用其财富和自由的能力。然而,可怕的现实缓慢地渗入双方阵营:按照《巴黎革命》的说法,"既然如此多天然的敌人费心费力地阻止它,这一举措必然对人民相当有利。"杜邦·德·内穆尔反驳道:"指券对欠了穷人许多债务需要偿还的富人有利,他们会给穷人纸币而非埃居,甚至会以两倍的价格把麦子和葡萄酒卖给穷人。"在各自的立场中,背后的算计取代了严肃的思考,这本身就是一种符合悲观主义者口味的有力论据。

同时,1790年11月,国有财产开始出售,指券在其中发挥了一定作用。国有财产的价格与预期的价格相比有了相当程度的走高。这是因为购买者正指望纸币逐步贬值吗?分为若干年支付的体系,给那些精明的购买者以希望,他们指望获得长期而言非常廉价的国有财产,竞争因此加剧。这很可能就是实情,即便制宪议会倾向于以价格上涨来为发行更多的指券辩护。1791年6月,票面5利弗尔,总计1亿利弗尔的指券获准发行,稍后,在国王出逃前夜,又发行了面值大一些的指券,总计4.8亿利弗尔。之后,

---

① 孟德斯鸠-费赞萨克(Montesquiou-Fezensac, 1739—1798),自由派贵族,三级会议代表,货币委员会成员,曾任制宪议会主席。

事实将胜于雄辩,词语则尤其成为掩饰局势严重性的幌子。这些根本事实就是信任危机和货币危机。

信任危机达到了顶峰,因为路易十六绝非宪法真心真意的支持者这一点已经昭然若揭。然而,更令人惊讶的是,在纳税人与他们刚刚建立的制度之间,出现了信任危机。尽管税是依据法律征收的,税收系统也根据纳税人的偏好进行了调整,但有产者仍全然不顾财政收入管理部门和连续几届议会的苦苦请求,执拗地拒绝纳税。因此,一种支持纸币的重要论点坍塌了。这种观点是基于以下看法,即国民与其国家之间存在着一种本体论意义上的团结。同时,赤字前所未有地严重,以至似乎只有发行额外的纸币,才能弥补赤字。

至于金属货币的危机,它证实了塔列朗在不久前所说的悖论:与即便是微弱的纸币贬值相伴的,不仅是银币的升值,还有金币和铜币的升值。对购买者而言,用纸币支付总是比用金属货币支付更有利,两者的不等值不仅导致产品和人工的价格上涨,还在最严格的意义上驱逐了硬币。整个国土上都出现了这种情况,由于流亡者将硬币带出境外,情况还进一步加剧。从1791年起,必需品筹子(jetons de nécessité)、爱国票(billets patriotiques)、信用币(monnaies de confiance)纷纷进入流通。巴黎和其他大城市的雇主想方设法用它们来支付薪水,农民在出售农产品时却不愿意收它们。这再次诱使革命者饮鸩止渴,增加小额纸票来代替短缺中的硬币(billon)。

面对这些急迫的需求,令人最为惊讶的是立法议会停止增发指券的缓慢程度:1791年批准发行7亿5000万利弗尔的指券,其中 4 亿为单张面值 5 利弗尔的指券。1792 年 1 月,议会又迈出了一步:发行了面额分别为 10、15、25 和 50 苏,总计 3 亿利弗尔的指券。这次,它想让指券全面取代被藏匿起来和输出国外的金属货币。由于内部困难和对外宣战,新纸币马上贬值 40%。4—7 月间,政府又小心翼翼地发行了几批新指券,使得在路易十六垮台时,流通的纸币总量约合 32 亿利弗尔。立宪革命由此耗尽了国有财产这一最初担保:旧第三等级所支配的议会,已经将在理论上相当于旧制度下流通的所有硬币和从国王和教士那里没收所得财产的价值总和的纸币投入流通。然而,指券将要完成的是它的第二段生涯,一段其创造者始料未及的生涯:它变成了共和国的信用货币。

1792 年 11 月,圣茹斯特对这个年轻共和国的财政不再那么乐观:"除了悲惨、傲慢和纸币,我在这个国家中再也看不到其他东西。"况且,此时,法国尚未投身于对海上霸主英国及白银供应霸主西班牙的战争。路易十六死后,它不仅不得不同时与这两大强国对峙(这并未持续很长时间),还得与欧洲大陆国家对峙。然而,一场大陆战争意味着要为军队提供装备和薪酬,最好是用硬币支付。国民公会只能仗着"悲惨、傲慢和纸币"结束这种局势,而且是胜利地结束这种局势。从国王垮台到罗伯斯庇尔垮台这段时间,政府发行了约 110 亿利弗尔的纸币:1792 年最后 4 个月,发行了 32 亿 3700 万,1793 年发行了 36 亿 8600 万,1794 年发行了 41 亿 9000 万。其中,面值为 10—50 苏的有 14.4 亿。

制造数目如此庞大的纸币少不了带来许多有趣的后果,尤其是在技术方面：机械戳记（griffe mécanique）取代了签名，用于纸币认证；钢版雕刻法（gravure en taille-douce sur acier）出现；人们在1793年发明了第一台机械号码机（按每10张指券为一沓来编号，号码从1到9999）。同时，政府四处搜寻废旧破布以制造特殊纸张，这在1794年成为奇景。至于造纸作坊的工人，受到严密监视和严重剥削的他们试图起来反抗，以摆脱地狱般的工作节奏。在残忍镇压了几次罢工后，政府不得不禁止造纸工参军。

伪造指券也几乎同样如火如荼。直到1794年，大部分造假活动还在法国。之后，与伪造工作的困难、原材料的稀少以及纸币的贬值相比，严厉的打假措施让伪造者感到泄气。但在国外，得到法国交战国的赞助，制造假指券的活动蓬勃发展，直至1796年。基伯龙登陆（1795年7月）的同时，数十亿利弗尔于伦敦伪造的指券被缴获。面对这些困难，相当引人注目的是，国民公会，尤其是这一问题的专家康邦和拉梅尔（Ramel），一心想不惜任何代价地维系一些根本原则。

首要原则还是按年摊还：这是由制宪议会确定的规则，该规则规定指券一旦用来购买一项国有财产，就要被焚毁，这一规则绝不能遭到违背，1793年1月，特别金库被并入国家财政部（la Trésorerie nationale），此后，对该规则的遵守变得容易起来。根据官方报告，1793年，约有8亿8100万利弗尔的指券被销毁，1794年超过了20亿利弗尔。因此，尽管存在着无数的困难，这一货币符号券与为它提供担保的实物之间最初的理论联系，还是得以维系下来。

这一联系随着新指券的发行不断得到确认，尽管指券的估值显得有些靠不住，而且过于乐观。国民公会绝对无意将指券与作为其基础的地产和不动产分开，让它变为一种纯粹的纸币：1791至1795年，每张指券上都有"以国有产业为抵押"（Hypothéqué sur les Domaines Nationaux）的字样。由于缺少金属货币，国民公会被迫不断发行更多指券，因此，它同样还得不断将更多财产收归国有：1792年4月起，它扣押流亡者的财产，之后，扣押流亡者亲属的财产（1793年11月），扣押敌国公民所拥有的财产、死刑犯的财产以及比利时和巴拉丁伯爵领地的教士和贵族的财产（1794年）。因此，革命者总能宣称，指券的增加大致与抵押物的增加相平衡。康邦在1793年2月估计可变现的资产为46亿利弗尔；若阿诺（Johannot）在1794年12月则说是150亿……

与前两条原则联系紧密的第三条原则最终得到维系：指券继续作为购买国有财产最受青睐的工具。在这方面，它的贬值至少造就了一批幸运者。有证据显示，1793和1794年完成的大部分购买行为中，所支付指券的最终价值为拍卖时所标价格的5%至15%，或真实价格的10%至25%。国民公会先以加快出售国有财产为借口，接着又以遏制过度出售国有财产为借口，制定了大量互相矛盾的法律，由此，它就为那些精明的人提供了无穷机会，去实现他们以低价购买不动产和地产的野心。国家希望至少从中获得政治利益，即便它损失了所没收的财产。只是在热月之后，作为交易双方的政府和购买者才有些不谨慎地公开承认这一交易。

指券完成了它最初的任务，充当了大规模革命式财产转移的工具，不过，它同时还是货币。因此，它遭遇了在一个处于战争状态、经济被打乱的国家中会出现的所有货币问题。国民公会及救国委员会所控制的政府先后采取了一些措施，但这些措施都受到一种无法解决的模棱两可的影响：当金属货币稀缺且昂贵，纸币充足且贬值，但两种情形都合法的时候，它们该如何控制这种局面？

它们可以尝试通货紧缩。这正是1793年7月废除使用印有国王头像的指券的用意，尽管事实上，与"共和"指券相比，这些指券开始危险地增值。共和国停止印有路易十六头像、面值超过100利弗尔的指券的流通，将其限于纳税和购买国有财产；由此，它不仅实施了一项政治行动，还让约值6亿利弗尔的指券退出流通。然而，这一举措似乎加速而非抑制了通货膨胀。

它们还可以尝试冻结物价。1793年5月国民公会采取了谷物和面粉限价，9月限价扩展到其它日用品。政府将国内外贸易置于它的全面控制之下。这一政策除了造成从食品短缺开始的一些经济困难之外，对纸币贬值并没有造成很大的影响：恐怖统治伊始，指券贬值了50%，至热月时期，则贬值了65%。

它们同样还可以设想禁止使用金属货币。1793年10月，富歇在涅夫勒没收金属货币后嚷道："让金银贬值，让这些君主制的神名誉扫地。"共和2年的头几个月，狂热的地方爱国者几乎在全法国强迫人们用金属货币兑换指券。巴黎对此颇有怀疑，认为这种做法会导致全面禁止金属货币或导致将其明确限制在特定外贸之中。康邦（1793年12月）在一份报告中就如此建议。这一报告并未引起异议，但它无疑造成了人们加快藏匿金银这一主要后果。

然而，正是得益于这些保护指券的措施以及它们所依赖的恐怖统治，国民公会才能武装100万人，并且将其维持到1794年夏天的军事胜利。同时，由于指券每天贬值3利弗尔（1年合计6亿），救国委员会才能支付其国内政治监视者的薪酬。在允许经济活动的领域里，尤其是在海军和陆军供给或是与中立国的交易中，那些参与者聚集了惊人的利润，与之相比，纸币贬值只不过是次要的事情。几年后，拉梅尔意识到："指券造就了大革命。它们推翻王座，建立起共和国。"

因为指券表现为一种相对有效的必需货币，所以热月政变之后，它存在的第三阶段，即最后阶段，就尤其具有戏剧性。如何才能抛弃这个仍然可靠的"共和"工具？尤其是，财政部如何才能放弃内克所讽刺的乐事？内克讽刺道："借助无穷无尽的钞票，一个人不仅能让一切已知或未知的需求得到满足，还能在他所选择的时刻，将借来的现金控制在手中；对政府而言，这真是好时候。想要确保国库所需，只需分派一些人在造纸作坊工作，另一些人在印章场工作，再有一些人在印刻和印刷店铺中工作，就可以了。"

1795年，几种矛盾的逻辑相互碰撞，这对指券造成了尤为致命的后果。

第一个矛盾之处在货币秩序方面。没有纸币，国库似乎就无法顺利运转，因此，热月党人便在1795年1月批准，将于5月和年底分别新发行70亿利弗尔和300亿利弗尔的指券。当然，惊人的贬值减轻了指券的名义价值。尽管如此，1795年发行的指券仍占了历来所发行指券的 3/4。

不过，指券作为纸币的突出角色继续得到维系，同时发生的还有金属货币流通的解冻。解冻始于贵金属自由交易的迅速回归，并因股票交易重开进一步得到巩固。5 月，《海牙条约》使其加速发展，该条约增强了尼德兰以硬币支付赔款的希望。特别是（7 月）与西班牙达成和平之后，很明显，上百年来来自美洲的金银的流通，在中断三年后又将回到正轨。8 月，时值国民公会即将解散，它便纵容自己确定一种新货币单位：法郎（le *franc*）。法郎与银的固定比值为 1 法郎相当于 5 克的银。这一比例一直维系到 1928 年，因此，这种新货币大有未来。不过很快就会出现一种具有欺骗性的现象，因为刻在称为"赫拉克勒斯"的新 5 法郎硬币上的"franc"一词，与印在指券的"franc"一词，意义显然不同，或者说价值上完全不同。每位指券持有人、领取养老金的人或国家债权人，都能意识到这一点：1 月至 4 月再到 6 月，指券从其票面价值的 10% 跌至 6%，再跌至 3%。金属货币的恢复抬高了价格，造成了指券价值的下滑。既然劣币似乎一无是处，那么良币会驱逐劣币吗？

指券的真正价值是什么呢？在这一问题上，存在于政治秩序之中的第二个矛盾发挥了作用。即便国民公会为了应对通货膨胀，在 1 月份把公会代表们的薪酬翻倍，即便各种小册子大声呼吁，让指券成为一种商品，因此其价值也应由市场决定，可政治上的阻力依然存在，它阻碍了国民公会采取决定性行动。若阿诺率领的自由派在大部分领域都心想事成，除了回收"流通中的指券"这一领域。兰代（Lindet）强调："宣布现在只能以更少的价值接受一张以某一价值发行的货币符号券,这就是让民族犯下欺诈破产罪。……废止我们交到债权人手中的证券,这就是一种欺诈破产……凡是期待这种欺诈破产的人,都希望共和国遭受耻辱和毁灭。"经过一次次辩论,直到6月21日,官方才确定了某种非常粗略的牌价,根据这一牌价,对支付和纳税进行了重新评估。然而,这并不足以弥补市面上指券的暴跌。在一种极度强硬的国家控制逻辑中,贬值简单地与国家自认应负责的因素联系了起来。这些因素包括,指券的发行日期及在那一日期流通指券总量的增量。无论是贬值约5/6,还是这一"使得货币价值可变而又不提这种变动何时结束的法令"(马里翁语①),肯定都不能被视为彻底解决这一问题的方法。

在这一点上,第三个矛盾也发挥了作用。要减少纸币的流通,原则上只需加速出售国有财产。可那些财产到底价值几何,没人对此有任何观念。人们想出了各种有利的组合来安置它们,例如,共和二年的自愿借贷。指券持有者则会一直希望制定一种更加复杂、更有利可图的系统。他们的希望并没错:实际上,只需等到1795年5月31日法令的出台即可,该法律授权任何个人,只要以指券支付且金额达某一国有财产于1790年所获岁入的75倍,就无需通过竞价购买该国有财产。换言之,国家以低于其收益4倍的价格出售资本,这几乎就是白送。购买者蜂拥而至;国民公会很快废除了这部发展成灾难的愚蠢法律,这才阻止了汹涌的人群。拍卖体系得到恢复,指券自然加速贬值。自1795年12月起,

---

① 马里翁(Marcel Marion,1857—1940),法国经济史学家。

73 外省明确拒用纸币。"过了塞夫勒，用指券的话，连一杯水都买不到。"只有首都还能存在一个已变成"巴黎纸币"的指券市场，在那里，定期利息、薪水和公共契约都以指券支付。这从根本上鼓励了投机，使其以各种形式蓬勃发展。

在督政府时期的头几个月，银本位的回归，商品自由交易的恢复以及与英国达成和平这一根深蒂固的愿望，使一些幸免于难的金融家野心复活。勒库特勒克斯·德·康特勒（Lecouteulx de Canteleu）与几位因共和国发财的人合作，毫不犹豫地重新拿出了他建立特别银行的旧提案，该银行可以贴现票据，并发行自己的纸币。1796 年 3 月，这一方案为元老院所阻。两个月后，在一个严格保密的方案中，现金贴现银行得以诞生，这一银行培养了执政府时期法兰西银行中的管理人员。回收纸币的任务留给了国家，克服那些让即将解散的国民公会束手束脚的矛盾这一任务则被留给了督政府。这是一个艰巨的任务，因为有 500 名前国民公会议员进入了新的立法两院。面对指券所带来的烦恼，尽管当局采取了一些引人瞩目的措施，但它的态度既不前后一致，也不坦诚。

最初，拉梅尔试图以 6 亿利弗尔硬币的强制贷款来回收流通的纸币：纳税人可以用指券纳税，所收指券按面值的 1% 计算，这样，从理论上而言，这一贷款就可以收回 600 亿利弗尔的指券，这比流通的指券还要多。然而，政府不得不满足于收回 80 亿利弗尔的指券，倘若同时新发行的纸币没有剧增（1796 年 1 月）的话，这并不太坏。由此，政府最终采取了一些重要手段：毁掉用于制造指券的雕版，即刻刀、模具及印板。这很可能是最后一个重大革命节日（2月19日），这个节日还因同时发行了一种新的纸币，土地信用券（mandat territorial）而显得尤为荒谬。

土地信用券可以用于以估价购买国有财产而无需竞价，就这一意义而言，它的确与"土地"相关。因此，它就相当于银本位货币，并标志着向1790年逻辑的回归。然而，由于法律规定指券和土地信用券可以以每30法郎指券兑换1法郎土地信用券的比例互相兑换，于是，土地信用券就不恰当地与指券挂钩。可指券的真正价值是其面值的0.25%。因此，100法郎的指券仅值25生丁，100法郎的土地信用券，实际上只相当于指券价值的30倍，即7.5法郎。这足以造成土地信用券的贬值，这个问题很快因土地信用券发行数量的失控而进一步恶化。以这一价格购买国有财产，完全是值得担心的事情，就如同1795年5月时一样。1796年3月18日至5月18日，当退无可退的财政部狂热签发"土地信用券契约"（promesses de mandats）时，就出现了抢购国有资产的局面。到了夏天，政府就必须结束土地信用券相当于银本位货币这一难以维持的幻想，将其贬值至面值的1/8，并承认小麦价格为交易系统的基础。经过6年，杜邦·德·内穆尔（Dupont de Nemours）的观点最终获得了胜利。他写道："最终，立法机构开始走出迷宫，人们在迷宫中迷失于这样的观念：为了能无止境地投机，就必须让金钱始终处于流动之中。我们就要靠港了……陆地，陆地！"

这其中具有某种乐观主义，因为在之后的10年间，国库运转将依赖于意大利军团的掠夺、比利时的国有财产、多种复杂的国际策略，最后，依赖于它与军队补给的主要供应商有利害关系这一良好意愿。但纸币确已死亡,拉梅尔和他的第戎小圈子在1796年的冬天是如何试图将纸币的价值"固定"为面值的1%,继而让它从国库中消失的?价格的意外变动,属于生动故事的范畴,同样,它也属于金融史。

从约翰·劳建立通用银行(Banque générale),到国家废止该银行发行的纸币,前后历经4年半,这一时期比指券存在的时间稍长。但这两个时期的相似之处,甚至超过了制宪议会在1790年所听到的最黑暗的预言。在这两个时期,灾难产生于同样的原因,即对英国的不当模仿及政府的过于自以为是。

英国有一家独立于政府的银行,用从独占鳌头的国际贸易中所获得的利润为其纸币提供担保。即便巴黎、里昂和法国的大港口有相当数量的成长中的商人和财政人士,他们需要使用商业票据且精于使用商业票据,然而,如同在18世纪初期一样,在该世纪末期,尤其在战争期间,法国的总体经济情况,并不能证明大量发行纸币的合理性。任何突然大规模发行纸币的行为,只会直接造成更为严重的通货膨胀。

至于政府的自以为是,无论国库官员的自以为是还是一些议会议员的自以为是,都继承自几个世纪的君主专横权力;在君主制时期,君主可以随意更改货币游戏的规则,这似乎并不是什么反常的行为。只要这种上百年的做法可以依靠庞大的不动产抵押物和一场大革命的爱国喧嚣,那么,它就注定会尝试所有的可能性。尤其是,指券恰恰与数万名精明老练的人、没什么热情的纳税者和出售国有财产的发起人及获利者的个人利益相汇合:指券包藏的是大革命与其最终的支持者之间的共谋。至少对那些人而言,一旦指券不再是一桩好买卖,它的寿命就会缩短。

米歇尔·布吕吉埃(Michel Bruguière)

延伸阅读

AFTALION, Florian. *L'Économie de la Révolution française*, Paris, Hachette, 1987.
Encyclopédie méthodique. Finances, 3 vol., Paris, Panckoucke, 1784.
LAFAURIE, Jean. *Les Assignats et les papiers-monnaies émis par l'État au XVIIIe siècle*, Paris, Le Léopard d'or, 1981.
MARION, Marcel. *Histoire financière de la France depuis 1715*, t. 2 à 4, Paris, Rousseau, 1919-1925.
SAY, Léon. *Dictionnaire des finances*, 2 vol., Paris, 1889-1894.

参见条目

国有财产(Biens nationaux)
税收(Impôt)
最高限价(Maximum)
米拉波(Mirabeau)
内克(Necker)

国有财产
Biens nationaux

1789年11月2日，制宪议会以568票赞同，346票反对，40票弃权，通过了米拉波提出的法案：

"1. 所有教会财产都置于国家的处置之下，国家负责提供适当宗教费用，以维持教士生活和救济穷人……

2. 必须保证任何一名本堂神甫每年至少应得到薪俸1200利弗尔，住所及所属园地的开支不在此列。"

人们不应将"这种冒失大胆的没收"（让·饶勒斯语）与之后的一些措施相混淆，后者的制定旨在将教士的不动产财富动产化，如出售财产，发行指券（1789年12月9日及即将做出的其他决定）。相反，这一世俗化举措更接近于稍早的废除什一税（1789年8月）。它引发了一系列与之不同的其他问题，这些问题与对于教士地位的改革相联；而《教士公民组织法》（1790年）至少从表面上解决了这些问题。从制宪议会至督政府时期，国有财产的出售模式发生了不少变化，其中许多细节都因论述革命时期的历史或制度的著作而为人熟知。这里，我则将优先聚焦于11月2日法令之前的辩论，以及后来就这场大变动对社会和经济的长期演变所造成的影响而展开的一场辩论。后一次辩论更多发生在历史学家而非议员之间。

饶勒斯写道:"教会只对废除什一税进行了微弱的抵抗,但是对教会地产的国有化展开了猛烈的抵抗。"为了赢得议会中的大多数,国有化的支持者不得不提出了一个颇为有趣的论据。奥顿主教塔列朗-佩里戈尔则赋予它一种最为缜密的形式。这一论据首先涉及消除这样一种恐惧,即害怕对教会财产的侵犯,有一天会再次发生在个体公民的财产之上。然而,"教士不是同其他产业主一样的产业主,因为他获得财产,不是为了个人利益,而是为了执行某些职能,他享用这些财产,但不能处置它们。"因此,如果教士团体成员"体面的生计"仍有保障,而国家为教堂、医院、慈善工场和教育机构提供所需开支,如果除非在"大灾害时期"国家"迫于应对最严重的需求"(根据不同的需要),一般不会使用超过教会收入的开支,此时,允许"国民"(nation,即国家)剥夺教会财产并没什么不道德。塔列朗的论证甚至颇有精妙之处,因为他指出:教会并非仅仅由教士构成,而是由全体信众构成,因此,它就是"国民"本身。

来自鲁昂的第三等级代表图雷律师以法学方面的论据,对这一论证提供了支持。他将"人"区分为"真实的个人或活生生的个体,与构成虚构的法人的团体……个体独立于法律而存在……相反,团体只能凭借法律而存在。法律拥有凌驾于与团体相关的一切事物,直至其存在本身之上的不受限制的权威……因此,创建了团体的法律也能废除它们。这方面有许多例子。"在这些情况下,"废除这些团体拥有地产的权能,并非一种掠夺。"

莫里神父是该提案的主要反对者。他是法兰西学院院士、御用讲道人和贵族代言人。流亡期间,他于 1794 年被任命为红衣主教。后来他却归附了拿破仑(1810 年,在教皇与皇帝的冲突达到顶峰时,他成为巴黎大主教,但由于没有得到教皇的授职,他也遭到了质疑。)饶勒斯认为,如同教会在神圣联盟①的时代所做的那样,莫里坚定地进行着蛊惑人心的宣传,莫里还是德吕蒙②的启蒙者。饶勒斯认为,制宪议会用教会财产偿还了国家债务,由此,它"将教会收入的首要来源转移到众多食利者、资产阶级借贷人和资本家手中"。在莫里的表达中,这意味着为了高利贷者、投机商和其他证券交易投机者的利益,牺牲国民的财富;为了首都的欲望,牺牲外省的劳动……。众所周知,教士团体自身也因一些本堂神甫与一些高级神职人员之间的对立,发生了严重的分裂。对于是保持领取圣俸者的地位,还是成为领取国家薪水的人,这些本堂神甫几乎不关心,而且他们认为高级神职人员过着一种可耻的奢侈生活。很难说服这些本堂神甫,让他们相信夏尔·德·塔列朗-佩里戈尔(Charles de Talleyrand-Périgord)准备将法国和教会交给犹太人。11 月 2 日,他们中的许多人都与勒·夏普利埃,尤其是米拉波联合起来,要求埋葬中世纪。勒·夏普利埃强调,必须彻底根除"所有这些不断重新出现的关于团体和等级的观念"。在一个形式总是和内容同样重要的国家里,当莫里使用了"征用"的概念,作为一个怪物来吓唬正在革命的资产阶

---

① La Ligue,指 16 世纪法国的天主教联盟。
② 德吕蒙(Edouard Drumont,1844—1917),法国报人,反犹主义者。

级时，米拉波则精明地围绕着"置于国家（国民）的处置之下"这一概念，而非"征用"这一概念来形成其提案。饶勒斯指出，这种精明是必要的，"如果近200名贵族代表没有流亡"，投票的结果就很难说了。在他看来，"这个重大日子必然是最具决定性的革命日子。""从南特和波尔多的银行家和富有的船主，到巴黎的店主和农村产业主"，这一天让他们围绕着财产国有化的实行形成了"庞大的革命团结"。

关于国有财产的历史编纂学倾向于两大主题：一个是财政货币史主题，另一个是社会史主题。从前者的角度看，国有财产为指券的发行提供担保，导致了一场通货膨胀实验，这场实验就其政治结果而言，是决定性的（为战争提供资金，让大革命取得胜利）。但它给经济生活，给与经济息息相关的那些人的日常生活带来了破坏性后果，就这方面而言，它是灾难性的。从社会史的角度看，教士财产（称为"首要来源"的财产）的世俗化以及随后对流亡者财产（称为"次要来源"的财产）的没收，意味着忽然间大量财产涌入市场，并提供给来自于社会各阶层的潜在购买者。尽管真正换手的财产也许只是所有财产的10%或20%（主要是地产），但与稳定时期的换手量相比，这一比例相当高；资本性质的变化，促使财产的社会基础发生深刻的改变，并由此深刻地改变了社会自身的结构和价值观。

这场大交易中，最令人惊奇的无疑是受益人的多样性，尽管收益非常不均且波动，但这些受益人都获得了可观的收益，以致这场交易所带来的总体影响是加强了法国社会的稳定。在这方面，必须考虑到以下双重维度，一重聚焦于城乡关系，另一重对应重大的社会－职业分层。

从近期一部优秀的研究著作，让－克劳德·法尔西的《旧制度末期至一战结束的博斯农民》（Jean-Claude Farcy, *Les Paysans beaucerons de la fin de l'Ancien Régime au lendemain de la Première Guerre mondiale*, 1985）来展开这种双重维度就非常适合。法尔西的研究表明，在博斯地区，贵族展开了大规模的购买行动（13%的财产）："已经深深扎根于博斯的贵族，在大革命初期从国有财产的出售中获益颇丰，由此他们对于该地区土地的控制得以加强。"城市贵族是主要的贵族购买者。19 世纪初期，在那些拥有超过 1000 公顷地产的人中，13 位是巴黎人（共拥有 26 000 公顷土地），12 位是奥尔良人（共拥有 12 400 公顷），将近一半大地产主是贵族。

食利资产阶级比贵族买得更多，他们购买了 14% 的国有财产。但最大的赢家是农民（略低于 25%）和商业资产阶级（略高于 25%）。由此，这种对比意味着富人变得更富；但同时，小产业主增加了他们所拥有的财产，一些没有财产的人，也跨过了财产的门槛。由此，整个 18 世纪所展现出来的财产集中的趋势得以中止；财产相对的民主化，部分满足了乡村社会中已无产化的阶层对于土地如此强烈的渴望。但这完全是相对而言的，因为乡村社会的不满之一——人们常常在解释"旺代叛乱"时援引它——确切而言源于这一感受，即富裕的城里人分得了一块过大的蛋糕。在沙特尔地区，城市居民购买了 64% 的教士财产；其他地方，比例降至 40%。巴黎人所拥有的财产有了相当程度的增加。担任国王秘书兼弗朗什-孔泰总收税人（receveur général des finances）的路易·巴隆（Louis Baron），获得了 724 公顷的土地。更不要说巴黎的银行家了……

尽管如此，葡萄园主和小农还是获得了许多财产。在博斯中部，10 名农村雇佣劳动者中就有 1 人能成为购买者。执政府时期，塞纳与瓦兹省省长写道："一无所有的人成为产业主。他的生活方式随着他的富裕程度而改变。没有购买手段的日工，变得更为稀缺，他因此能要求获得更高的薪水……日工们知道利用人手的短缺来以更高的价格出售他们的服务。"

一些佃农购买了他们开垦的土地。一部分最富裕的人"大规模购买教士财产，将其视为让自己变成土地资产者的理想机会"。农民们互相联合起来，或是与来自沙特尔的公证人和资产者一起，购买了大片农田，这些农田事实上被分成了小块。

至于商业资产阶级，他们中既有乡村商业资产阶级（厄尔河谷或埃唐普河谷的磨坊主），也有城市商业资产阶级。城市里，大商人购买国有财产，用以支撑他们的信用、获得权力以及提升自己在一个等级社会中的地位，或者将它们用于扩充仓库，偶尔用作工厂厂址。塞尔日·沙萨涅（《棉纺织工业在法国的诞生》，Serge Chassagne, *La Naissance de l'industrie cotonnière en France*, 1986）指出，1790 年至 1805 年间，全法国约有 82 名棉纺织业的企业家参与购买了"首要来源"的国有财产。

不仅土地财产集中化戛然而止，而且对土地的垦殖也停顿下来：国有财产应该对法国农业中缺失一场资本主义革命负责吗？回答似乎是"否"，这是出于两方面的原因。一方面，如让-克劳德·法尔西所注意到的那样,大农场主精英已放弃18世纪那种与土地集中相联的大规模耕作,转向耕作的集约化:停止休耕,推广普及人工牧场。而且(约1786至1800年间)得益于美利奴羊及杂交美利奴羊,羊群的数量和质量发生了变化。帝国末期,博斯地区2/3的羊群已被替换。家畜为土壤提供肥料,粮食产量由此增加,并足以支付地租。另一方面,拥有一小块土地的小农阶层渴望小型的独立耕作,他们还从共和二年及共和三年将流亡者财产分成小块出售中受益,小农阶层并非如同长期以来人们想要相信的那样,孕育出既脆弱又落后的乡村耕作群体。通过将小份国有财产让给小农,再结合由某种原初工业化形式的劳动组织提供的机会,大革命对将他们留在土地上做出了强有力的贡献,这无疑是千真万确的。否则,农村人口就会早得多、也迅速得多地离开乡村;他们还紧紧附着在乡村土地上,并在相当大的程度上延缓了城乡人口比例的反转,而城乡人口比例的反转是非法国模式的工业化所具有的显著特征。近期关于19世纪法国中小地产/土地开发的研究,以及关于多种农业家庭活动的研究(见罗兰·胡布舍尔,《年鉴》,1985年1—3月)相反倾向于证明,大革命造就了一种巧妙的家庭结构,它能在遗产继承及获得收入的手段等方面自我防卫,因此,这一家庭结构完全适合在农业进步的趋势中、甚至在商业专门化的趋势中保持原状。

近期的另一些著作让一些比较陈旧的结论重获生机。在克里斯蒂安·博内(Christian Bonnet)对罗讷河口地区(Bouches-du-Rhône)的研究中,人们同样注意到,受到农村原动力的影响,一种从大地产到小块土地的趋势出现。尤其在有着"成片大地产,甚至是非常大的地产"（米歇尔·伏维尔语）的阿尔勒地区，人们注意到，马耳他骑士团及本笃会所拥有的地产被分成小块，这似乎导致了经济灾难：家畜群消失导致肥料短缺，由此使得粮食减产。尽管小土地所有者的数量增加，但大部分农民的希望受挫。从国有财产的出售中获利最多的人是富农；农民之外，则是法律人士、医生、公证人和商人。在马赛，商业人士购买了59%的售出国有财产，而工厂主亦属最大的买家之列。例如，22名制皂人将城里的土地变成了工厂，由此也规避了租契可能无法续约，不得不定期搬迁的风险。

最后一个例子是关于科（Caux）这个地区的。在《封建制度的终结》（*La Fin du féodalisme*，1985）一书中，居伊·勒马尔尚（Guy Lemarchand）对该地区进行了研究。研究再次确认了类似的农村图景。682名买家购买了3370公顷"首要来源"的土地，357名买家分购了1759公顷"次要来源"的土地。作者写道："总之，所有土地中的47.5%以超过30公顷的地块，被出售给4.3%的购买者，他们主要是耕作者（laboureur），还有少数来自于鲁昂、勒阿弗尔及圣－瓦莱里的资产者。不过，居住在土地所在公社、相对不那么富裕的居民也购买了数量上不容忽视的小块土地：购买者中的76.5%总共持有所有出售土地的22.03%，这些土地被划成5公顷及以下的条块。"这样，富者愈富，而在另一端，尽管小产业主的人数有所增加，但他们仍继续保持着对于土地的渴望。"农民的财产得到加强，而之前的特权者的财产明显遭到了打击，这也许是几个世纪以来的第一次。"

大商人阶级获得了国有财产中的很大一部分"份额"，这部分财产对社会、经济及心态的演进产生了长期影响，由此导致了各种相互矛盾的解释。有人将其视为法国难以向现代资本主义方式过渡的早期信号，因为这种现代资本主义形式的特征是资本的流动及对生产性投资的热切。也有人将其视为以地租为基础的文明的进一步胜利。还有人在其中看到法国一部分僵化的精英将其财富埋在土地里。事实无疑极为复杂。诚然，社会地位上升中的资产阶级持续受到一种观念的吸引：一名产业主应该以地产收入为生，而无需从事职业活动。商业和金融只是获得财富的一种手段，犹如为了上升至一种更受人尊重的社会地位而须经受的"炼狱"，这种观念在法国仍然根深蒂固——尽管在18和19世纪，商业家族和工业家族增多，这些家族的成员为他们所扮演的经济角色感到骄傲，并对持续的成功所带来的显赫地位心知肚明。但在大革命和拿破仑时代的局势下，为什么土地对大商人具有吸引力？我们应该以其他方式对其进行解释。

就政治局势而言，等级制观念及源于1789年的政治参与的观念，使得一名大商人如果希望能在城市中扮演一种他所憧憬的领导角色的话，他就必须让自己成为产业主。渴望进入新贵行列、渴望成为受人承认的公共生活的天然领袖，这些欲望无疑促使更多的大商人大量购买国有财产，而购买国有财产是进入政府或立法机构的辉煌生涯——它是职业生涯的完美结局——的先决条件，也是在富裕和闲适中隐退的先决条件。

就经济和军事局势而言，毫无疑问，许多从事海上贸易或经营殖民地种植园的商行主事人认为，国有财产投资是一种巩固性投资、价格下跌时的投资和期待性投资。当和平回归，有两种假设摆在他们面前：要么让困难年份投入土地的资本重新流动，并如勒阿弗尔的贝古昂（Begouën）家族商行那样，出色地重新开始经营；要么如曼恩和朗格多克的那些大商人那样，转行畜牧业或葡萄酒酿造业，这种转行反映出在国际贸易已经彻底改变的背景下，他们经过深思熟虑，对如何让资本获得最大收益所做的全部评估。

然而，这种解释还需要加入清晰的结构因素。一块占地或多或少、专门性或强或弱的乡间地产，常常处于商业公司、甚至是生产企业的核心（它绝非独立于该企业，或与之对立）。长期以来，对借款人而言，抵押贷款以及后来的信用贷款依赖于有没有可能利用的重要抵押物。1821年，热朗多（Gérando）在民族工业促进会宣读了追悼西皮翁·佩里埃（Scipion Perier）的颂文，他说道："对伟大的商行而言，将大规模的地产作为贷款的依靠，总是有用的。"在同一篇颂文中，热朗多对这些商行具有多重职能的特征进行了敏锐的分析："对它们而言，尤其在今天，工业生产和银行业务的结合是非常有利的。通过这种方式，它们就可以销售自己工厂生产的产品，它们能更好地为工厂提供所需之物，它们总能为其资本找到有利可图的用途。我们在首都的一流商行中看到了范例。这也是西皮翁·佩里埃的观点。"此外，农场的作物能定期供给货物并提供有利条件以维系城里公司的贸易，例如保罗·比泰尔①所研究的大商人就在波尔多拥有自己的葡萄园（确

---

① 保罗·比泰尔（Paul Butel, 1931—2015），法国历史学家，著有 *Les négociants bordelais, L'Europe et les îles au XVIIIe siècle* 一书。

切而言，其中许多葡萄园是在没收流亡者财产的时期获得的）；或者如拉罗歇尔的德蓬公司位于夏朗德（Charente）的玛黑地区（Marais）的土地，它让公司的商业活动变得顺畅，对此，罗伯特·福斯特（Robert Forster）有非常精彩的描述。此外，当时的资产负债表有时将个人收入与商业盈亏混算在一起，因此，大商人认为，在这样的资产负债表中，地租收入可以构成年度货币收入可靠且固定的基础，使其免受交易中不可预测且令人生畏的波动的影响。人们甚至会寻思，这种预防措施即便不是巴黎银行家如此积极的购买策略的最初动机，也是其他动机中的一个。巴黎的银行家不仅购买大片种植粮食的农田，还购买城堡和公园，这使得在首都周围的乡村，他们可以取代旧宫廷贵族或旧高等法院贵族。

最后，在国有财产的历史中，有一个问题学者们对其鲜有反思，即它与城市的转型和发展之间的关系，而事实上，国有化也包括城市的不动产（土地及房子）。

最为显著的例子当属巴黎。根据1795年12月的估算，"首要来源"（教会和王室）的国有财产占据首都总面积的1/8，按1790年的价格，其价值超过1亿利弗尔。另一份材料（国家档案馆，F 19 963）为这一估算提供了佐证，该材料将巴黎教会不动产的岁入估定为约300万利弗尔（其中，230万用于修道院、小修道院及其他社区，50多万用于全体教士）。教会在首都各个旧区及市郊都有财产，它们常常成为城市翻修计划的障碍，即便与之相对的是，18世纪下半期许多教团着手让他们的土地资本进入流通领域，他们将土地的长期租赁契约出让给关注地皮开发的投机商，巴黎北部及西北部郊区尤其如此——正如让娜·普龙托（Jeanne

Pronteau）的研究出色地展现出来的那样。在国民公会的发起下，一个称为"艺术家"的计划得以制定，该计划将长期以来被认为是必不可少的大规模空间开辟、清理和动迁写入新城市规划方案，计划制定者在这么写的时候，可能主要是考虑到了财产的这种新流动性。然而，人们什么都没有做，至1815年才执行了数个措施：实际上，教会财产的出售是缓慢的，许多财产并未被波及；社会和政治局势几乎不适合重新发展地产企业，而且，地产企业只能承认，在经过旧制度最后30年的泡沫后，行业发展停滞。因此，购买国有财产对于城市的意义，在于其他方面：在于购买者储备了国有财产并在稍后将其变现；在于人们必须注意到，在对国有财产的储备中，特定群体如投机者——银行家和大商人，公证人以及来自丹麦，尤其是美国等中立国的大亨（纽约人帕克、塞耶及哈里森）所扮演的角色。人们发现，小米歇尔（银行家）、德尔蓬、博丹或塞尔夫贝尔（供应商）、公证人佩里尼翁（Pérignon）及诸如莫塞尔曼（Mosselmann）、当卢－迪梅尼（Danloux-Dumesnil）及德克雷多（Decrétot）等大商人和工厂主、证券经纪人勒科迪耶（Lecordier）……，在非常显赫的前第1区（未来的第8区）购买了国有财产。

此外，政府在共和四年初暂停出售医院的财产，决定将某些国有财产留给新政府使用，并且自1793年起将城市土地国有化，这些都限制了首都的改造。就某些方面而言，譬如当国家的重要部门接手前贵族的宅邸时，新用途只是加强了某些区的旧面貌。右岸，人们想到了爱丽舍宫的命运；左岸，人们想到了圣日耳曼区的命运：它变成了"部长区"。同时，著名的投机商在抢购流亡者的财产：（邦德利耶-贝福买下了博阿尔内公馆，另有万斯、帕克、朗谢尔等人，）1811 年，曾属于摩纳哥亲王奥诺雷·格里马尔迪（Honoré Grimaldi）的马蒂尼翁公馆，在经历了一段塔列朗毫不陌生的不幸遭遇后，被指定用于接待高级显贵名流；之后，它再次短暂地成为加列拉家族的财产。军队行政部门，荣誉军团（萨尔姆公馆）以及内政、警察、外交和宗教诸部被安顿在了马拉盖（Malaquais）码头、伏尔泰码头、大学路及格勒内尔路。

国有财产保证了一部分购买者忠于 1789 年，但它也孕育了教会的谴责和一贫如洗的贵族对于追还财产的要求。总体而言，出售国有财产至少是仅有的几个革命决定中的一个：它们实际上使得围绕着国家形成了真正的社会共识，当然，国家也是出售国有财产的受益者。最后，一些"贵族"和神职人员也从这场巨大的地产流动中获利，获利的还有富裕的平民以及地位更低微的国有财产购买者。

路易·贝热龙（Louis Bergeron）

延伸阅读

由于无法让读者参阅大量研究地方的专著，在这里，我们仅限于介绍总体性研究及对各地区的研究。

BOIS, Paul. *Paysans de l'Ouest. Des structures économiques et sociales aux options politiques depuis l'époque révolutionnaire dans la Sarthe*, Le Mans, impr. M. Vilaire, et Paris-La Haye, Mouton, 1960; éd. abrégée, Paris, Flammarion, 1971; 2e partie, chap. XIII, §2.

BOURNISIEN, Charles. «La vente des biens nationaux», *Revue historique*, t. 99（1908）, p. 244-266; t. 100（1909）, p. 15-46.

LEFEBVRE, Georges. «La vente des biens nationaux»（1922）, *Études sur la Révolution française*, Paris, Presses universitaires de France, 1954; rééd. 1963, p. 307-337（附有一份重要参考书目）。

LEFEBVRE, Georges. *Les Paysans du Nord pendant la Révolution française*, Paris, Armand Colin, 1924; rééd. 1972, 2ᵉ partie, chap. II.

MARION, Marcel. *La Vente des biens nationaux pendant la Révolution*, Paris, 1908.

参见条目

指券（Assignats）

教士公民组织法（Constitution civile du clergé）

流亡者（Émigrés）

米拉波（Mirabeau）

历法
Calendrier

大革命对空间的划分被保持至今，与之不同，大革命对于时间的划分在大革命后并未延续下来：国民公会于1793年10月5日采纳了这部历法，1806年1月1日，它被废除。此外，与对空间的分割不同，对时间的新分割并非始于大革命之初，而是与恐怖时期相伴而至。大革命前，唯一尝试修订历法的方案是1788年的西尔万·马雷夏尔（Sylvain Maréchal）方案，这个方案一直为人所提及。1793年6月，西耶斯同样在修改历法前退却了，尽管他希望用专门的节日来丰富共和历法中的"年"："改变年的划分的时机尚未到来：我们的风俗习惯、我们与周边民族的风俗习惯及之前几个世纪的风俗习惯之间千丝万缕的联系，构成了一个无法改变的整体。"西耶斯明确意识到具有教育意义的连续性及历法所包含的特征，从这一意识中，诞生了上述恫吓式看法。

为什么在宣布了采用新历几周后，人们却着手触及这个沉重繁复的"整体"，并将"时间革命化"？对于政治局势的假设得到了最广泛的接受：历法改革正处于官方非基督教化运动和自发的非基督教化运动尚未分道扬镳、还互相联合的短暂时期。但这是一个有些简化的假设。要使人相信这一假设相对简化，只需指出，新历法不仅在罗伯斯庇尔要求中止非基督教化政策的决定中幸存下来，还在热月9日中幸存下来。这预示着，除局势外，还有其他东西存在于革命历法之中。

法布尔·代格朗丁虚构出的优美名称，带来了乡愁般的温柔感觉，除此之外，历法改革的内容——划分时间、选择术语、以节日定"间隔"（scansion）——几乎没有得到大革命史学家的关注。大部分历史学家将其视为一部田园牧歌式的天才之作，它反映了革命感受性在恐怖统治时期是如此不合时宜。如同理查德·科布（Richard Cobb）所称：芽月4日，处决埃贝尔派的日子，是献给郁金香的；芽月14日叫山毛榉日，这一天轮到丹东派；《惩治嫌疑犯法》在洋甘菊日得以通过。历法改革明显失败了，它的失败实际上鼓励了人们去纵容这种讽刺。一个人肯定只有天真到无论革命者说什么都会毫不反思地接受，他才会如塞尔日·比昂希①那样写道："共和历并没有困扰农民大众，因为它是以土地作物为基础的。"无数文本展现出大众对计算时间和日期的新方式进行了抵抗，这些文本使得此种乐观主义彻底销声匿迹。

因此，这是一个极具野心、但短命的方案。它是特定政治形势的产物，但又超出了政治形势。它所包含的安排设计，尽管不合时宜，却是革命新生的象征。共和历充满了自相矛盾之处。

新历法在成为一种制度之前就已经是一种实践了。早在1789

---

① 塞尔日·比昂希（Serge Bianchi），法国历史学家。

年7月15日，定期在周年纪念那个光荣日子的想法就已经产生，人们开始把当天算作"自由二日"；它在被合理化之前，就已经是与过去的断裂了。从1789年7月15日开始计算，由此出现自由元年、二年、三年。然而，即便在革命精神中，也有这样一种倾向存在，它认为新的一年始于1月的第一天，这种划分法意味着自由二年始于1790年1月1日；这种倾向有时会造成某些犹豫不决的局面。1792年1月2日，发生于立法议会的一次会议上的事情，就反映出这一问题中存在着困难：代表们不愿接受将1789年7月14日作为新一年开始的纪年方法（因为这将"与普遍为欧洲所接受的纪年相悖"），于是，他们承认将1789年7月14日至12月31日视为一整年。以此类推，1792年1月1日就不是自由三年，而成为自由四年。8月10日又给这一体系加入了新的复杂之处，因为它强加了一种观念，即从这天起平等的时代开始。因此，平等元年，也就是自由四年（《导报》真的同时使用了两种纪年），该年9月则将成为共和元年。但这个元年必然在1793年1月1日，过早地变成平等二年，这更让人感到困惑了。

由于困惑越来越多，不时有人提出有必要对其进行调整。1790年8月17日，拉朗德（Lalande）提议将自由的时代稍微提前，使其始于1789年4月1日，这样历史的新生就能与自然的新生相互协调一致。1792年9月之后，陈情书雪片般飞向国民公会的办公室，要求将9月21日定为新年第一天。1793年1月1日，可算标志着进入自由四年、平等二年及共和二年；几天前，国民公会将西耶斯的计划付诸实际：它要求公共教育委员会负责"在最短的期限内"，向它提交一份关于"普通纪元与共和纪元的协调一致必定会给法国带来的好处"的方案。这一要求在两方面都落空了：短暂的期限变成了九个月的构思期，提议中最初的简单目标（"协调"两个纪元）被委员会推翻了。委员会越权向国民公会提议：放弃以 1 月为新年伊始（1793 年 1 月 2 日法令实际上再次确认了这种划分），将 9 月 22 日定为新一年的开始，并采用委员会所构想的全新历法。

那是在 1793 年 9 月，所以，人们可以认为，正是非基督教化的企图使得这一方案出现偏离，实际上，历法内容的确反映出这种野心。不过，委员会并非铁板一块。公开的反教权主义者，如法布尔·代格朗丁、马里－约瑟夫·谢尼埃（Marie-Joseph Chénier）同蒙日（Monge）及拉卡纳尔（Lakanal）等学者一起工作。此外，它自 1792 年 12 月就开始进入工作状态。方案的激进化更多缘于恐怖的 1793 年及其所引起的"革命时间"观念的转变。事实上，1793 年之前人们还会相信：革命之时就是一种令人赞叹的、奇迹般的且自发的再生之时，由此让人不会意识到，大革命的肇始和它所带来的结果之间有一个间隔。然而，随着大革命中的意外情况迅速增加，这个丑陋的间隔变得越来越大，堕落与变质的迹象开始激增。于是，一种认为革命更新障碍重重的"时间"意识应运而生。正如《反联邦报》在共和二年雾月所写的那样，1793 年的新发现是"在我们中间有这样一些新人，大革命并未让他们感到震惊，而且他们是偶然的幸运为了事物的新秩序而造就的。但是，在我们中间也有虚假的爱国者，他们腐蚀着美德的种子。"共和历法回应的正是这种大革命内外受阻的意识，它是一种再生的工具，不会对所有人产生影响，按照其发明者们的观点，

95

新历法可以通过实现四个紧迫的目标来改善局势,即合理化、标记断裂、净化以及替代。

合理化:它是 1793 年 9 月 20 日,罗默(Romme)以委员会的名义向国民公会提交的计划的首个明确目标。他将报告文本纳入必须消除"度量衡的多样和不一致"的整体改革之中,改革也要求对时间的度量也不得有误。对此,他沾沾自喜地反复指出儒略历中的错误(一年多出 11 秒,这造成六个世纪多出 10 天的"混乱"),以及格里高利历中的错误。尼古拉·布朗热[①]的著作已经普及了对格里高利七世这一成就的批评。他批评格里高利历中的一年太长,节日不固定且多变(米什莱在为共和历的优越性辩护时,也强调这一点)。新历的原创性在于,在时间度量方面采用了新度量衡中的十进制(这一度量被认为是基于自然的,因为人用 10 个手指来算数);将一年平分为 10 个月,每个月分为 3 旬,每旬 10 天,每天 10 个时辰(当然,首先,钟表匠必须做出 10 进制的钟表,今天,它们成为了珍奇之物);使一切时间度量平均化。由于每个月和每年都一样长,这迫使罗默诉诸一种恼人的权宜之计,即在每年年末额外加上 5 天,并定出一个闰年。罗默希望确定固定的闰年。这种安排,给他带来了一系列麻烦。尽管他相信新历比旧历更简单、更有利于经济:不工作的节日天数明显减少,从 56 天减至 32 天,这正是 18 世纪经济学家的夙愿。

罗默赋予其历法以一种根本职能,即标记大革命给时间带来

---

① 尼古拉·布朗热(Nicolas Boulanger, 1722—1759),法国文人,哲学家。

的非连续性,由此,他将一种情感和政治动员的重大职责纳入这一智识事业之中。当其他一切都已经改变,人们怎么能继续使用旧历呢?因此,人们必须毫不含糊地宣告:共和时代并非君主时代;必须提出一个绝对的开端,让1792年9月22日,即宣告共和国成立的日子成为共和元年的第1天。在随后的辩论中,一些议员建议,不要任何开端,也就是说,所有计算都应延伸至过去,这样,人们才能说:利西波斯(Lysippe)生活在共和前21世纪,而非公元前4世纪,通过这种方式,旧时代便能与新时代相"协调"。这正是一些议员向委员会提出的温和建议。但"回溯式计算"很难抵抗从"重新开始"那里获得的再生美德。在这一点上,法布尔·代格朗丁比其他任何人都说得更好:"我们不能再将那些国王压迫我们的年头,算入我们所生活的时代。"

然而,罗默很快就意识到自然与历史能共同声称为历法提供了开端。1792年9月22日恰好是秋分。这是大革命与自然的和谐一致,他不厌其烦地强调这种奇迹般的巧合:"天空中出现昼夜平分标志"的同一天,"人民代表宣告道德平等和公民平等"。蕴含于"同时性"观念之中的精神具有决定性的力量:这个拥有双重标志的日子,开启了"法国人的时代"。

与这两大主要目标相比,历法反基督教的最终目的则是次要的。但它显然是新历法的必然结果:既然要用新东西来充实新历法,那么,就得首先把地方清空。旧历从本质上而言,是一部殉教圣人名册。因此不难理解最初的那些改革尝试:西尔万·马雷夏尔希望编制成一部自由殉难者名册。《法兰克人历》的匿名作者表达了愤慨的原因:在罗马天主教历法中,找不到苏格拉底、福基翁[①]或其他人类英雄。所有人都想消除历法中"幻想的对象"和基督教殉难者痛苦的形象。但是反教权的共和历明确地借鉴天主教的感性教化方法。罗默的命名法一遭拒绝,法布尔·代格朗丁就呈上了自己的提案,他表达了对一些人的赞赏:这些人巧妙地将墓地崇拜与11月的悲伤联系起来,并用圣体瞻礼将春情发作的年轻人拉回教会。教士制造了一个"辟邪物"——罗默使用了这个词——因此,必须用另一个辟邪物来对抗它。

这是方案中积极的部分,显然也是最为困难的部分。要达到第四个目标,就必须解决革命想象中的那些核心问题。新历将是基于历史的历法还是基于自然的历法?是法国人的历法还是普世的历法?是最终完成的历法,一劳永逸,不再改动的杰作,还是开放的历法?这些问题中的每一个都引发了一场重大辩论。

基于历史还是自然?罗默直截了当,倾向于历史,甚至倾向于革命历史,因此从"我们的革命中"吸取全部"命名"。他设想了一种不同寻常的纪事历法,这种历法将所有革命事件压缩到一年之中,在各个月份里,依次有巴士底月(6月19日—7月18日),这显然是为了纪念1789年7月14日,纪念1792年8月10日的人民月(7月19日—8月17日),然后是山岳月,之后是共和国月。罗默在选择名称时也不是没有过犹豫,因为他的历法也接受了象征性的月份(统一月、博爱月、自由月),并将"附加的"5天(这麻烦的5天,有时是6天,附加在年末,以维持每个月神圣的平等)

[①] 福基翁(Phocion,公元前402—前318),古希腊雅典政治家和军事将领,因倡导民主制被处死。

留给了另一种纪事时间，它更多是一种生物时间而非历史时间，是按生命确定的时间。

罗默历法的古怪之处在于，它将大革命浓缩在一年里，表达方式有时让人摸不着头脑，有时则带有预言性。这使得它无法令议会信服。1793年10月5日，国民公会通过了罗默的报告，但驳回了其命名法；同时，公会赞同迪昂（Duhem）等平等主义者所喜爱的按顺序排列的命名法。由于这部历法在实践中并不太适用（从次日起，就必须将历法的首个实施日，10月6日定为共和二年第1个月的第15天），国民公会要求委员会重新开展工作。新报告人法布尔·代格朗丁让国民公会接受了一种农业历法。他为每个月都想出了一个优美的名称，这些名称有着由3个字母组成的词尾，各季度有着不同的发音韵律。他将每一旬献给一种农具，每半旬（5天）献给一种家畜，余下的日子由"散发着芬芳的植物"补足，以此与教上"令人恶心的藏骸所"相对。因此，自然历法战胜了历史历法：这里，没有英雄，也没有殉难者（法布尔明确讲到了对于个人崇拜的恐惧），道德美德被降至附加日，成为"无套裤汉日"。法布尔牢记，历书是农民唯一的书籍，并认为他的历法可以给每位法国儿童上一门农业经济基础课。

这场辩论的负方，正是援引大革命本身的做法。10月5日起，议会不同意以"均平""小帽""共和国"等大革命术语为每一天来命名。同样，为了将那些伟大人物和伟大日子（实际上，它们开始在人们的思想中互相碰撞）排除在外，议会中展开了一场激烈的争论：是否要创建这样一部历法，它不单单是法国人的财富，而是可以达到一种普世性。这正是邦塔博尔（Bentabole）在

10月5日所表达的:"当穆罕默德为他的人民开创另一个时代时,是为了将他们与其他民族区分开来。我们的目标和这位假先知的目标截然相反:我们希望用博爱将所有民族联合起来。"然而,标记出大革命之前与之后的界限是必要的,这就使得邦塔博尔的理由失效了。历法中的名称不再重述大革命。但这部历法的存在则表明大革命给法国人特有的历史所带来的断裂。

第三个争议是,历法是应该如罗默认为的那样定型,每天唤起公民们对于那场已经完成的革命事件的回忆,还是应该保持开放的框架?一成不变的观念支配着罗默的方案。但某些公会代表,如迪昂,更相信革命时代会日新月异,他们不太相信大革命"已经触及哲学所标记的终点",完全造就了"所有值得纪念的时期"。他们希望不要效仿教皇,让历法充斥着各种名字,以致无法再插进一个圣徒的名字;他们希望命名法保持开放。如果说他们的意见最终未被接受,那是因为人们越来越以怀疑的眼光看待大革命的波折,因为这种波折更多的是悲剧性的重复,而非创造性的开拓。

国民公会的最终选择完美地保持了融贯性。它直截了当地反对普世历法,赞同法兰西历法,因为必须要将革命性开端标记出来;它反对开放的历法,赞同确定不变的历法,因为合理化是必须的;既然想象出一种"辟邪物"也是必须的,既然按照法布尔的说法,教士们自己也只是通过"让圣约翰成为收获粮食的分派者、圣马可成为葡萄的保护者"这样的方式,来赋予其偶像以可靠性,那么,国民公会便选择了一种基于自然而非历史的历法。

这三项决定获得了不同程度的成功。设置开端最为容易,尽管原有的元旦挥之不去。合理化则更为复杂。罗默相信,人们能将4年一闰的闰日固定下来。但在闰年这一棘手的问题上，德朗布尔（Delambre）很快吸引了拉朗德和拉普拉斯（Laplace）的注意力。他指出，如果我们使一年始于真正的秋分日的午夜，那么，就不是规则的每4年一闰。一个世纪中，就会出现三次两个闰年之间间隔5年的情况；而且更糟糕的是，这三次间隔之间的间隔也是不规则的；于是，放弃秋分将是明智的。罗默发现，不规则也许"与天文学原理相符"，但他不接受这一结论，并重新开始工作。他不以秋分自动确定闰日，而是建议对所有世纪进行修订（所有的每400年，所有36个世纪），这显示出他有意坚持一种规则插入闰年的模式。德朗布尔所指出的难点增加了之后对于该历法的抵抗，它还在共和八年花月15日为拉普拉斯提供了一个重回格里高利历的决定性理由。至于第三种选择——为法国人提供一种他们能够接受的生活及节日框架，以取代基督教框架——它显然是最难保持住的：正是它，决定了共和历法的命运。

从一开始，这项改革就无法丢掉强制这一拐杖：国民公会的执行委员会在对历法进行指导时，就已经要求一旬的第10日，公务人员只能休息，在当天，关闭邮局、剧场、集市和市场。如果说它允许历书及日历印刷商在十进制时制旁，"印上旧式的小时、分、秒"，那也只是在共和历"真正进入使用"之前的暂时措施。这就宣告了一个漫长的压制期。

当热月到来，共和历毫无意外地成为热月反动者的靶子。朗瑞内在他报复性的小册子中，谴责共和历是"暴君"，它竟敢改变"时间与日期"。提交到国民公会的请愿书，要求废除共和历，一些代表宣称，要马上将其付之一炬。一时间，长矛、"你"这一称谓、小红帽、山岳造型、旗帜上的监视之眼以及马拉的半身雕像统统被扫荡；然而，在一些权威人物，如拉雷韦里埃-勒波（La Révellière-Lèpeaux）的支持下，共和历得以保存下来。几届议会没有放弃其原则，也没有放弃其所需的强制措施。尤其是果月 18 日后，在共和八年新雅各宾派占据上风的氛围中，一些不容置辩的法令复苏，这些法令要求记者"以共和的方式"注明日期，要求市政机构将集市和市场的日子确定在和之前的日子差不多的日期，但这些日子应避免与基督教节日重合，要求签订租约的人只能根据"自由年"来设定享有使用权的期限。共和历的延存只是表面上显得有些吊诡。正如布罗尼斯瓦夫·巴奇科（Bronislaw Baczko）的研究所揭示的那样，放弃历法，就等于承认革命事件具有可逆性：一个弑君的议会是不会容忍这一点的。

这一时期不仅有压制，也有创造。在共和六年旨在复苏共和制度的事业中，最有趣的片段发生在获月间对于旬日（一旬中的第十天）的大讨论。这一天始终无法取代礼拜日。政府应该对不遵守者加以处罚，但更重要的是那些发挥想象力、赋予旬日以诱人内容的悲怆努力；在一片混乱之中，人们提议：这一天，除严肃阅读法律之外，还得加上发布如"对手艺有用的发现"或农业"新方法"之类的通告；为了吸引妇女参与，在这一天公布关于出生、结婚、"与失散子女相认"等令人感动的公告；在这一天举办市镇的集体纪念活动，后者总是比重大的全国性节日更轻松活跃；不要轻视"露天咖啡馆"、游戏、舞蹈。所有这些措施都服从于一个要求："法兰西人民，摒弃你们错误的奴颜婢膝，使用你们的历法。"

这种坚决的要求反而表明,人们依然固守传统的礼拜日。共和六年,博奈尔(Bonnaire)以公共教育及共和机构委员会的名义,就旬日节做了一个很长的报告。他恳请同僚们要有勇气去证实他在外省所发现的情况:"人们厌恶民族节日,什么都没有宗教节日当天的场面和游行那么引人瞩目,当这种情况出现时,我们最后只能靠驱散人群来加以解决。"成千上万的文本印证了这种说法,其中就有谢尔河畔塞勒(Selles-sur-Cher)县专员(commissaire)在共和七年芽月4日所写的报告。他写道:"礼拜日、天主教节日,即便连续10天,都以同样的华美和辉煌,从某个时间开始来庆祝:旬日就不是这样,只能看到一小群公民,而且首先不守法的是公务人员的妻子,她们特地按旧历节日的装扮来穿戴,比其他所有人还要虔诚地停下工作。"如果公务人员自己都不情愿遵守共和历,那么,对于乡民,人们还能说什么呢?

革命行政官员努力使人们习惯共和主义的时间节奏,实际上,他们在地方上所遭遇的,是一场围绕着基督教历法而组织起来的农民叛乱。和罗默一样,所有行政官员都认为基督教历法是一种堕落的制度。警方所采取的措施也凸显了圣历中的重大时刻:如以停止劳动为标志的圣诞节、复活节、四旬斋,以更积极的游行为标志的万圣节。在那些日子,人们都知道,在死亡的禁忌面前,专员们也在犹豫要不要进行处罚。绝望的专员们还发现了更为深远、更招摇过市、也更容易导致暴乱的历法,即一种未受触动的民间历法,其中重要的日子有5月的植树节、夏季的圣约翰节、狂欢节。对他们的事业而言,这是一个更具毁灭性的发现:因为面对大众的时间，他们就不单单只需处理一种基督教化的时间，后者是历史，也许可以根除，如果他们能根除主要由抵抗派教士构成的代理人的话。一些人希望"用法令来确定永恒"，并以确定某个时间断裂来达到这一目的，也就是说，宣布这一刻之后为永恒；颇具戏剧性的是，对这些人而言，他们发现了另一种永恒，一种从时间的暗夜中出现的永恒，一种甚至不需要由某种制度或其代理人推动就能为人接受的过去。

让人感到惊奇的不是革命历法的消失，而是它的死亡到来得如此缓慢。死亡的第一个征兆是，政府在共和八年废除了除 7 月 14 日和葡月 1 日（共和国成立纪念日）以外所有大革命想象出来的节日；第二个征兆是，政府在共和 10 年芽月颁布了关于宗教信仰组织的法律：这一法律将礼拜日定为公务人员的休息日，由此给旬日以致命一击；它再次赋予"星期"以合法地位，并拐弯抹角地重新使用格里高利历。第三个征兆则是决定性的，共和八年果月，拉普拉斯解除了历法改革与度量衡改革之间的联系，并对共和历的两大基础：缺乏理性的闰法、缺乏普世性的民族特性加以谴责。这些谴责会让罗默暴跳如雷。

共和历法的落幕：如同汉娜·阿伦特清楚看到的那样，随着共和历被废除，法国大革命从一种超乎寻常的状态中摆脱出来，被重新整合到一种历史进程之中。即使是共和历被废止本身，也包含了历法改革所体现的高度严密的逻辑。无论如何，共和十年和共和十三年的讨论表达了对于罗默工作成果的敬意：在格里高利历充斥着错误时，却无法维系一种建立在"简单又方便的观念"

之上的工具，这是多么令人遗憾！"法国为了不使自己孤立于欧洲，目前放弃这部历法，在它的残存物得到完善后，就能用它们为全欧洲、为整个政治和商业世界制定一部新历法"，这一天也许会到来。勒尼奥·当热利（Regnaud d'Angély）和穆尼埃充满信心地等待着它：未来的改革者将发现万事俱备。没有人会真正放弃基于另一种历法，过另一种生活的希望。

这样，我们就理解了为什么这部遭到诋毁的历法超出了反教权的斗争这一狭隘目标。新人的梦想在革命思想中居于如此中心的位置，它实际上就意味着摧毁旧人的种种依恋，也意味着围绕公民重建一个严密的网络，一个由光明的图景、强制方式和有教育意义的习惯构成的网络。然而，这种积极教育还需一个先决条件：对一年中特殊时间的分配框架进行调整。特殊日子有规律地出现，加之它们所带来的情感，将有助于塑造出新的习惯。实际上，共和历正是一种称职的工具，就其内容而言，它促成了公民的种种依恋；就其形式而言，它造就了服从，因为它"将国民投入铸模"。

莫娜·奥祖夫

延伸阅读

ARENDT, Hannah. *La Crise de la culture. Huit exercices de pensée politique*, trad. de l'anglais sous la dir. de Patrice Lévy, Paris, Gallimard, 1972; éd. originale : *Between Past and Future : Eight Exercises in Political Thought*, éd. augmentée, New York, Viking Press, 1968.

BACZKO, Bronislaw. *Lumières de l'utopie*, Paris, Payot, 1981.

BACZKO, Bronislaw. «Le calendrier républicain», in Pierre NORA（sous la dir. de）, *Les Lieux de mémoire*, t. 1, La République, Paris, Gallimard, 1984.

BOULANGER, Nicolas-Antoine. *L'Antiquité dévoilée par ses usages*, Amsterdam, 1766.

FRIGUGLIETTI, James. *The Social and Religious Consequences of the French Revolutionary Calendar*, thèse Ph.D. non publiée, Harvard University, mars 1968.

Procès-verbaux du Comité d'instruction publique de la Convention nationale, publiés par James Guillaume, t.1 à 6, Paris, 1891-1907.

ROMME, Gilbert. *Rapport sur l'ère de la République fait à la Convention nationale dans la séance du 20 septembre de l'an II de la République*, Paris, 1793.

参见条目

非基督教化（Déchristianisation）

公共教育（Instruction publique）

西耶斯（Sieyès）

俱乐部及民众社团
Clubs et sociétés populaires

长期以来，雅各宾主义遮蔽了革命社团。鲜有历史学家对大革命的这两个具有象征性的因素同时感兴趣。有关二者的讨论和研究也大不相同。然而，两者都是同一历史的组成部分，不提及一个，就无法理解另一个。一个是一种既神圣又可以不断重塑的信仰体系，它不停地生产着大革命关于自身的话语，生产着一种专横又含混的修辞——国民主权（souveraineté nationale）、人民意志、公共拯救（salut public，又译救国）。它迅速成为革命正当性的最高裁决者，成为它的工具和喉舌。另一个是米什莱所称的雅各宾"机器"，一个在1789年至共和三年期间迅速壮大的、组织严密的政治社团网络：爱国党俱乐部、宪法之友社、通信委员会、民众兄弟会、村庄协会、青年社团、妇女社团、士兵社团、外国人社团……。这一运动的规模，根据作者和估算方法而有所不同。米什莱——及稍后的奥拉尔——确定的数目是上千个社团。奥古斯坦·科尚（Augustin Cochin）计算的数目为不少于44 000个（大致为共和二年的公社数目）。克兰·布林顿（Crane Brinton）估计在5000—8000个之间，路易·德·卡德纳尔（Louis de Cardenal）估计为略多于3000个。近期，让·布捷（Jean Boutier）与菲利普·布特里（Philippe Boutry）在他们的调查研究——后面我们还要援引他们的调查——中估计：在1789年至共和三年，拥有一种政治社团的共同体（乡村、市镇和城市）数量约为5500个。至于所建社团的地理分布，它毫不令人意外地展现了革命前法国的城市经纬图。比较难以预料的是，社团地理分布图的主要线条轮廓，复制了旧制度下的"民主社交"图：两者最为密集的地区一致（法国北部、西北部、法兰西岛、奥尼、阿基坦、西南部以及东普罗旺斯），最为稀少地区一致（特别是西部的诺曼底、布列塔尼内陆、旺代，东部的孚日地区、默尔特－摩泽尔、阿尔萨斯及香槟、贝里、波旁地区及中央高原的部分地区）；法国城市与乡村、沿海与内陆地区之间的对比也是一致的。

作为政治训练的特殊场所，革命社团很快就成为一个对直接民主的语言、实践及表征进行实验的巨大实验室：它涉及个人对公民身份的认同、对平等话语的学习、为达成共识所进行的工作、舆论的统治。舆论，就是一套关于权力组织和权力正当化的体系，既然它由规则、义务、准则及程序来支配，它便与历史决裂，成为政治诉求的根本基础。

在这种由毫无经验、却充满生气的群体行使主权的大规模日常操练中，人们尤其希望看到一种如同米什莱所称的"强大能量杠杆"，它见证了在大革命遭受最严重的威胁时的爱国美德。然而，人们很少注意到此类社交组织的独特动力，更少注意到它所传播的意识形态成果存在着不同形式，也就是说，更少有人注意到观念与政治行动之间、表征与权力组织之间、平等的话语与平等的实践之间的不确定关系。对于这些问题，本文只能稍稍加以概述。

实际上，大革命的历史编纂学已经被两种几乎毫无交集的研究方法所撕裂。一方面是大量著作所使用的那种研究方法，这些著作在不同程度上成功地恢复了被分成无穷小块的雅各宾主义的真实面貌，但它们往往忽略雅各宾主义的意识形态维度。另一方面是一种合乎正统的历史编纂学——无论是正统派历史编纂学还是雅各宾派历史编纂学，它系统地将革命社团的历史简化为山岳派专政的智慧。

奥古斯坦·科尚（1876—1916）的原创性在于他恰好将这两种研究方法结合起来。半个多世纪前，他就已经提出其论点，但他的论点很快在一片漠然中为人所抛弃，因此也从未经受系统研究的考验。然而，它为研究雅各宾主义，研究其起源、演进及谱系提供了一种最可靠、最富有成果的路径。科尚非常敌视大革命和现代民主；他在史学方面的实践有时太大胆冒失，他不够博学，但这些绝不会贬低其直觉的准确性。他是自米什莱以来唯一一位不仅注意到雅各宾意识形态，还注意到让一种过激主义话语（discours maximaliste）有可能赢得一致支持的社会条件和机制的历史学家。雅各宾意识形态即人民意志，这种人民意志被认为是出自于"母社"（巴黎的雅各宾俱乐部）的集会：没有这种独一无二的公开的证据，任何举动都无法获得正当性，也无法辩解。就其定义而言，人民意志只允许无少数反对派的表决、无真正讨论的辩论以及一种无分歧的能很快在全国传播的舆论。由此产生了定期清洗制度，用以维持俱乐部的全体一致，并通过俱乐部的全体一致，来维持人民的团结一致。它既是政治策略，又是权力工具：凡是不当权的人不能"代表"人民的意志，而通过使用这种权力，就有可能以人民意志的名义消灭任何不和谐的声音。如同革命之前的共济会一样，雅各宾主义实际上揭示出，在每次危机中，不依照全体一致和正当性来构想日常民主实践是异常困难的。全体一致是与源于私利的利己主义和混乱相对立的。所有异议必然是不正当的、可疑的，因此是应遭到谴责的。在许多情况下，民主的语言掩盖了这一困难，对于透明性的要求和对于阴谋的持久恐惧则使得这种做法合理化。在这之中显然存在着一种人们并不总能看到的、旧制度与大革命之间的连续性。

因为这种"意识形态实践"诞生在那个被认为已一去不复返的旧制度社会。我们正应该在那里，在小团体、文学圈、阅读群体，尤其是共济会支部中寻找"民主社交"的初步探索。我们称之为民主社交，不是因为它要求废除君主制、建立普选，而是因为它所提出的观点与等级团体社会的有机体观格格不入。民主社交建立在社会平等的原则之上，尽管它常常纯粹是形式上的，但这意味着一种意识形态上的根本转变。这种转变并非由被平等原则再度掩盖的、相当多样的现实造成的，而是由一种话语造成的，这一话语以绝对正确且专横武断的道德理由为基础。这类社交是民主的，因为它不诉诸其他任何权威，而只诉诸个体成员的共同意志。这可以说是一种"直接的非政治"模式，或者说"间接的政治"模式。大革命前的共济会无疑是这一模式发展最为健全、最为组织化、最为广泛的例证。离大革命尚有半个世纪的时候，它已在不知不觉间展示了旧社会"团体主义"表征的界限。共济会消解了那种基于出身共同体或利益共同体的团结一致的有机体性质，代之以既作为一种价值、又作为一种召集原则的"博爱"（fraternité）。在共济会里，权力关系是所有正当性的唯一依据。这种正当性，既不是基于某种学说，也不是基于某种权利，甚至常常不是基于某些成文规范，即法令、规章或宪法，而是基于一个人靠着敏于政治、精于修辞以及选举的神圣化（无论以何种方式获得选票）使自己成为代言人的能力。

当然，从"思想社团"到革命社团，参加的人员有时会发生变化，他们所处的环境不再相同，关注的事情也不再一样，他们变得更少关注智识和思辨，而更多关注政治。不过，如果有人对日常实践及程序——如接收、协商、选举和驱逐——保持更为敏锐的关注，他就能发现在人员、组织和机制中存在着惊人的连续性。人们发现，在里尔、贝尔热拉克、图尔、佩皮尼昂和勒热尔（Le Gers），共济会支部和革命俱乐部之间存在着一种无可否认的演变关系。在效仿巴黎革命俱乐部的规章之前，这些革命俱乐部最初的某些规章，或多或少抄录了共济会的仪规。卡斯特雷（Castres）的雅各宾俱乐部源自当地一个建于1783年的文学社团；因此，他们将会议记录记在其前身用过的商议记录簿之上，就再自然不过了。

民主社交的新旧机构，在意识形态和社会学层面双重接续；我们可以从中找到一把钥匙，用以解释雅各宾现象，其来源、动力及其在恐怖统治时期的蓬勃发展。

研究雅各宾主义的历史学家似乎并不了解这一谱系。对他们而言，雅各宾俱乐部源于三级会议前夕，在凡尔赛形成的"布列塔尼俱乐部"。人们对这段历史已经相当熟悉了，尽管它仍有某些晦暗不明之处。强大的布列塔尼第三等级代表团（44名代表）决定以"省议院"的形式定期集会，这一决定既与一些代表的政治决心有关，也与另一些代表的不安有关。它既想阐明第三等级的理由，也想阐明布列塔尼的特权。它既表达了一种改革的愿望，也反映了一种对旧制度特权的依恋。政治坚定的代表有：勒·夏普利埃、朗瑞内、格莱森（Glezen），他们都是雷恩律师团体中的律师，并在与布列塔尼高等法院和贵族的斗争中，锻造了他们最初的政治技能。他们来到凡尔赛，打算坚决捍卫第三等级的两大根本要求：三个等级合席议事，按人头投票。而那些来自更加安稳的地区的代表，则表现出不安，例如帕拉斯内·德·尚波（Palasne de Champeaux）觉得他似乎"从天上掉入我们对其一无所知的国度和事物秩序之中"。布列塔尼贵族决定不参加三级会议，在这种情况下，他们的缺席的确加强了外省的团结一致。这种情况也存在于许多其他代表团之中。这种团结也许还受益于陈情书中委托人的迫切主张，这些委托人要求代表们"细心维护布列塔尼的权利和特权"。因此，我们在布列塔尼俱乐部的起源中看到，既有传统的诉求，又有革新的意愿，既有团体和社群的种种特殊权利（les droits particuliers），又有国民权利（le droit de la nation），既有旧制度，又有大革命，它们杂糅在一起。

基于这一复杂的谱系，布列塔尼俱乐部的根本使命不是建立，甚至不是"代表"某种学说体系；而是创造全体一致。5月15日，埃内邦（Hennebont）代表拉维尔·勒鲁尔克斯（La Ville Le Roulx）在给委托人的信中写道：人们已经同意"在同一天将提交至三级会议的问题，提交到布列塔尼议会；一名议会代表将推动某个占主导地位的意见,其余成员则紧跟其后,他们都以在一般事务中所有见解必须始终指向普遍利益为其原则。至于本省事务,我们将马上采取合乎公共利益的类似决议。"

王政派从三级会议第一次集会起,就对应以何种方式进行"法国的新生"持有非常清晰的观点。与王政派不同,布列塔尼人只是对事件作出反应。布列塔尼俱乐部向其他"爱国"代表和少数自由派贵族开放,但这并未由此改变其特征:即它是一个为事件所困,更多因为对手的顽固,而非意识形态上的凝聚力联合起来的压力团体。即便该俱乐部在8月4日之夜为废除特权作出了惊人的贡献,那首先也得归因于面对农民叛乱时几名大贵族的即兴动议。

从5月到10月,布列塔尼俱乐部的政策都只是权宜之计。俱乐部并不打算实现某种计划或模式,而更多只是试图争取支持、威吓对手,并"达成一种共识"。格雷古瓦神父的《回忆录》中关于6月23日御临会议的激动人心的篇章就是证据。得知了王室的意图后,布列塔尼俱乐部在会议前夜讨论该如何行事:"首个决议是不管国王禁令,留在大厅。在会议召开之前,我们必须商议好要让同仁们知道在他们的眼前即将发生什么,要让他们知道必须反对什么。有人说,'可12到15个人的投票能决定1200名代表的行为吗?'必须有人回答他,'人们'(on)这个词拥有魔力。我们会说,宫廷打算这么做,'人们',爱国者中的一些人,约定采用此类措施作为回应。'人们'(on)可以指400人,也可以指10人。这种权宜之计取得了成功。"

在缺少政治策略时,俱乐部就以议会纪律和灵巧的战术来应对；在缺少对于公意的界定时，它就以指明敌手来应对。被激怒的西耶斯向埃蒂安·迪蒙（Etienne Dumont）吐露道："我不想再和这些人有任何关系了。他们的政治是穴居人的政治。他们将谋杀行凶作为一种权宜之计。"尽管至10月，布列塔尼俱乐部已不复存在，但它以一种即兴的形式，将初生雅各宾主义的一些基本特征作为遗产留给了雅各宾派；在这个被称为"宪政之友"的新社团（设在雅各宾＝圣奥诺兰修道院）中，这些特征迅速得以发展、壮大并被制度化。

"宪政之友"这一新俱乐部甫一成立，就聚集了200名成员，很快，成员增至400人，到12月，则超过了1000人。成员不再限于制宪议会的代表。一名布列塔尼的代表在给委托人的信中写道："来自于国民议会之外的人，凭借贡献智慧而获准加入这个社团并以此为荣，王国主要城市中的某些社团已经提出了和它建立联合关系，并展开通信的要求。"

然而，直到1789年底，外省所建立的雅各宾网络还显得有些微不足道：20多个城市拥有加入了该社团的俱乐部。从这一时期起，还同时存在着组织化程度不等的"爱国俱乐部"。这些俱乐部从旧制度下的"思想社团"发展而来，或在大革命头几个月自发形成，它们作为自治团体发挥着作用，通常对宪政之友社一无所知。很快，巴黎的雅各宾派就竭力将这些零散但活跃的团体组织起来。巴黎的雅各宾派为了让已有的社团了解自己，几乎给所有社团都印送了其基本章程，希望能有新人加入并领导一场让他们一下就能领会其政治含义的运动。爱国出版社（1790年10月后，则是由肖代洛·德·拉克洛［Choderlos de Laclos］创办的《宪政之友社报》）为这场战役提供了有力支持。它向公众报道社团工作，定期对新社团的加入予以报道，并着重表达了将捍卫革命、民族及宪法整合至一面旗帜之下、一个机构之中的必要性和紧迫性。

努力很快就带来了成果。至1790年春，50个城市拥有加入了"宪政之友社"的俱乐部。5月，城市数目变成66个；6月，91个；9月，152个；至12月，达到275个。在这种无序但不间断的发展中，人们并不总能轻易地确定某个俱乐部的加入，更多是由地方上发起，还是受到巴黎的影响；更多是源于旧制度下的社交方式，还是革命参与；更多是出于集体驱动，还是个人野心。不过，雅各宾俱乐部的繁衍与大革命进程之间的明显关联，至少从1790年年底起，凸显了革命事件本身及其波折的重要作用。

这种关联最引人注目的例子是宪法宣誓危机。它在1791年头几个礼拜为雅各宾主义的发展提供了巨大的动力。如果说抵抗派教士此后离开了雅各宾俱乐部——当时，他们尚未被完全排除在外，那么，许多宣誓派教士则因为体现了在精神和物质上与旧等级的决裂，由此具有更受尊敬的精神权威，从而进入了俱乐部。法国为《教士公民组织法》的支持者和反对者所撕裂，革命政治二元对立的表征变得更加激烈。俱乐部一下子就成为爱国主义的象征，成为这样一处最佳场所：人们在那里宣誓支持国民议会的法令、对反革命分子和阴谋集团保持公民警惕，并向他人展示他们的这些态度。才3个月的时间，俱乐部成员就几乎翻了一倍，从1790年12月的276人，增至1791年3月的543人。从那时起，节奏就不断加快：4月，设立雅各宾俱乐部的市镇有650个，国王出逃前夕有745个，国王返回之后达到833个，至立宪会议结束时则接近1000个。

尽管巴黎的母社从始至终赞成这种扩张，但它也坚持将其置于严格的管理之下。实际上，在授予雅各宾正统地位方面，它十分悭吝：每个市镇只授予一个社团以正统地位，最常见的是需一名国民议会代表或一位巴黎俱乐部成员举荐。这两点要求即便不能预防，至少也能尽早地避免以不恰当的举措改变雅各宾运动内部权力关系的意图。也许正因为如此，直到斐扬派危机之前，这一运动始终拥有显著的稳定性以及表面上的凝聚力。雅各宾派的正统地位是不容分割的，分裂和异议在雅各宾运动中非常少见，与大革命前的共济会不同（共济会允许一个城市拥有多个支部）。此外，间接控制加强了直接控制：多个外省俱乐部在得到或未得到巴黎许可的情况下，主动采取了接纳其他社团加入的举措，使得这一机制进一步扩大。

一项研究从社会角度对制宪议会和国民公会时期巴黎及外省雅各宾俱乐部成员招收及准入条件进行了分析。该分析表明，第三等级精英在其中占据了优势，包括大商人、法官、政府官员、医生、食利者，以及我们已经讲到的大量教士（至少在宣誓危机前是如此）。换言之，雅各宾派的成员构成与革命前民主社团相当类似。另一个更出人意料的连续性是：如此多的俱乐部表现出对于社会同质性的向往。当"消极公民"被排除在（1790年1—2月的）市镇选举之外，他们也被排除在宪政之友社之外（其中亦鲜有农民）。尽管法国在权利上变得平等，但在宪政之友社中，如同在革命前的共济会中一样，第三等级中的名流显要不愿与小摊贩、手艺人或小店主身处一室。为了预防"跌价",他们公开制定了歧视性的规章,或者设置高昂的入会费,以打消申请者的念头。那些要求加入雅各宾俱乐部却遭到拒绝的人,于是试着组建他们自己的社团:他们大概占恐怖统治时期之前雅各宾派成员人数的20%。由此,从旧制度到大革命,"思想社团"的发展,既归功于对平等的热情,又归功于社会歧视……。

雅各宾派在国有财产的出售中扮演着积极的角色,此时他们对平等的暧昧态度表现得尤为明显,农民和"无套裤汉"被有意撇到一边,未能从中受益。同样,由黑人之友俱乐部发起的废除奴隶制的斗争,似乎并未动员起多少宪政之友社。由于对无序的恐惧,尤其是面对经济利益,在某些与奴隶制有利益关系的城市的压力下,平等原则悄然消逝。不过,1790年2月,格雷古瓦的确呼吁将政治权利扩大到有色人群,他的呼吁获得了一定的善意,但还远未能得到一致同意。

至于俱乐部的政治活动,它基本限于市镇和地方层面,偶尔会扩展至省一级。今天,我们知道,俱乐部与1790年1月和2月选举产生的城市团体之间并非总是和睦的。某些市镇当局认为革命已经结束,他们害怕任何背离初衷的爱国游行。另一些市镇当局确信选举已经授予自己正当性,它们基本不欣赏雅各宾俱乐部对城市事务的干预。许多社团尝到了失望的滋味,但这并没有持续多久。11月,一半市政官员遭到替换,雅各宾派得以重新控制许多市政府。不过,一年后的立法议会选举,形势又发生了逆转:尽管在选举战中,雅各宾派以空前的努力进行干预,可当选的雅各宾派成员少得仅能在议会中勉强维持。这就意味着,雅各宾派人数在1791年头几个月的迅速扩张,并未明显扩大其政治影响。

1791年6月国王出逃,标志着一个重大转折。如果说从一开始,王后就是雅各宾派仇恨和纠缠的对象,那么,国王则继续从对于君主的忠诚中受益,然而,他的出逃迅速彻底动摇了这种忠诚。尽管如此,人们并没有要求建立一个共和国。宪政之友社抑制了事态的发展。不过,在1791年的春天,他们被迫重新思考一种政治上的全体一致,因为国王出逃忽然间就揭示了这种全体一致的脆弱。在这场混乱中,我们也许能觉察到雅各宾主义另一段历史的预兆。

雅各宾运动在行政方面具有一致性,但在意识形态上却并非如此;观察者承认,直到1793年,在深受地方局势影响的俱乐部政治活动中、在俱乐部与首都的关系方面,多样性一直存在。1790年,一些子社既与圣奥诺雷街的俱乐部通信,也与1789年社通信,后者是退出俱乐部的前雅各宾分子为了对抗其影响而创办的。令人印象最为深刻的例子发生在1792年春天,当时,布里索和罗伯斯庇尔为了控制母社而互相对峙,子社似乎对这一殊死决斗毫不在意,继续对双方都大加赞扬。迈克尔·肯尼迪(Michael Kennedy)的研究表明,子社更愿意从报道议会辩论的报纸那里获取信息,而非从更关注巴黎政治波动的、富有战斗性的出版物,或德弗莱尔(Deflers)为了报道巴黎雅各宾俱乐部的会议而创办的报纸中获取信息。

所有这一切都表明,巴黎的雅各宾分子知道无法将一条游移不定的政治路线的种种变化强加于那些子社,因此,他们将保持运动在行政组织上的统一作为其行动的重点。直到吉伦特派垮台,雅各宾俱乐部才考虑配备自己的新闻机构。它放任其他报刊对俱乐部的商议情况进行准确程度不一的报道。同样，它也不总是给予那些紧紧跟随其政治演变的俱乐部以加盟特许。例如，在波尔多，直到1793年初，当地的宪政之友社一直是正式的雅各宾俱乐部分支，即便它们变得越来越保守，并反对首都俱乐部的政治变化。国民俱乐部全面跟随巴黎雅各宾分子的路线，以期获得加盟资格，然而只有在其竞争对手与巴黎雅各宾俱乐部公开决裂后，它才如愿以偿。

这种暧昧态度所带来的影响在选举中表现得最为明显。在各个省，俱乐部自由选择它们想要支持的候选人，它们通常会为候选人提供关键性的支持，而巴黎俱乐部并不试图对它们的选择加以引导。1792年9月，在国民公会（被称作雅各宾派国民公会）的选举中，母社自始至终控制了巴黎的投票；但在外省，其子社则为吉伦特派的胜利做出了贡献。当时，吉伦特派声望很高，以至于不能公开与之对抗，否则就会危及雅各宾运动在"行政"上的凝聚力。

数不清的请愿书汇聚至巴黎，以回应巴黎俱乐部的通报，它们仿佛证明了这些子社在雅各宾派舆论形成中的重要性。然而，即便如此，雅各宾运动的中心和边缘之间实际上并不存在真正的交流。如同米什莱所指出的那样，通报的目的不是提出口号或发起辩论，而是在一种一致或不变的语言的外衣下，要求外省赞同，或强迫其接受雅各宾派政策的突然转变。这些请愿书提供了一种形式上的共识，但它们也反映出这一运动有着深刻的多样性。众口一词并非如同社会规范所确定的那样，源自"启蒙与利益的交汇"，亦非源自多种观念的综合，而是源自对所有非正统表述的系统性消灭。行政控制的重要性正在于此：雅各宾俱乐部的通讯委员会秘密地制定了口号和策略，并在外省传播这些口号和策略；子社 "被制造出来的"支持，能让巴黎的领导者一方面迅速以人民意志的喉舌自居，另一方面将他们的观点，这种普遍"赞同"的藏身之所，强加于有时仍持保留意见的雅各宾派大会。

这一举措也将雅各宾运动与为了减弱其影响而建立的各种协会区分开来。西耶斯建立的"1789年社"只是一个举办宴会的学院，这位著名的神父和拉法耶特、孔多塞一起在其中寻找与雅各宾派在议会中所具有的优势相抗衡的方法。1790年4月，王政派创建了"君主宪政之友社"，单单从名字就足以估量出创建者的野心。这个社团没有真正的受众、没有有组织的通信网络、没有任何能够强制推行一种正统观念的机制，它很快成为位于圣奥诺雷街的雅各宾俱乐部攻击的对象；1791年3月，在多起暴力事件之后，警察查封了这一社团。

雅各宾运动保持着引人瞩目的紧密一致，直到1791年7月的决裂，它的一致性同样基于原则上一致同意国民议会的法令：在协商应该制定何种法律时，雅各宾俱乐部服从那些已经通过的法律。但路易十六出逃极大地动摇了这种一致同意，它将雅各宾派带到十字路口。接受了国王遭"绑架"这一虚构事实的1791年7月15日法令在表决中得以通过，此后，更成问题的是该社团与国民代表制之间直至彼时的关系而非政权的形式。雅各宾派第一次坚持揭露一部法令，他们认为该法令与"协会的一贯原则"相悖。从受到指控的7月15日投票到7月17日马尔斯校场开枪这短短几天，另一种雅各宾主义诞生了。

这种雅各宾主义的诞生并非一帆风顺。4/5 的成员反对俱乐部的激进化，他们离开了圣奥诺雷街上的那个小教堂，转至斐扬修道院。斐扬派立即（7月17日）向外省送出一份通报，用以证明他们与那些反对议会所颁布的法令的人决裂是正当的，在这份通报中，他们似乎坚信自己将取得胜利。然而，少数派将在两个月间成功完成一项壮举：他们让几乎所有子社都承认了他们，并带领它们与原初的雅各宾主义决裂。

如果说斐扬派在最初几个礼拜获得了约 70 个俱乐部认可，雅各宾派获得了约 50 个俱乐部支持的话，那么，绝大多数子社则拒绝选边站队，并提倡和解。当外省俱乐部一个接一个放弃斐扬派时，这种观望主义迅速让位于对雅各宾派的归顺。这种归顺运动，在 1791 年 7 月末还不甚多，至 8 月，它就以决定性的方式壮大。

斐扬派表现出了罕见的轻率，在适于最大程度地宣传其观点的时刻，他们反而忽视了与外省的通讯。相反，雅各宾派，尤其是这一壮举的关键人物罗伯斯庇尔，把一切都押在了夺回子社这一难事之上，他们发出了一个又一个决定和通报，派专员前往离巴黎最近的俱乐部，依靠一个完全支持他们的"爱国"出版社，最后，还非常恰当地利用了"品德高尚者"（Vertueux）佩蒂翁和"不可腐蚀者"罗伯斯庇尔坚不可摧的名望和声誉。

少数派强调这两位代表忠于自由的"最初避难所"（佩蒂翁的说法），由此，他们试图使人们承认他们才是这一社团无可争议的继承人，自革命伊始，他们就为社团的巩固做出了贡献。雅各宾派懂得，为了建立起这种连续性，他们所占据的场所具有重要的象征意义，罗伯斯庇尔两次挫败斐扬派为时已晚的尝试：一次是希望夺回这个场所，另一次是希望夺回社团档案。米什莱说："这不是一个被人们放弃而不会产生严重后果的普通场所。斐扬派从未觉察到这一点，这就足以证明，他们不是政治家。"

然而，对少数派而言，要争取外省俱乐部，在通信的抬头写上"于雅各宾俱乐部"（séante aux Jacobins）仍不够。他们还得说服人们，使其相信他们忠于社团的章程，并推翻对手的指控。为了达到这一目的，他们丝毫不顾事实。7月18日，罗伯斯庇尔发了一份通报给各个子社，恳请它们提防斐扬派的宣传并暂缓做出任何决定。在通报中，他使用了富有技巧的修辞，并没有宣称雅各宾派永恒的忠诚对象是议会准备修订的宪法；而是更巧妙地宣称，它的忠诚对象是作为一部宪法基础的原则本身。因此，放弃俱乐部的历史使命的不是忠诚的少数派，而是那些离开圣奥诺雷街的人，因为他们被一小撮阴谋家"暂时"带入歧途。罗伯斯庇尔宣称自己准备赦免可能出现的悔改者，以此，他巧妙地将分裂的责任推卸给了斐扬派，并孤立了三巨头。这种宽宏大量在某种意义上符合子俱乐部对于和解的愿望，而斐扬派对自己的力量过于自信，傲慢地拒绝了雅各宾派的多个和解措施，这种傲慢引起了外省俱乐部的不快，反而有助于雅各宾派策略的成功。

1791年夏天的危机之后，对大部分协会而言，雅各宾俱乐部仍是宪法的"摇篮"和"要塞"。然而，在这种表面的连续性之下，宪政之友社经历了深刻的变化。

尽管宪政之友社流失了许多成员，但从 7 月底开始，它仍毫不犹豫地允许一个委员会实施进一步的清洗。在这个委员会中，人们可以看到这个"已获新生"的俱乐部中的所有显赫人物——从罗伯斯庇尔到布里索。为了弥补人员短缺，淘汰最温和的子社，巴黎俱乐部增加了外省子社的数量，并鼓励外省俱乐部在自己周围创建从属网络。人们在一份通报中看到："这些集合点将是你们的枝桠，你们将是主干，就如同我们是所有子社的中心一样。"那个夏天，雅各宾运动能够要求接纳 1000 多个子社，直到运动的第二阶段，这个数字几乎没有变动；在雅各宾运动的第二阶段，吉伦特派垮台带来了子社的扩张。

这个重组的新社团放弃了原先作为议会附属物的职能，而自称自治团体，自命为人民权利的受托人和保证人。它从一个"思想社团"，变成了权力的工具。这一变化最明确的信号就是 1791 年 10 月 12 日所做出的允许公众参加会议的决定。在 9 月 28 日一次捍卫民众社团的发言中，布里索列举了往后要落在这些社团身上的任务：在继续不断的雅各宾行动中，民众社团应讨论"将要制定的法律"，并为议会纪律创造条件；他们还应把公务人员的行为置于"舆论法庭"的严格审查之下，以此帮助法律的执行。作为人民意志的工具，俱乐部尤其将保留谴责恶法的权利及寻求"废除（它们的）手段"的权利。

若是在三个月前，这个讲话对雅各宾派成员而言是难以想象的。但它得到了 1790 年在巴黎各区形成的许多兄弟会的赞同，这些兄弟会是为了绕过 5 月 21 日市政府的法律对于其自治所加的种种限制而建立的。他们为罗伯斯庇尔反对银马克的演讲而鼓掌欢呼①，接着，在 1791 年 7 月，他们又为他要求建立共和国的发言而鼓掌欢呼。正是在 1791 年 9 月，雅各宾派与这些社团接近，并给倡导第二次革命的巴黎人带来一种无与伦比的力量：这种力量来自于一个身边围绕着数百个子社的组织。这些巴黎的兄弟会中，有 16 个成为雅各宾派的子社，它们重新采用了一条来自于科德利埃俱乐部的规定："在舆论法庭前，揭露各种滥用权力和所有侵犯人权的行为。"

完成工作的制宪议会明白这种发展会带来什么可预见的后果。1791 年 9 月 29 日，因这一问题忧心忡忡的勒·夏普利埃（5 月 9 日，在一个关于请愿权的报告中，他就讨论过这个问题）这一次直接了当地谈及俱乐部干预公共生活的权利。他实际上明确针对雅各宾派所扮演的角色：自瓦伦事件以来，雅各宾派就公开谴责议会多数派的温和政策。作为宪政之友社的创始人之一，勒·夏普利埃首先提出一种基于形势的区分：尽管社团在发动革命时很有用，但是，当革命"已经结束"，涉及实施宪法、服从法律时，它们就很危险。由此，这位演说者就既能向俱乐部在过去所扮演的角色致敬，又能宣称就当下而言，它们是有害的。

他的第二点理由是，它们无法与完全产生于大革命的主权观念相协调。根据宪法，在个体公民和作为主权者受个体公民委托行使权力的议会之间，是不能有被授予公共权力的中间团体存在的；同样，法国大革命从未有过党派观念。然而，社团的职能有

---

① 1791 年 4 月，罗伯斯庇尔发言反对将公民权利与纳税（交纳银马克）联系在一起。

点类似于现代政党，除了缺少公共生活中的身份外，和议会一样，它们不断援引"人民意志"。尽管它们实际上和已取缔的旧制度团体很类似，但它们拒绝一直作为自我"封闭"的公民社团，从那时起，它们便不断篡夺部分公共权力。

制宪议会通过了一项法令，禁止社团拥有"任何形式的政治身份"。但罗伯斯庇尔在当晚向雅各宾派证明，必须实施这个法令的情况是很少的，以此来让他们放心。自瓦伦事件以来，俱乐部所获得的权力使得任何以法律手段限制其活动的尝试都归于无效。这一法令的通过，并非对俱乐部的合法进攻，而更多是自认无力的供词。在随后几个月中，立法议会将不断遭到这些革命精神卫士的质疑，对这些人而言，要挑起一场制度危机，一年不到的时间足矣，这场危机对制宪议会的工作成果是致命的，因为即使我们无法确切地将1792年8月10日事件归由雅各宾派负责，但他们是首要受益者，这却是毫无疑问的。

国民公会召开之后（1792年9月21日），巴黎雅各宾俱乐部的面貌发生了变化：10月布里索被除名，自成立之初定期进行的热烈辩论由此告终。自此之后，布里索和罗伯斯庇尔在议会中互相对峙；俱乐部不再扮演领导角色，而是转而支持在9月被选为首都代表的领袖们的行动。对雅各宾派而言，他们不再反议会，而是支持并接替成为国民公会中最激进的少数派，如今，它们是人民主权的化身。许多外省俱乐部并未紧跟这一发展，它们和吉伦特派仍然关系密切，鲜有俱乐部如马赛的俱乐部那样，支持母社最极端的动议。1792—1793年冬天，巴黎俱乐部之于子俱乐部的权威并不明确且遭到搁置，直到它在国民公会中所进行的斗争有了结果。

1793年6月2日对吉伦特派的除名,让雅各宾运动在政治上得以统一;大部分俱乐部赞同"当天的事件",可我们并不能认为这一赞同就证明了雅各宾运动的统一性。例如科涅克的雅各宾俱乐部在1792年11月揶揄马拉,在1793年4月谴责巴黎公社,但作为一种纯粹的下意识行为,它赞成6月2日事件;而在8月,该俱乐部中反对温和大多数的激进少数派将挑起一场分裂,他们将转移会场,并创建一个新社团。然而,大部分社团都将在1793年夏天遭到清洗,有一些甚至被除名:在1793年10月,仅有798个俱乐部与母社保持通信,它们是可靠的中坚力量,新的大规模扩张是以它们为基础的。

从1793年起,正是通过清洗,雅各宾运动完成了之前未能实现的政治统一。1793年3月至4月,一个由任命而非选举产生的委员会,在巴黎实施了一次清洗,因为罗伯斯庇尔坚持"在这个社团内部有很多敌人,这些敌人对某些委员会成员的严厉感到畏惧,由此,将这些成员(从委员会中)除去与他们利益攸关。"这场首次清洗预示着5月31日及之后的其他清洗:罗伯斯庇尔在7月再次谴责"奥地利的鼹鼠"在俱乐部的暗处策划阴谋,他宣布要发动一场新的清洗,这场清洗始于霜月,热月9日到来时,它仍没有完成。实际上,这些断断续续发生的清洗为流放个人的措施加剧,与这些措施相伴的,还有加速消灭"派系"。

在外省,清洗同样获得了支持,它尤其为特派员所推动。例如,1792年春天,雅各宾派将棘手的富瓦俱乐部从子社名单中除名,1793年4月,该俱乐部遭到了首次清洗,在雾月再次遭到清洗——

当时，它具有某种"埃贝尔派"的色彩，最后，是在芽月，肖德龙-卢梭（Chaudron-Rousseau）议员将其解散，以便重建一个清除了老俱乐部中最"极端"因素的俱乐部。

如同路易·德·卡德纳尔（Louis de Cardenal）所指出的那样，在1793年末，民众社团的历史可以被归结为它们与人民特派员（représentants du peuple en mission）之间关系的历史。人们呼吁它们协助人民特派员，而它们也依靠这些人民特派员来维系自身存在，并从他们那里获得一般而言非常广泛的权力。因此，在1793年夏天，民众社团成了最为极端主义的特派员，如卡里埃（Carrier）、雅伏格（Javogues）及拉普朗什（Laplanche）个人政策的特殊工具。社团提供执行恐怖主义措施所需的代理人，或热切地追求非基督教化，显示了某种支持推进革命的倾向；相反，1794年它们冷落救国委员会为了结束"总督"的（滥杀）行径而派出的特派员。无疑，俱乐部鲜有手段去规避委员会当时拥有的绝对权威；但是，通过取得一些代表委托给他们的权力，它们尤其试图重获它们曾经拥有、却为1793年夏天的政治统一所削减的影响和自治。肖德龙-卢梭由此在牧月写道："我察觉到民众社团不无遗憾地丧失了一部分异乎寻常的权力，形势迫使国民公会在去年授予它们这部分权力。为了保住这部分革命政府不再给予它们的权力，多个俱乐部做出了应该受到指责的举动。"

巴黎的例子明显体现了这一点：各区社团在准备5月31日的行动时扮演着最为重要的角色；直到1793年底它们都一直不愿放弃它们的政治角色，并日益表现出对雅各宾权威的抵触。1794年初，它们违背救国委员会的意愿，在埃贝尔派试图如同在

1792年和1793年的伟大日子那样依靠来自于民众的动力时，接受了他们。埃贝尔派的失败，加之1794年春天对社团控制的普遍收紧，尤其表明了民众社团已经变形：它成为缺席了的人民的替代品和政府机器的齿轮。正如C. 布林顿（C. Brinton）①所揭示的那样，民众社团在这一时期的激增，绝非源于民众对于大革命热情的增加。正相反，大城市中战斗精神已经极大地减弱，在此种社交形式此前很少波及的小城市和市镇，社团得到发展，这说明了那个遍布全国的网络是人造的、并受巴黎的指挥。

社团不再是产生人民意志的场所；它们认可政府的指示，并向政府出借"人民的"支持。至此，在选择意识形态这一层面，政府不再允许它们拥有任何自由，它们唯一的选择就是和恐怖主义的"总督们"一道，投身于反政府的激烈行动。牧月14日法令对革命政府组织机构做出了规定，它尤其禁止协会间的一切横向联系，譬如1793年10月，南部民众社团大会在马赛召开时所出现的那种情形，由此该法令剥夺了社团的自治。从今往后，社团被制度化，它绝对从属于国民公会。牧月14日法令还明确指出：它们将是"舆论的兵工厂"，但只有国民公会才能决定舆论的内容，以标明"它应该打击的目标。"

在特派员及之后派到各区的"国家代理人"（agent national）的管辖下，民众社团有许多职责。救国委员会的一项指令指出：在每个市镇，都应该有一个社团以"重新鼓舞公众精神、保护人民，

---

① 克兰·布林顿（Crane Brinton, 1898—1968），美国历史学家。另可见本词条延伸阅读。

并监督任何可能危及人民的人。"民众社团对法律是否得以顺利实施进行监督、协助那些被认为过于畏首畏尾的公务人员。他们进行了大量的告密工作并追捕嫌疑犯：前贵族、隐姓埋名的教士、违反限价法令的犯罪公民等等。由于负责"重新鼓舞"公共精神，它们鼓励人们应征入伍并支持战争动员。J. 芒杜尔（J. Mandoul）在他对于卡尔卡松的俱乐部的研究中指出，即便公众不反抗，他们也至少是倾向于更多用辞藻和诺言而非行动来展现其牺牲精神的，面对这些公众，"重新鼓舞"公共精神，更类似于一种加于公民的强制措施。当各个社团试图迫使公众接受新历法或旬日制度时，情况同样如此，只是各社团的运气差别非常大。恰如芒杜尔所指出的那样，对革命政府而言，民众社团即便不是相当于城市本身，也至少相当于"共和主义城市"。他写道："任何身处民众社团之外的公民，几乎就是政府的敌人。"这使人想到塔里安对于恐怖统治的评价："整个国家分成了两个阶级：制造恐惧的阶级和感到恐惧的阶级。"

民众社团既替代了一个尚不适于共和体制的年幼民族，也预兆着这种民族尚不适合共和体制，它们在逻辑上构成了一个不存在选举的制度中的选民团体：1793年夏天，当特派员清洗地方权力机构时，社团协助了他们，并向他们推荐空缺职位的"候选人"。共和二年雨月，一份法令委托特派员负责在"民众协会的建议下""任命教师"。实际上，社团最常扮演的角色仅是形式上的。例如，1793年10月在坎佩尔，政府人员被罢黜，民众社团集会并听取行政委员会专员盖尔默（Guermeur）提名"候选人"名单，救国委员会的代表朱利安对该名单进行了审查。我们几乎毫不惊讶地发现，该社团一致赞同两位来自巴黎的特派员所做出的选择。

热月9日，在庆祝杀死"联邦主义七头蛇"一年之后，雅各宾运动以同样的热情庆祝"嗜血者"罗伯斯庇尔的倒台。尽管民众社团立即表示了拥护，但因为它们与恐怖统治的到来和运转紧密相联，它们的存在仍遭到了谴责。

牢门被打开，许多在动荡的五年间遭到驱逐的人重返政治舞台，这使得双重意愿变得势不可挡：向共和二年的那些人复仇，摧毁恐怖机构。一种真正的政治辩论开始复苏，这就宣判了一种社团的死刑：这种社团的主要特征就是将一切辩论、一切多种意见消融到一种人为的全体一致之中。到1794年10月，雅各宾运动的厄运已至：社团间的一切联合和通讯都遭到禁止；很快，在11月12日，巴黎雅各宾俱乐部被关闭。在外省，许多俱乐部已经意识到自行解散会更为明智。1795年8月23日法令要求解散所有民众社团，实际上只是认可了一个接近终点的演变过程。

帕特里斯·格尼费（Patrice Gueniffey）
朗·阿莱维（Ran Halévi）

延伸阅读

通论性著作：

BRINTON, Crane. *The Jacobins: An Essay in the New History*, New York, Macmillan, 1930.

SOBOUL, Albert. *Les Sans-Culottes parisiens en l'an II. Histoire politique et sociale des sections de Paris, 2 juin 1793-9 thermidor an II*, La Roche-sur-Yon, H. Potier, 1958 (aussi Paris, Clavreuil, 1958; rééd. 1962, avec sous-titre *Mouvement populaire et gouvernement révolutionnaire*).

WALTER, Gérard. *Histoire des Jacobins*, Paris, Gallimard, 1946.

关于巴黎的雅各宾俱乐部：

AULARD, Alphonse (éd. établie par). *La Société des Facobins. Recueil de documents pour l'histoire du club des Jacobins de Paris*, 6 vol., Paris, 1889-1897.

关于外省的俱乐部：

BOUTIER, Jean et Philippe BOUTRY. «La diffusion des sociétés politiques en France (1789-an III). Une enquête nationale», *Annales historiques de la Révolution française*, n° 266, sept. -oct. 1986, p. 365-398.

CARDENAL, Louis de. *La Province pendant la Révolution. Histoire des clubs jacobins (1789-1795)*, Paris, Payot, 1929.

KENNEDY, Michael L. *The Facobin Club of Marseille (1790-1794)*, Ithaca et Londres, Cornell University Press, 1973.

KENNDY, Michael L. *The Facobin Clubs in the French Revolution: The First Years*, Princeton, Princeton University Press, 1982.

LABROUE, Henri. *La Société populaire de Bergerac pendant la Révolution*, Paris, 1915.

MANDOUL, J. «Le club des Jacobins de Carcassonne», *La Révolution française*, t. 47, 1904, p. 409-435.

关于对雅各宾主义（及其起源）的解释：

COCHIN, Augustin. *L'Esprit du jacobinisme* (rééd. quasi intégrale de *Les Sociétés de pensée et la démocratie. Études d'histoire révolutionnaire*, Paris, Plon, 1921, avec un texte complémentaire), prés. par Jean Baechler, Paris, Presses universitaires de France, 1979.

FURET, François. *Penser la Révolution française*, Paris, Gallimard, 1978.

HALÉVI, Ran. «Les origines intellectuelles de la Révolution française», *Le Débat*, janv.-mars 1986.

对其他巴黎革命俱乐部的研究：
CARDENAL, Louis de. *Les Clubs contre-révolutionnaires*, Paris, 1895.
MATHIEZ, Albert. *Le Club des Cordeliers pendant la crise de Varennes et le massacre du Champ-de-Mars*, Paris, 1910.

参见条目

革命议会（Assemblées révolutionnaires）

布里索（Brissot）

教士公民组织法（Constitution civile du clergé）

民主（Démocratie）

平等（Égalité）

选举（Élections）

公共精神（Esprit public）

三级会议（États généraux）

斐扬派（Feuillants）

革命政府（Gouvernement révolutionnaire）

雅各宾主义（Jacobinisme）

王政派（Monarchiens）

罗伯斯庇尔（Robespierre）

西耶斯（Sieyès）

主权（Souveraineté）

民法典
Code civil

"在废墟上走了这么长时间之后，我们必须建立起民法大厦：这应是一幢结构简单、比例庄重的建筑，因其简朴而伟大，而且，它将格外牢固，因为它耸立于自然法的坚实基础和共和国的处女地之上，而不是建立在各种体系的流沙之上。"1793年8月9日，康巴塞雷斯以国民公会立法委员会的名义，向同僚陈述法典编纂计划，这是三年之前制宪议会就已经开始着手的一项工作；此时，他还无法料到，十一年后，一名前雅各宾派将军将成为历史所承认的《民法典》"作者"和倡导者。他是否意识到，当他尝试将所有"与宪法相一致的、简单明了的"、对所有法国公民一视同仁的法律汇总起来时，是在实现君主制最古老的梦想之一？实际上，从查理六世到查理七世及路易十一，君主们回应着1484年三级会议和高等法院的愿望，他们不断向国民许诺，要将习惯法加以汇编，并颁布于世，这是一项精细复杂的任务，历经整个16世纪才初见成效。首先是奥尔良（Orléans，1560）、布卢瓦（Blois，1576）和巴黎（Paris，1614）的三级会议中的第三等级，随后是其中所有三个等级都提出了统一民法的要求，而将形形色色的法国习惯法注册在案，然后尽力将其确定下来，只不过是迈向他们所要求的统一民法的第一步。

自16世纪末起，君主政府已经就民事身份法令汇编事宜颁布了一些敕令。直到路易十四亲自主持了几次法典起草委员会的会议之后，编纂法国民法典才被写入政治议程之中。由于高等法院的诡辩和阻止，这个为时过早的宏大构想并未获得成功；不过它将继续存在于政治思想之中，并在法学家中维系了一种统一法律文本的趋势。从这种趋势中，出现了一些关于赠予（1731年）、遗嘱（1735年）和代替继承（1745年）的敕令（ordonnances），又称"达盖索"敕令①。在当时，尽管这些新法无疑都赞同正式统一相关法令及各种与继承相关的惯例，但法国继续维系法律的多样性，包括罗马传统、教会传统、封建传统以及习俗传统的共存和相互渗透。

翻阅陈情书，并考虑到它们所代表的等级和地位，能让我们确切了解对于法律统一问题的普遍意见吗？研究者对于陈情书所提要求的量化评估，提供了一些有趣的数据：在来自大法官裁判区（bailliage，国王直辖区）的陈情书中，有接近一半的要求编纂新法典，或希望对现有民法或刑法进行改革。在一千份初级陈情书的样本中，比例则降至1/4，其中一些陈情书鼓吹某种统一的法典、法律或习俗。因此，倘若我们得出结论，认为存在一种强有力的舆论潮流，它赞同一种统一的法律，这会显得有些轻率，因为尽管陈情书的起草者在论及领主控制和财产权时显得雄辩且

---

① 达盖索（Henri François d'Aguesseau，1668—1751），曾三次出任法国财政总监。

明确，然而，在一些主题上，如民事身份、结婚、离婚、私生子、父权、赠予、继承和遗产，他们却出奇的缄默，这些主题将在之后十五年间使立法者们产生分歧。他们的沉默并不意味着他们对这些问题缺乏兴趣。我们反而可以假定，在这方面，大部分人赞同当时正在使用的惯例，只希望修正明显的滥用、约束并统一司法程序。这种模棱两可的态度将在1789至1794年间导致严重的误解。每位法国人都习惯于在结婚或分家时遵守那些适合于其自身文化归属的传统，从某种意义上说，只有当适用于全体国民的规则是其所在教区、地区或省所实行的规则时，他才会赞同一种统一的法律。

  这是在捍卫与社会基础单元——家庭、社群、团体、城市等——相适应的价值体系，它遭到了思考并传播着理想规范的政府、"哲人们"和重农主义者的一致辩驳，而这些理想规范则启迪了改革家和未来的革命者。法学家和"哲人们"几乎一致对五花八门的法律体系展开了批评，并希望简化和统一所知的360种习惯法。在这一点上，达盖索、兰盖（Linguet）与杜尔哥、魁奈、杜邦·德·内穆尔，以及伏尔泰、狄德罗、卢梭、马布利及百科全书派的大部分成员是一致的。"一种法律，它的地方性正义和权威，时而为一座山脉，时而为一条河流所限制，这个国家臣民中的任何一个人，跨过那条河，翻过那座山，法律的正义和权威就荡然无存，这种法律算什么呢？"（狄德罗语）"在阿尔卑斯山和比利牛斯山之间，在欧洲唯一一个地方，有着140多个小民族，他们互称同胞，但实际上，他们互相之间，就如一名东京人与一名交趾支那人之间一样陌生。"（伏尔泰语）捍卫者们强调国家推动的法律统一带来了一致性；在捍卫者的一片和谐之声中，有一个不同的声音显得非常突出：那是孟德斯鸠的声音。孟德斯鸠坚信，习俗不断变化且具有多种形式，因为它们反映了生活本身，即地理、经济和社会状况的多样性。他明白，人们应尊重差异性原则，并仔细探寻"哪些情况下需要一致性，哪些情况下需要差异性……当公民服从法律时，无论服从哪一种法律，都一样"，因为一致性原则是这样一种观念，它"有时会握住伟大的精神，但肯定会攻击弱小的精神"。当时的绝大多数人都忽视了这场智识上的论战，但实际上，它贯穿了从制宪议会时期（1789—1791）至立法会议（1791—1792）和参政院（1799—1814）时期所有就社会法律所展开的辩论。法律的特征是普遍理性还是经验性？法律特征方面的分歧，不可避免地为诸如自由、平等、（在教会与国家分离意义上的）世俗性等概念的模糊性所加强，这些概念，无论源于宗教、政治、社会还是源于法律，都是用以对抗一切"专制"的。

不过，在民法问题上，知识阶级和其他精英之间对众多根本问题仍存有一种共识，这些问题包括废除旧的土地制度，将土地从领主的控制下解放出来；公民身份的世俗化和伏尔泰所称"一纸民事法律契约、却被罗马天主教作为一种圣事"的婚姻的世俗化，以及以不同形式的离婚打破婚姻契约的可能性。然而，这种表面上的统一战线，一涉及诸如婚姻中丈夫和妻子各自的权利、家长的角色，尤其是父权等问题就破裂了。尽管大部分法国人认为有必要对父权的持续时间和行使范围施加某些限制；然而在下述基本习俗方面，如对于联姻的控制、立遗嘱的权利、在遗嘱中给某个孩子特殊赠予或剥夺其继承权的可能性，不可能有全民共识。例如，在继承法问题上，人们似乎忘记了1789年的法国一直处于三大传统——习惯法、罗马法和封建法——的统治之下；在实行习惯法的地区和重建条例法的地区，人们以不同的方式继承遗产：在广阔的西部或香槟省，存在着一种有利于遗产平分，或称"完美"平等的习俗；而在巴黎周边地区、弗兰德尔或香槟地区的另一些地方，在排除了得到聘礼或嫁妆的子女后，人们才会平分遗产。在重建了条例法的全部地区，从圣东日（Saintonge），经利穆赞（Limousin）、奥弗涅地区（l'Auvergne）的南部、里昂地区到布雷斯地区（Bresse），或在存在先取权习俗的地区（奥弗涅、阿图瓦、洛林、勃艮第及尼韦内），人们倾向于指定一名享有优先权的继承人，并让儿子和女儿拥有不平等的继承权，以此确保遗产承继和代际转移。

当涉及财产权，尤其是涉及国家与家庭之间关系时，即便在革命事件发生之前，面对统一、平等或世俗化的要求，社会体内部出现紧绷或断裂的风险依然存在。不过，和政治行动一样，思想运动很快使得各种立场变得更加强硬，并加剧了法律观念自身的分化。自然法理论认为自然法先于且高于实在法，它承认个人有单凭理性和激情行事的自由，承认法律不过扮演着辅助或与之相关的角色。这种观念遭到了一股鼓吹国家的强大潮流的反对。国家成为历史理性和政治局势的化身；社会利益以国家的名义，允许通过制定实在法来为自然法"加冕正名"。正是从这些原则出发，在市民法优于自然法的名义下，许多革命者将被引领至更为激进的立场。他们确信他们的同胞，"放弃了他们天然的独立，以生活在政治法的统治之下",并且"放弃了天然的共同财产,以生活在市民法的统治之下"(孟德斯鸠语),因此,他们毫不犹豫地仅从法律中发展出了自由和财产权,并只将以法律保障自由和财产的任务托付给了国家。稍后,正是一种意识形态的"侧滑"将引领大革命"超出"法国人的意愿,这种意识形态的"侧滑"为行动的必要性所加强,并被卷入错综复杂的政治斗争之中。

某些在表面上获得全体同意的措施是以何种方式得以实施的?舆论对此仍有分歧,地方和区域的法律体系仍多种多样;在上述情况下,要制定一部独一的《民法典》,并强制向一个已经分化了的、以个人主义和特殊主义著称的民族推行这部法典,就需要一种明确的政治意志。它还需要足够有利的环境,以便能以公益高于私利的名义,来实施这一法典。

统一民法的政治意愿激励了很大一部分民族代表,让他们前往制宪议会。从1790年7月5日起,他们决定开始编写一部总法典。然而,公众要求优先改革刑法典,此项工作在1791年完成。但主要立法目标,如同1791年宪法中所写的那样,是为整个王国制定一部共同且统一的民法典;立法议会将重启这一计划。它就这一计划,公开对公众进行了咨询,尽管咨询获得了成功,但立法议会无法从无休止的、关于旧法律与新原则之间关系的辩论中抽身。就在立法议会解散这一天(1792年9月20日),它成功地让市民身份、结婚及离婚世俗化的法律得以通过。这些措施具有"奠基石"的特征,在大革命初期,它们在废除封建土地制度方面所产生的影响,比制宪议会时而反复无常的法令所产生的影响要大得多，在这些方面，人们再怎么强调也不为过。然而，正是制宪议会，借那些最杰出的代表之口，提出了关于父权、婚姻契约的范围、遗嘱以及平分遗产的中肯问题。卡扎莱斯和圣-马丁就实行条例法的地区提出了相关问题，梅兰·德·杜埃（Melin de Douai）、米拉波、特龙谢（Tronchet）、杜邦·德·内穆尔、佩蒂翁及罗伯斯庇尔拟了报告，之后，在起草《民法典》的漫长过程中，他们的报告还不断发挥着作用。

然而，毫无疑问的是，正是国民公会的立法委员会（Comité de législation）主要负责统一法国的民法。委员会的会议记录显示出，自决定开始工作的那一刻起（1793年1月18日），它就具有宽广的视野、优秀的思考能力、高效的方法。在康巴塞雷斯的主持下，委员会被分成了4个部门：第1个负责民事身份、家庭、婚姻契约，第2个负责继承、私生子及领养等问题，第3个负责赠予、代替继承及遗嘱等问题，第4个负责契约、抵押及"封建制残余"等问题。这个由法学家和从业律师组成的委员会，利用了法学家对旧法所进行的工作，尤其是多马（Domat）和波蒂埃（Pothier）的工作；它也不忘利用大革命这一阶段的激进化氛围来促进法律的统一。它非常迅速地制定第一部法典提案（称康巴塞雷斯第一提案），并于1793年8月9日提交：整个民法被缩减至719条，这些条款并不是试图预判所有可能的情况，而是将统一和平等确立为社会和谐统一的基础。国民公会想就一个更为简洁的文件进行讨论，因此，它只通过了这部提案的某几个部分。一年后，法律委员会制定了第二部提案，并于1794年9月9日提交，提案内容被精炼为297条，它旨在"建立民事秩序，并确立道德秩序"。一部"极得人心的宪法"已经对公民与社会的关系做出了规定,当前则迫切需要完成以下工作,即根据"理性所赞同、自由所保障"的原则,来确立"公民之间的关系"。这两部提案追寻的是同一个目标:让新法律和新民法典成为"共和国的守护圣物"。可是,国民公会只通过了第二部提案中的10条,因为代表们的观念根据政治突变发生了变化。直到督政府时期,第三部提案才得以于1796年6月面世,并仍由康巴塞雷斯提交。它出色地整理了前几个议会的工作,采纳了1793年提案中最本质的部分,并对其进行了发展(共1104条);最后那些立法者大量使用了这一提案的内容。然而,政治形势再次不允许对整个提案进行严肃的讨论。这也是下一个提案,"雅克米诺提案"的命运。尽管政治家和法学家坚持不懈,尽管有革命政府的力量和权威,革命者仍未能实现这个君主制时期的主要目标。1800年8月12日(共和八年热月24日)的执政官敕令决定起草一个新提案,这个提案将是最后一个提案。

然而,如果这种按年代进行的粗略浏览,让我们留下革命议会无力且无法贯彻其政治和司法意志的印象,那么,持有这种印象完全是不公正的。展开辩论、提交报告、建立委员会、出版宣传运动:为了完成这项工作,什么都做了。令人吃惊的是,在那些年的狂乱中,仍有可能对一些有着如此精确、如此严格要求的问题进行审慎的思考。实际上,从第二部提案起,未来《民法典》的框架就已经被固定下来了,而且人们不再背离这一框架:"对于生活在社会中的人而言,有三样事物是必须的,而且只要这三样事物就足够了:他是其人身的主人,拥有财物以满足其需求,能够为了最大利益而支配自己的人身和财物。因此,所有民事法都可以化约为自由、财产和缔约的权利。"不仅立法者将基于这些原则进行工作,而且,为了建造最后的大厦,就得依靠多次改革,其中包括那些对于我们的市民生活最为重要的改革。

1789年至1796年,大革命至少在相当大程度上改变了——如果说它并没有废除——封建土地制度,动摇了教会与国家之间的关系,强制实行了《教士公民组织法》,并宣布将教会财产国有化。正如饶勒斯第一个强调的,在家庭法领域,身份的世俗化是多么深刻地"触动了社会生活的核心",并"改变了生活本身的基础"。诸如婚姻世俗化、设立离婚制度、改变对于私生子和养子的态度以及削减父权等革新都标志着与封建法、教会法和罗马法的急剧断裂;不过,在某些情况下,这些革新也依靠最为大胆的习惯法,那种具有平均主义并几乎不赞同父权的习惯法——譬如安茹、兰斯和都兰等地的那些习惯法。与"异国"法律罗马法相比,这些习俗被誉为"民族"法律;人们利用了这些习俗,并立即对它们进行了改造,使它们超出了之前的使用范围。例如,在继承法方面,随着男性继承人和长子享有的封建特权被取消,无遗嘱的继承中,不平等划分遭到禁止;接着,立遗嘱的权利被取消,继承者之间严格的平等得以推进。

当然,革命立法者会偏离了人民的希望,忽视社会和文化传统所扮演的角色,而向形势和意识形态的要求让步。但如果承认他们的角色和使命就是为了一个具有乌托邦色彩的目标——拉平身份和财富、增加与新制度相联的小产业主的数量,去制定一部"战斗的"民法典的话,那么,他们的成就是巨大的。自督政府和执政府时期起，政府取消了一些过激的措施，如过于自由的离婚程序、遭到一半法国农村拒绝的强制平均主义的遗产继承，尤其如从共和二年雪月起，让所有法律的生效日回溯至1789年7月14日的决定等。尽管如此，革命立法者的确成功地将个人自由和市民生活的世俗化，明确置于我们法律的核心。尽管人们将"过渡法"这一不幸称呼安在大革命的法律体系之上已经太久了，但实际上，作为罗马法、习惯法和议会所推行的革新措施之间折中的产物，它成为了未来《民法典》的"法律工场"。在长达10年多的进程中，首个重要时期是国民公会时期，因为国民公会敢于设想并提出"完全统一民法是民族的希望"。但它的成就和它的雄心并不相称：国民公会经常只满足于通过一些特定法律，这些法律是为了起到使法国的旧法适应新的政治进展这样的功效。

相反，如果说《民法典》的编纂最终在1804年得以完成，这全靠多种要素的幸运混合：波拿巴的政治意志，他希望通过完成这项在之前已取得重大进展的工作，来巩固妥协与和平；新立法程序的实施，它将最大限度地聚拢法学家和政治家的能力；以及在第一执政的推动下起草者的考量，他们希望在旧法律传统和大革命所带来的新事物之间达成法律—政治上的妥协。近期的历史研究往往对拿破仑持敌视态度，许多作者也许低估了《民法典》的"作者"——1807年的一项法令使他《民法典》之父的身份得到承认——所扮演的角色。"我真正的荣耀不在于赢得了40场战役，滑铁卢战役抹掉了所有胜利的记忆，那真正不能被从记忆中抹去的，将永存于世的，是我的民法典。"当拿破仑在流放地圣赫勒拿岛上写下这些文字时,他还无法想象"他的"法典的命运。约200年后,法国仍在使用这部法典,它启迪了尼德兰、意大利、罗马尼亚、葡萄牙、西班牙、玻利维亚、智利、阿根廷以及埃及的法典;在第一帝国所征服、并强迫其接受这一"恩惠"的国家的法律中,它不仅仅只是留下了痕迹。1804年的《民法典》是一些法典(如1846年的《德意志民法典》)常常效仿,甚至复制的样本。即便1814年宪章和1830年宪章也许撤销了"拿破仑法典"这一称号(但"为了让人们知道历史的真相",1852年的一项法令恢复了该称号),但无论在法国还是外国,"法国人的民法典"都一直被归功于皇帝。估算波拿巴列席立法委员会或参政院的时间,几乎没什么用处。重要的是,他在共和八年霜月24日就断言"大革命已经结束",以此来展现他迫使这项立法事业进入新轨道的毅力。重要的是,他始终想将法律改革纳入他建立一个既独裁、又继承了大革命的政府的政治规划之中。最后,重要的是,当最终方案在保民院遭到了负面评价,随后又为立法院否决时,拿破仑在共和十年雪月12日让议会"在法律方面饿一饿"的执政咨文中,决定暂停筹备工作。他接着迫使元老院同意清洗保民院,清洗首先从驱逐那些继续捍卫国民公会成就的"观念学家"(idéologues)开始。他改变了保民院的程序,最后,他还创建了一个特别委员会,该委员会由他本人亲自主持,负责预先审阅所有提交给参政院的文书;此后,通往完成"伟大设计"的道路便畅通无阻。

因此,《民法典》的完成不仅与政治意志,而且还与《民法典》起草者的专业素质和改革精神密不可分。随着第一执政在共和八年热月 24 日（1800 年 8 月 14 日）任命比戈·德·普雷亚梅纽（Bigot de Préameneu）、马勒维尔（Maleville）、波塔利斯（Portalis）、特龙谢为枢密委员会（Commission consulaire）成员，天平决定性地向那些赞同以旧条例法为基础来制定新法典的委员倾斜，因为特龙谢实际上是委员会中唯一一位支持习惯法的成员，况且他在这一问题上也是位温和派。即便在三大议院中有几位雅各宾派"观念学家"和少数几名拿破仑个人权力的坚定反对者（他们成功地延缓了第一阶段的工作），可其他的主要起草者——康巴塞雷斯、贝利埃（Berlier）、布莱·德·拉默尔特（Boulay de la Meurthe）、埃梅里（Emmery）、加利（Galli）、雷拉尔（Réal）、蒂博多（Thibaudeau）及特雷亚尔（Treilhard）——和四位枢密委员会成员看法一致。他们均为律师，其中 9 人任高级法官，大部分人参加过大革命时期的议会，这些人都精通实在法，在由古代法与罗马法学派形成重要法律文化中从业，并且习惯于反思规范与实践之间的关系。很明显，没有波拿巴的权威和独裁，没有起草者的学识和高权能，这一工程决计无法完成，因为法律界对推动解决方案仍心存犹豫，而且立法历程也极为复杂。

  1800 年 8 月，第一执政就法典提案发起了一次调查。考察上诉法庭（Tribunaux d'appel）和最高法院（Cour de cassation）对这次调查的回答，我们就能对司法界的众多意见形成一个相当公正的看法。最高法院的成员基本是巴黎的法官，他们基本同意提案文本——除了其中关于继承法的部分。实际上，这部分使用了法学家的观点，即赞同习惯法或革命平均主义。大部分上诉法院位于实行习惯法的地区，它们对提案的成功并不抱太多幻想，在遗产和继承问题上，它们表达了与提案相当类似的观点。相反，条例法地区的法院，除了里昂和格勒诺布尔的法院外，则都表示，它们完全领会了新法典起草者的妥协意愿，这种妥协有利于一种允许立遗嘱及偏向某一位继承人的法律，因为这些法院甚至希望重新引入剥夺继承权的法律或"指定一位优先继承人"的法律。总而言之，这些回答证实了法国的多样性，它们只会促使立法者在差异如此巨大的文化传统之间达成平衡，尤其是在居于辩论中心的继承问题上达成平衡。

立法日程表很复杂。在枢密委员会完成提案之后，人们将其交送最高法院和上诉法院。然后提案和法院的意见被提交至参政院，由其立法部门审阅，并在全体大会上讨论。之后，人们将提案正式交送保民院初审，然后呈至立法团，接着再次由保民院正式审核。人们向立法团提交保民院的报告，立法团再对其进行讨论和投票！如果不是支持者以违反"宪政民主"为代价，大力推进，无疑，法国《民法典》也不会在革命动荡之后，享受作为"国内和约"的特权；这一"国内和约"对"再次巩固"民族团结一致做出了有力贡献。

和《南特敕令》和《教务专约》一样，《民法典》既是一份平息政治矛盾的法律文件，又是一部社会宪章；它试图将保存下来的法国三大法律传统——习惯法、条例法和革命法律——的沉淀物整合起来。"几年过后，在1789年突然消失的、旧制度下的许多法律和政治惯例又出现了，就像一条河变成暗河没多远，水流就又出现了。"托克维尔描述大革命的这些文字，同样适用于《民法典》。波塔利斯在提案陈述的开场白中所做的长篇论述

146

便是明证。他的发言实际上有三个要点。首先是法律与法学之间的关系:"无论一部法典看上去多么全面,它甫一完成,法官还是很快就会遇到众多始料未及的问题……法律的职责是以宏大的视野确定权利的一般准则……法官和法学家则指导法律的应用",并将法学发展成为"立法的真正补充。确切而言,各民族的法典不是由我们制订的,而是随着时间形成的。"其次是家庭与社会之间的联系:"我们的目的是将民情和法律联系起来,并普及家庭精神,无论人们怎么说它,但在促进公民精神方面,家庭精神起到了如此重要的作用……正是好父亲、好丈夫和好儿子构成了好公民。"最后一点,新法典是一种妥协:"每当我们有可能将条例法和习俗法的条文相调和,或是发现有可能以一种法律的条文,去修改另一种法律的条文,而又不会摧毁法律体系的统一性,或违背其普遍精神时,我们所做的,如果可以这么说的话,是在条例法和习俗法之间达成了一种和解。"

尽管这种妥协或和解的基本观念绝对处于核心,但立法者还有一种意愿:促进一部能适用于全体国民的法典的统一性;有这样一种认识:法律唯一的源头是国家;有这样一种关注:委托法律留心"监管"家庭与社会之间的关系;有这样一种谨慎:尽可能明晰地将政治、道德、宗教和法律诸领域区分开来。

法国人的《民法典》于1804年3月21日颁布,共有2281条,归并为36种法律。法律史学家一直为它争论不休,一些人寻找它与法国旧法律之间连续性的痕迹,而另一些人将其视为当代资产阶级法国的奠基文本。对传统的"过滤",这一论题成为论辩的中心;对于历史学家而言,对其进行细致解读,以考察波塔利斯的方案是否与《民法典》文本的实际内容完全相符，这是非常有趣的。在财产方面，起草者最为关心的是地产，而非动产：废除封建制度，解放土地，《民法典》再次确认了这些大革命的措施。因为财产"构成了人类社会的基础"，而非人与人之间的不平等的源头，所以，它成为了一种"享用并以最绝对的方式处置物品的权利"。对一个由农民—产业主组成的民族而言，这是一部理想的法典；不过，通常人们又试图将在未来工业和金融资本主义发展中发挥了特殊作用的功效归因于它。

继菲利普·萨尼亚克①之后，许多历史学家都严厉批评家庭法。理由是，大革命带来了平等和爱的精神，解放了女性、奸生子或私生子，但是《民法典》则以重申父权，按国家模式组织家庭作为回应。

不过，首先应该指出，在人口记录、婚姻和离婚这三个特别重要的方面，《民法典》在很大程度上保存了大革命的遗产。离婚不再被视为婚姻的天然衬托，然而，1792年的法律所承认的七种离婚理由，只有通奸、重婚及严重的不公正待遇这三种理由在《民法典》中保留了下来。即使经过漫长的辩论，双方协议离婚得以保留，但《民法典》有着比1792年的法律更为严格的限制条款，由此，它让离婚成为一种例外。在父权和女性地位等方面，立法者的文字则要反动得多。家庭中的父亲几乎全数重获旧法中的"家长权"（Patria potestas），限制性条款只有两条：现在它

---

① 菲利普·萨尼亚克（Philippe Sagnac，1868—1954），法国历史学家，1932年创办巴黎大学法国革命史研究中心。

有了期限；不再允许作为一种"纠正"手段来剥夺某个子女的继承权。私生子丧失了作为合法继承人的资格；私生身份使其成为家庭和社会的弃儿。波拿巴非常强硬，坚持私生子没有提呈其父系血统证据的权利。他说："承认私生子，社会却从中一无所获。"在被收养者达到了法定成年年龄，收养者无子女，且超过了"社会敦促其结婚的年龄"的条件下，收养得到承认。

无疑，新法对妇女的地位造成了最为严重的损害。我们知道，自1796年起，夫妻平等的原则就已从第三部提案中消失。不仅是波拿巴，还有绝大部分起草者、立法院成员和法学家都认为女性软弱，具有善变和轻率的气质，需要得到保护，只有男性"因其更为强有力而拥有自由"。它们回到了旧法律传统，并加强了这种传统。女性被认为没有能力管理夫妻共同财产，不能在重要的行政或法律文件上签字，不能处置自己的财产；她们至多只能保留订立契约的有限权利。女性被完全置于丈夫的实际监护之下，她必须服从丈夫；在不忠和离婚的事务中，女性同样处于劣势。新法律在所有这些问题上的倒退是无可争议的。

149　　相反，当涉及婚姻法和继承制度时，妥协精神仍取得了胜利。尽管婚姻契约自由得以确立，但陪嫁制和财产共有这两种不同的制度"在共和国的婚姻帝国中和平"共存。新法典对不同文化传统表现出同样的尊重，在继承的过程中恢复了个人意愿的作用，这取代了国民公会实施的平均一致的虚妄政策。然而，历史学家长期为一种传统所误导，将田地被划分成小块和生育率下降归因于这部法典的所谓伪平均主义，没有对立法者的精明给予足够的重视。《民法典》的起草者提倡继承者完全平等的原则，只是为了取悦于习惯法的支持者。不过，他们承认立嘱人有增加指定继承人所拥有的份额的权利，并通过低估共同继承人会遭受的损害来抑制他们寻衅诉讼的热情。他们恢复了血统赎买权（retrait lignager），以此来阻止某位继承人出售一部分未分割的遗产。他们建议不要将遗产分成小块，可他们又认可了对共有的摆脱及自然的划分。这些措施从表面上看有自相矛盾之处，但它们使得在实行条例法地区，家庭中的父亲能借助于公证员，继续"指定一名享有优先权的继承人"，一如他们一直以来所做的那样。

　　因革命强加的整齐划一而为人遗忘的孟德斯鸠由此压倒了卢梭和罗伯斯庇尔，因为这部统一却充满细微差异的法律既赞同布列塔尼人对于平等的尊重，也允许巴斯克人保持他们对于不平等的热爱；在财物继承方面，它给各种各样的地方性机制提供了多种组合形式。它是法律精神之于哲学精神的胜利吗？它是对平等和自由原则的服从吗？它是在修正国民公会深受习惯法影响的法律体系而恢复罗马法的影响吗？它是人权的法律表达，还是使个人服从一种由财产关系来界定的社会地位？它是自由与秩序的光荣综合，还是资产阶级和平之治和家长制统治良知的游戏规则？许多人，尤其是19世纪的法学教授和教师欢迎这部法典，保守的右派则贬低它，他们指责它确立了继承平等，损害了家庭习惯法。有时，一些人谴责它是大革命哲学观念的搬运工；有时，一些人谴责它为了胜利的资产阶级个人主义而将这些观念抛在脑后。社会主义者及共产主义者不断指责它在为被视为自然权利的私有财产举办庆典，指责它让工人的境况进一步恶化，指责它未能预见工业和资本主义在未来的发展。极端自由主义者同样对《民法典》有诸多不满，他们既无法忍受身份与婚姻的世俗化所固有的种种约束，也无法忍受国家及其行政部门在社会运转中占据过于重要的位置。这些毫不容情的批评者并非总能避免时代错置的错误，他们毫不犹豫地将他们对于20世纪社会的分析，投射至所有《民法典》提案起草者的精神之中。不过，他们有一点是正确的：即古代的法律或风俗，通常是规定在某个特定的情境下，做什么是适当的，因为一个人属于某一种文化传统，而《民法典》"谈妥了"权利，设定了绝不能僭越的边界。这一点非常重要。其禁律的辩证法基于以下两条原则：公共秩序的观念和良好民情的概念。国家、资产阶级社会及其法官，巧妙地操控着这两条原则。

《民法典》对之前的法律文化进行整合的能力成为了一场搅动了"整个19世纪思想界"的辩论的核心论题，如今，这个问题似乎已经得到解决。即便无需将《民法典》最佳分析者的称号授予路易十八，我们也得承认，即使他谨慎地对大革命的成就保持某种沉默，而且经过政治算计，但他对《民法典》的基础做出了相当正确的估计："这部新法典有很大一部分只是采用了王国古老的法令和习俗，如果人们去掉那些与宗教教义相悖的条文，它还将继续发挥作用。"国王的判断居然比卡尔·冯·萨维尼（Karl Von Savigny）更为明智。后者认为波塔利斯及其同僚属于玩票。这位伟大的德国教授当时正与蒂博（Thibaut）及另一些人进行着激烈的辩论，那些人支持制定一部超越习惯法的德意志民法典。因此，在面对过度的自然法思想时，他竭力捍卫法的历史性及习俗传统，而没有考虑到《民法典》有沉淀、整合和妥协的优点（他后来承认了这一点）。法学家亨利·克利姆拉特（Henri

Klimrath）将法学研究的历史学派介绍到法国,他是法律社会学的奠基人,反对试图将《民法典》和它的根源割裂开来的"阐释学派",认为他们过于迂腐。从 1833 年起,他对法典起草者的工作做出了审慎得多的判断:"他们永远消除了我们法律中封建主义的少量残余,君主制未能消除这些残余,舆论长期谴责它们,而大革命刚刚将它们摧毁。对于其他所有留下来的东西,我们可以说,他们满足于仅仅更换一种措辞,同时,他们尊重已有惯例,偶尔重新考虑临时立法曾尝试但并未成功的、任意而专横的革新。"他们"偶尔"会换个方向"重新考虑",并保留了某些革命措施;在个人自由方面,尤其在法律与宗教分离方面,这些革命措施并未从我们的法律中消失。法典起草者尤其去除或消除了家庭法中的一些内容,在他们看来,这些内容尚未得到国民的一致同意。得要将近百年的时间,人们才会重拾大革命关于私生子和已婚女性的法律原则;采纳从国民公会代表的哲学中获得灵感的、关于双方协议离婚、监护、婚姻财产或继承方案的条款,也要将近一个世纪的时间。对于作为法律和历史妥协产物的《民法典》所具有的智慧、对大革命民法的现代性,难道还有比这更好的致敬吗?

约瑟夫·古瓦(Joseph Goy)

延伸阅读

ARNAUD, André-Jean. *Essai d'analyse structurale du Code civil français. La règle du jeu dans la paix bourgeoise*, Paris, Librairie générale de droit et de jurisprudence, 1973.

CARBONNIER, Jean. «Le Code civil», in Pierre NORA (sous la dir. de), *Les Lieux de mémoire*, t. 2, 2ᵉ vol., *La Nation*, Paris, Gallimard, 1986.

ESMEIN, Adhémar. *Précis élémentaire de l'histoire du droit français de 1789 à 1814*, Paris, 1911.

FENET, P.-Antoine. *Recueil complet des travaux préparatoires du Code civil*, 15 vol., Paris, 1836.

LOCRÉ, Jean-cuillaume. *Législation civile, commerciale et criminelle de la France*, 31 vol., Paris, 1827-1832.

OURLIAC, Paul et Jacques DE MALAFOSSE. *Histoire du droit privé*, 3 vol., Paris, Presses universitaires de France, 1967.

SAGNAC, Philippe. *La Législation civile de la Révolution française 1789-1804*, Paris, 1898

参见条目

革命议会（Assemblées révolutionnaires）

波拿巴（Bonaparte）

封建制度（Féodalité）

启蒙运动（Lumières）

孟德斯鸠（Montesquieu）

重农学派（Physiocrates）

伏尔泰（Voltaire）

救国委员会
Comité de salut public

公共拯救（salut public）：要将这两个词联系起来，并不太容易。对于词典编纂者而言，公共，与私人相对，意指与全体人民相关的一切。1694年版的《法兰西学院词典》列出的词条有："公共利益"（l'intérêt public）、"公共权威"（l'authorité publique）、"公益"（l'utilité publique）、"国库"（le thrésor public）、"公共收入"（les revenus publics）……将这两个词组合在一起的只有菲勒蒂埃一人："公共拯救应始终优先于私人拯救。如若您触犯该权力，便丧失了拯救、没有了庇护所，没有了蒙恩之地。"（1684年）由此可见，拯救（salut）这个十分基督教和个人式的词语被世俗化和集体化了。达朗贝尔与狄德罗编撰的著名的《百科全书》只依传统提及了"公共福利"与"公共利益"，以此反对私人利益。直至1823年，第六版《法兰西学院词典》才引入了"公共拯救"一词，但未做任何阐释。毫无疑问，正是在法国大革命期间，基督教式的拯救观念开始与几个世纪以来的政治经验相融合。

这种经验是全然世俗的，并受到了15世纪意大利文艺复兴的影响，获得了两个教名：国家必需与国家理性。到17世纪30

154 年代,人们普遍承认,在特殊的国内外情势下,执政者不得不诉诸一些同样特殊的措施,以及暂时中止对于臣民自由和财产的尊重。卡丹·勒布雷(Cardin Le Bret)曾写道,"在我看来,必须要对时代加以区分,因为如果是为了满足公共福利的迫切需要,那么我敢说,有令不遵就完全等于一种不服从。必需时可打破一切法律(*Necessitas omnem legem frangit*)。"1589 年,乔万尼·博泰罗(Giovanni Botero)的《论国家理性》(*Della ragione di Stato*)一书在都灵印刷出版,后两次译成法语(1598 年和 1607 年)。该书所产生深远影响,不仅仅局限于"自由思想家"(libertins)之中,还波及当权者。这种影响,在他们的著述与行为中可见一斑。黎塞留写于 1642 年 10 月的一封信,清楚地展现了这种对非常措施的依赖:"大国的统治和安全需有预防措施,以免去普通司法过程中所遵守的程序。"至于国王,路易十四的口授文字则更加明确:"看上去与普通法相左的做法经常是以国家理性为依据的,国家理性就是首要法律,却也是不当权的人最不知晓且最感晦涩难懂之事。"君主制留给法国大革命的不止一个词语,更是一种概念。正如米什莱所写:"法国大革命成了女王,她进入杜伊勒里宫,在那里发现了这件王家旧家具什物,便立即用了起来:将它敲到之前使用它的国王们的头上,把这件什物敲得粉碎。"但大革命踏上了旧君主制从未涉足的两条侧路。在行为方面,(君主制下)对于财产权的侵犯,实际情况比表面看上去要更轻。在索回被控的财政官因贪污受贿所得财物方面,"特别法庭"(chambre de justice)的裁决收效甚微。这些家族在财产被没收后,通常会获得补偿。当波旁王朝王室总管的庞大财产被并入王室时,该家族得到了国王的大量补偿——特别是蒙庞西埃（Montpensier）家族。不要将王家司法想象为一把铡刀。另一个差异是期限。非常措施仅限于某些个人和某些短暂的时期。革命政府的革新在于无限期终止宪法的实施——1793年的宪法经投票通过，却从未得以实施。连续中的断裂：这正是法国大革命。

自1789年7月14日起，爱国党代表，如巴纳夫、罗伯斯庇尔及其他人，以情势之名将民众暴力合法化：他们宣称，领导一个处于革命时期的民族，和领导一个处于和平时期的民族，是不一样的。这是革命政府所宣布的原则——带有一种明显的反领主色彩。在谈到7月14日的罹难者时，巴纳夫写道："难道这血就那么纯净？"在支配了几个世纪的集体心态后，血统纯正的概念重新遭到质疑，或者更确切地说，被颠倒过来。17世纪的纯正血统变为了《马赛曲》中的不洁之血。1792年的战争及早期失败使"公共拯救"（salut public）的观念进入到日常秩序之中。从7月11日开始，立法议会宣布祖国在危急中。所有的行政机构和市政府均须转为常设机构。召集义勇军组建新的营队。8月10日起义给这一运动带来了一股新的冲劲。巴黎公社成员于格南（Huguenin）向议会宣布，巴黎公社不承认立法议会为"在必要与反抗压迫的迫使下，实施非常措施的法官。"9月2日，凡尔登被围的消息传到巴黎。丹东发表了他的著名演说："全国都沸腾了，都激昂了，都渴望投身到战斗中去……人们将要敲响的警钟，绝不是一种报警的信号，这是猛攻祖国的敌人的信号。先生们，为了战胜敌人，我们必须勇敢，再勇敢，始终勇敢，这样,法国就得救了。"丹东再次竭力动员各种力量去对抗唯一的外敌。

1793年3月初至5月末,一切都在发生变化。国民公会表决通过非常措施,宣告了革命政府的诞生。为之辩护的最优秀的理论家并非来自山岳派,而是中间派议员巴雷尔,他迫不得已支持了山岳派。在此之前,巴雷尔不信任山岳派领袖,而站在吉伦特派一边投票。但他赞成罗伯斯庇尔所主张的革命措施。在3月18日的一次长篇演讲中,他归纳出三条现实论据:不能按照常规手段来统治特别时期;因此,必须接受革命手段。资产者必须同平民阶级保持联盟,即便要以经济和政治上的让步为代价来保持这一联盟。而国民公会必须继续领导这一联盟,主动采取革命措施,否则就要面临受街头行动支配的危险。由此,公会表决通过了各类法律,包括成立一个革命法庭。马拉阐明了这些措施的意义:"必须通过暴力来建立自由。为了消灭国王的专制主义,必须暂时实行自由的专制。"

4月6日,救国委员会取代了原先的总防卫委员会,它将负责秘密审议并掌握全部行政权力。吉伦特派斥之为独裁。不过,在国民公会任命的公安委员会的9名成员中,有7人(包括巴雷尔)为中间派,而山岳派的代表只有丹东和德拉克鲁瓦。

丹东因1793年夏天的局势恶化而式微,他还遭到马拉的攻击。马拉发起了反对"公共伤亡委员会"的斗争,并于7月10日要求国民公会将丹东免职。丹东在9月6日再次当选,但他拒绝了这个职位。让·饶勒斯颇有道理地指出:对于这样一个权势人物而言,拒绝接受权力是很危险的,他能够凝聚所有的反对力量。(瓦依达导演的电影《丹东》没有表现出这些力量,更没有表现出他的弱点。)丹东虽然主动离开了权力中心,但舆论继续认为他扮演着核心的角色。

在救国委员会的 14 名成员中,国民公会重选了 7 人:3 名"中间派"(巴雷尔、兰代和加斯帕兰),及 4 名在 6 月就确定下来的山岳派人士,圣茹斯特、库通、让邦·圣安德烈、埃罗·德·塞谢尔。国民公会在其中又添加了两名山岳派代表,蒂里奥(Thuriot,丹东之友)和马恩省的普里厄(Prieur de la Marne)。几天后(8 月 14 日),卡诺(Carnot)和科尔多省的普里厄(Prieur de la Côte-d'Or)进入委员会。罗伯斯庇尔于 7 月 27 日接替了加斯帕兰的位置。这就是共和二年的大委员会(Grand Comité de l'an II),在埃贝尔派的施压下,9 月由科洛·德布瓦(Collot d'Herbois)和比约 - 瓦雷纳(Billaud-Varenne)补全席位,而埃罗·德·塞谢尔则被除名,并于 1794 年 4 月被处决。这些人朝气蓬勃(年龄最大者 47 岁,最小者 26 岁),在为国家和行政服务中得到训练,并由此会聚一堂。他们工作勤勉。拯救国家,这是神圣的使命。当 8 月 23 日,委员会对总动员进行集体投票表决时,巴雷尔以一种不失优雅的方式表示,尽管他们之间存在分歧,却有着共同的目标:"从此时起直到敌人被赶出共和国领土,所有法国人都将一直处于被征召入伍的状态。年轻人应去战斗,已婚男性应制造武器、运输物资给养;妇女应制作帐篷、衣物,在医院中服务;孩童将把旧织物做成医用纱团,老人将被派往公共广场,激发战士们的勇气,宣传对国王们的仇恨和共和国的团结。"两个世纪前——1589 年 8 月——巴黎的本堂神甫们向孩童,向妇女,向老人发出过同样的号召。他们不是以祖国和共和国的名义,而是以上帝与城市的名义。但心态机制是相同的:都是一种革命的和普遍的动员。

还有一步尚待迈出,即非常措施的合法化。6月24日,国民公会以一种仓促且不稳定的方式,投票通过了一部应对情势的宪法。在共和国始终面临困难考验的情形下,它是否还适用?必须要使非常措施普遍化,推迟宪法的实行,组建一个革命政府。圣茹斯特于1793年10月10日向国民公会提出一份带有以下意义的法令:"这些法律是革命的,但执行法律的人却不是。在法国所处的情势下,宪法无法得以确立……它将变成侵害自由的行动的保障,因为它缺乏镇压这些行动的必要暴力。如果政府本身不是用革命的方式建立起来的,要执行这些革命的法律是不可能的。"从此便是恐怖时期,战时的独裁,统制经济。从此也是撕裂的时期,在1794年春季的大审判中达到高峰。非常措施由此变成了常态。

热月9日政变标志着这种中央集权的结束。在蒂翁维尔的梅尔兰(Merlin de Thionville)的提案(11日)的动议下,国民公会投票决定每个月替换1/4的委员会成员,即将离任的委员则失去在下个月重新当选的资格。救国委员会只是其他委员会中的一个,只保留处理外交和军事事务的权力。然而,这只是一个假象,因为直到督政府时期,委员会一直是革命现实的化身。

159 长远看来,在左派和右派的舆论中,"公共拯救(救国)"的观念都起到了联合统一的功能。我们很容易去理解这种结合。反日耳曼主义在1871年,甚至在1914—1918年激起了关于科堡军的回忆。在中学和大学教育的影响下，认为路易十四的政策和国民公会的政策之间存在传承关系的观点，变成一种民族认同的根本信条。我们从拉维斯的作品中就能非常清楚地发现这一点。我们在克里孟梭更为激烈的演说中，同样能看到它。

更重要的是，夏尔·莫拉斯（Charles Maurras）及其友人们攫取了"公共拯救（救国）"观念的遗产。这位整体民族主义的创立者，（在其重刊于《政治与批评词典》的文章中）反复表达了他对于 1793 年的忠诚和对于 1789 年的拒绝。"对我们而言，而且仅仅对我们君主主义者而言，救国的责任与光荣这个重担落在了我们肩上。我并不害怕从法国大革命的词语中借用一个非常罕见且意味深长的口号……这个口号已完全激起了法国大革命中拥有勇气、光荣和爱国的事物：抵抗外国。在复辟时期，一名大臣感谢救国委员会拯救了法国的完整性。救国（salut public）从此成为自觉的民族主义者的指导思想，我理解那些保王党人。把恢复 1789 年灾难性的乌托邦的尝试留给别人：如果需要付出全部代价去在我们重大危急史中寻求灵感，我们更倾向于 1793 年。总之，一个丹东延续了一个亨利四世、一个路易十一、一个菲利普·奥古斯都，即便这种延续是悲惨的。一个罗兰或一个拉法耶特只能扰乱国家或削弱国家。"（1900 年 3 月 17 日，《太阳报》）莱昂·德·孟德斯吉乌（Léon de Montesquiou）在 1901 年出版的一本书（《救国》）中选取了《法兰西行动》（*L'Action française*）所刊登的一些文章："不要说人民主权，要说人民利益的主权，拯救国家的主权。"他补充道："我们的个人主义来自于法国大革命；我们的集体主义根植于绝对君主制。"这个赞成的联盟由来已久。就我们的理解，如果戴高乐将军没有使用救国这一表述，那首先也是出于恢复某种正当性的考虑。但在1958年，阿尔及尔政变的策划者就毫无顾忌地再次复活了这个幽灵。

德尼·里歇

延伸阅读

BOTERO, Giovanni. *Raison et gouvernement d'estat, en dixlivres*, traduit sur la 4ᵉ impression italienne par Gabriel Chapys, Paris, 1599.

BOULOISEAU, Marc. *Le Comité de salut public*, 2ᵉ éd., Paris, Presses universitaires de France, 1968.

LE BRET, Cardin. *Œuvres*, Paris, 1635.

MAURRAS, Charles. *Dictionnaire politique et critique*, Paris, Cité des livres, 1932.

MONTESQUIOU, Léon DE. *Le Salut public*, Paris, 1901.

PALMER, Robert R. Twelve Who Ruled: The Committee of Public safety during the Terror, Princeton, Princeton University Press, 1941; trad. fr. *Le Gouvernement de la Terreur*, Paris, Armand Colin, 1989.

参见条目

巴纳夫（Barnave）

卡诺（Carnot）

宪法（Constitution）

丹东（Danton）

革命政府（Gouvernement révolutionnaire）

马拉（Marat）

罗伯斯庇尔（Robespierre）

圣茹斯特（Saint-Just）

恐怖（Terreur）

巴黎公社
Commune de Paris

1792年8月10日事件所带来的主要后果，不是君主制的垮台，而是发动起义的巴黎公社的突然出现。攻打杜伊勒里宫的行动，结束了那场始于国王出逃瓦伦的危机。占领市政厅则开启了大革命的新篇章。合法权力机关将比以往任何时候都要更多地考虑到对其正当性提出挑战的巴黎人民。当起义队伍尚在集结时，巴黎48个区中的28个区，呼应盲人院区（后来的十二区）的动议，向公社大厅派出了拥有"无限权力以拯救祖国"的专员（commissaires）。

从1789年夏天到这天之前，首都先后由几个地方议会来管理；根据1790年5月的一项法律，定期选举市政权力机关，那些当选者是第一代革命者的代表，他们首先关注的是终止定期的骚乱、支持新体制。1791年年底部分人员的更换至关重要：佩蒂翁接替巴伊成为市长，雅各宾俱乐部和科德利埃俱乐部的成员在不引人注目的情况下进入常设委员会（Conseil général），主要行政官员的领导地位遭到了严重削弱；这种弱化部分解释了为什么8月10日起义如此轻易就推翻了合法权力机关。起义的暴力促使大部分市政官员谨慎地退出，更何况在各区起义前的几个星期，他们的实际权力就已经大规模崩溃。事实上，8月10的公社自7月26日起就已经存在于各区指定的临时议会之中，以起草号召废黜国王的请愿书。

这一局面并非陡然一新。1790年5月之前，各区议会之间就发生了一系列龃龉，这些议会都声称自己代表着"真正的公社"和合法权力，这意味着，控制接待立法会议代表的"东道主"——首都——是通往权力之路上至关重要的一步。至8月10日，此前一直存在的障碍已被攻克，再也没什么能阻挡人民与其代表、巴黎与国家之间的直接交锋了。

公社由巴黎各色激进主义活动分子组成，它在长达几个星期的时间内寻求掌握合法权力，但未能取得成功。各区最出名的活动家，如于格南（Huguenin）、帕里斯（Pâris）及特吕雄（Truchon）等，构成了公社成员中最重要的部分，尤其在准备8月10日起义的时候。和他们肩并肩的是许多雅各宾派成员，其中最著名的是将在三周后被选入国民公会的罗伯斯庇尔、莱奥纳·布尔东（Léonard Bourdon）、比约·瓦雷纳、法布尔·代格朗丁，塔里安及莱涅洛（Laignelot）；其他雅各宾派成员，如吕班（J. J. Lubin）和阿蒂尔（Arthur），则继续在公社中直至热月时期扮演重要角色。公社里还有未来的"埃贝尔派"，从"杜歇老爹"①到帕什（Pache）和樊尚（Vincent）；此外还有奥尔良家族的支持者肖代洛·德·拉克洛，他的存在使人们能理解公社在9月支持菲利普－平等参加

---

① 指埃贝尔。

国民公会代表选举的举动。尽管罗兰是公社的死敌，可他的好几位朋友都是公社成员，如动产管理负责人、未来的尚邦市市长雷斯图（Restout）及记者卢韦（Louvet）。最令人吃惊的是，前斐扬派成员安德烈·谢尼埃（André Chénier）也在公社中……因此，公社是一个混合而成的团体，但雅各宾派独占了常设委员会主席和秘书的职位，在雅各宾派的严格控制下，这种多样性将迅速消失。

8月10日的公社并不是凭空出现的。通常而言，这些"无套裤汉"从1790年起开始担任公职，在某些情况下，他们甚至自1789年起就开始担任公职。对于各区积极分子而言，8月10日是一次集体晋升的机会。大规模的清洗留下了许多空缺，并提供了卷土重来的机会：例如，马尔贝斯特－尚佩特瓦（Malbeste-Champertois），1790年，他遭排挤，失去所在区的营指挥官的职位，8月10日使他可以拿回属于他的"东西"，并让他在省及公社的选举中当选。再如泰奥菲勒·芒达尔（Théophile Mandar）的例子，之前他是一名职业闹事者，也是非常温和的当普尔区非常罕见的共和主义者之一，8月10日，他忽然就被强行推入重要位置。8月间当选的人普遍受益于过去的名声：把自己打造成当铺区所委任的改革者的茹斯特－孔塞迪厄（Juste-Concedieu），成了兵工厂区真正的"头儿"。律师佩潘－德格鲁埃特（Pépin-Desgrouettes），相继担任过郊区居民、中央市场要塞区居民乃至佩里埃（Périer）兄弟的辩护人，这使他与客户之间有着相当牢固的联系；只要稍有机会，这种联系就能使他独揽这些期待已久的职位。总体而言，如果我们排除俱乐部的头面人物以及诸如梅埃（Méhée）和布尔索（Boursault）这种不值得称道的少数代表，公社相当好地反映出巴黎劳动大众的面貌。

通过武力获得权力的公社，懂得利用恐怖这一资本。它在几天内，就将反对者从各区清洗出去，并将巴黎省政府中的反对者免职；它改组了国民自卫军，并钳制新闻出版言论……。公社自 8 月 11 日起控制了巴黎，这样，它就能够转而反对遭到削弱的合法政权。立法议会表现得相当驯服，它放弃自己的决定，将公社的决议变成法令。在议会决定将王室"安顿"在司法部后，公社只是派人露露面，就能让议员们把国王囚禁在当普尔堡。在立法议会象征性地进行了一些抵抗后，8 月 17 日，负责审判 8 月 10 日"阴谋家"的特别法庭，也将以同样的方式获准成立。在长达几个星期的骚扰中，公社试图实现以下几个目标：首先，在雅各宾派与布里索派的权力之战中，充当雅各宾派的"打手"。同时，消除各区中一切可能的抬码加价，以此巩固了其作为当仁不让的起义领导者的地位；尽管如此，它也无法阻止反对公社的抗议行动：人们不时对它的权力感到不安。它的行动余地非常狭窄；一方面，公社必须保持高度紧张，以避免出现任何带有"温和"色彩的不满倾向；另一方面，它还要应对首都日常管理的现实，这样，公社便同样做出了一切公共权力机构会有的种种反应。

8 月末，立法议会对巴黎省政府成员的去职和更换提出异议，它相信由此可以展开一次温和的反击。几个区同时召回了 8 月 10 日任命的公社委员，并以此表明：一旦秩序得以重建，人们便无法放心大胆地让一个因暴力危机而被迫建立的权力机构继续存在下去。议会对此给予了支持，它在 8 月 30 日颁布了一项更换公社成员的命令；然而，公社只需做威胁状，就足以让这一合法权力机构的企图落空。次日，代理检察官塔里安出席立法议会，并提醒道，常设委员会"所作的重要决议，无一不先于（立法议会的）法令或为其所效仿"；他补充道：立法议会不能下令公社解散，除非它想打击赋予立法议会以正当性的人民，"发动了7月14日革命，在8月10日又巩固了这场革命的人民"。只要四处弥漫着精心策划的关于密谋和叛变的谣言，证明不得不付诸极端措施，公社的存在就无懈可击。9月2日末世般的公告，号召巴黎人武装起来，击退侵略者，这一公告清晰表明，公社完全懂得如何操控恐慌以扼杀一切潜在的反对意见。

屠杀囚犯不就是这种制造紧张的策略的一部分吗？为了攻击公社，有人强调马拉在8月底所加入的监视委员会的重组，强调9月3日敦促外省效仿首都的通告；为了替公社辩解，有人则强调，常设委员会的成员采取了措施以阻止屠杀行动，可身份难以辨认的刽子手们毫不让步。不过，对于公社应负的责任，人们强调奉行马拉主义的公社监视委员会拥有令人生疑的独立地位，这种地位使得它既可以在这场血腥的行动中袖手旁观，又可以让那些吓坏了的反对者噤若寒蝉，从而使其权力得以加强。屠杀的持续最终转而不利于公社。过度的暴力导致舆论转向；反应迟缓的立法议会，无疑从中获益，重新露面时反而变得更强大。在随后的日子里，一种宽容倾向在各区发展起来，要求保障"人身和财物的安全"。公社丧失了一部分基干力量的支持，进入一个较长的退潮期：持续存在的无序，证明了公社无力保障秩序；想要回归秩序，就必须增加其他要素。志愿从军让各个区失去了最为激进的成员，这使得回到最初的规划成为可能，而这一规划是由所有那些在8月10日之后退出政治舞台的人制定的。最后，国民公会即将召开，这就要求回归相对宁静的局势，以免让已饱受质疑的巴黎议员进一步遭到孤立。

退守的公社打出了"透明度"这张牌：9月18日，它牺牲了监视委员会，决定对委员会的行动展开调查；9月25日，它以同样的方式，"发起"对于派往各省的特派员的调查，它走得如此之远，以至于它对国民公会声称："如果他们超出了他们的权力范围，那么就该你们惩罚他们了。"这样，它就明确指出一些替罪羊，让他们去为过去的极端行为担责。然而它并未就此脱身。1792年10、11月间的不少事件，显示出它仍然易于遭到责难。所以，当它决定与全国所有的公社直接通信时，在公会中激起了一片抗议声，抗议者谴责它又一次超出了职权，企图取代国家。11月的选举将激起新一轮的激烈辩论。

革新的时刻已经到来。立法议会在解散前一刻，利用各区力量关系变化这一机会，最终下令进行新的市镇（公社）选举。在不利形势下，策略显得非常重要：为了进行补救，公社决定初级议会（assemblées primaires）以呼声高低来进行表决。国民公会中的吉伦特派议员，得到康邦等温和派的支持，后者始终强烈反对巴黎人的野心；他们坚决推行不记名投票。最初的结果证实了公社的担忧：1792年10月15日，一个月前被厄尔－卢瓦省任命为国民公会议员的佩蒂翁，以压倒性的多数再次当选巴黎市长。鉴于自8月10日以来公社给予他的侮辱，这次当选的意义显而易见：选民批准佩蒂翁获得他曾担任过一年的职位，这是对公社的否定。然而，当佩蒂翁被迫在市长和议员资格之间进行选择时，他倾向于后者，并谢绝了选举人的选择。于是，选举人需要至少投四轮的票来达成最终决议。雅各宾派支持的候选人，埃罗·德·塞谢尔（Herault de Séchelles）、安托内尔（Antonelle）和吕利耶（Lhuillier）都将落选，11月末，亲吉伦特派的温和派人士康邦最终当选市长。常设委员会更换成员时，雅各宾派遭到了新的失败：在288名期满的雅各宾派委员中，只有45人重新当选！更值得注意的是，8月10日前在职的28名市政官员，毫不引人注目地完成了回归。最后几轮投票，参与度非常低，对激进分子有利：肖梅特（Chaumette）当选为检察官，埃贝尔和雷拉尔当选为代理检察官。

在康邦的管理下，公社放弃了曾属于它的首要政治角色，而满足于执行警察和行政任务，尤其是解决愈来愈紧迫的生计问题。

1793年初，就在处死路易十六之后，康邦辞职，这将打破脆弱的平衡。他的离开恰逢其时：4个月前当选陆军部长的帕什，遭排挤失去了职位。时间上的巧合还表现在以下事件上：2月14日，帕什当选巴黎市长，这一巧合让人十分不安。

这位新当选市长是大革命中最为神秘的人物之一。作为内克的合作者，帕什很晚才进入政坛。1792年，他跟随密友罗兰进入内政部。作为助手，他非常干练。8月10日后，他清洗了内政部中的温和分子，组建公共精神办公室，因为部长力图影响舆论。罗兰在离职之后，还对帕什的出色服务念念不忘；吉伦特派支持帕什担任国防部长。希望越大，失望也越大！帕什迅速放弃了他们，转而与最极端的分子结盟，让埃贝尔派激进分子充斥他的办公室。帕什之所以成为一位神秘人物，不在于他的朝三暮四，这在大革命时期颇为寻常，而在于他似乎享有一种豁免权。尽管他多次被谴责策划阴谋，甚至被谴责觊觎"大法官"即独裁者的角色（某些人在1792—1793年间就如此宣称），但是他从未受到追究，更不必说遭受审判。"杜歇老爹"和巴贝夫都掉了脑袋，但帕什毫发无损地经历了整个大革命。

就任市长这一新职位时，他便发现形势已经趋向正常化：对于九月屠杀实施者的追捕已经暂停，聚集在巴黎、想组建一支禁卫军的联盟军也已经散去，审判国王的结果削弱了最为温和的分子。11月当选的常设委员会持有可以预见的敌意，但情况正在改善：11月的首次改选实际上是临时性的，1793年年初又重新进行了几次选举，但选举结果对温和派都不那么有利。从提名投票到资格审核投票，这些投票一直延续到1793年7月，最终结果完全能让帕什感到满意。1792年年底担任常设委员会委员的144人中，有111人被替换。1793年的公社因人员构成，尤其因内部权力关系所发生的逆转而与1792年的公社大相径庭：在1792年，面对常设委员会的全权，市政当局失去了所有实权，沦为摆设。而在1793年则完全相反，一个身居高位的小团体（由帕什、肖梅特、埃贝尔组成）将做出所有重要决定，然后由委员会予以正式批准。这种权力的集中，与雅各宾俱乐部中相对的自治并驾齐驱，由此显示，公社中埃贝尔派的领袖打算按自己的想法行事。如果说他们的野心依然主要是获得权力的话，那么，他们则无法如同一年前反对立法议会那次那样，以向国民公会发动正面攻击来实现这一野心。实际上，政治斗争的场所已经转至国民公会内部，巴黎借助它的议员在其中占有一席之地。公社必须考虑到这种新现实，

169

它无法指望在没有与雅各宾派代表至少达成临时性战术联盟的情况下,树立起威望;而对雅各宾派议员而言,公社为他们提供了他们所需的支持,用以结束与吉伦特派的斗争。

从1793年1月25日暴动到3月10日骚乱,面对一场并非源自公社的运动,公社展现出它有能力平息其中的暴力行为:公社指引该运动的方向,将它的诉求从生计转至更为稳定的政治秩序词汇,最后,它窒息了使运动激进化的孤立的企图。当制止抢劫现象不力时,公社重新站了出来。它使用了一种在1792年8月末就已经采用了的策略,用一个关于军事失利的夸张公告(3月8日)来动员巴黎人;接着,它"要求"国民公会就一些恐怖法令进行投票,以此来向巴黎人做个交代。国民公会在3月9日采纳了革命法庭的原则,这样,公社挫败试图将辩论带回生计问题的忿激派人士瓦尔莱(Varlet),就不会有大的困难。公社以一种更强的姿态从这一时期脱颖而出:韦尼奥(Vergniaud)对其交口称赞,加拉(Garat)则大肆称颂市长帕什。当然,公社已重建秩序,尤其是它已经清楚地表明,在吉伦特派代表和雅各宾派代表最终对峙中,它将是一枚至关重要的棋子。

雅各宾派推动了最终对峙的到来:4月5日,雅各宾俱乐部采纳了一份请愿书中的要求,这份请愿书要求各省撤回所有在审判国王时投票赞同诉诸人民的议员。公社紧紧跟上,但是先经历了一个稍稍显示独立性的事件:4月1日,它同意为组建于主教区的起义委员会提供支持,不过,雅各宾派反对一切事先没有得到其同意的举措。在雅各宾派的强烈反对面前,公社不得不收回前言。重新回到雅各宾派的麾下后,公社在4月15日向国民公会提交了一份请愿书，要求驱逐 22 名吉伦特派的重要议员。这份文本的诞生，清晰地展示了如何从一个小委员会精心炮制的标语口号开始，最终"制造"出公意。各区公社成员召开了一次非正式的大会，起草了一份陈情书，接着这份陈情书被提交到各区批准。然而其中存在的第一个悖论是：在 48 个区中，只有 35 个区表示支持。不过这足以让这份陈情书被视为"巴黎意愿"的表达。相当一部分公会议员对此感到愤怒；面对他们的愤怒，公社相信确保自己队伍的团结一致将更为明智，所以，在以公社和各区的名义，将陈情书公之于众的前一天晚上，它要求常设委员会委员签署这份文件！常设委员会无疑仍与公社保持着距离，一个星期后，大概还缺一半委员的签名。

  得到正式授权的起义委员会在主教区召开会议，随后，公社于 5 月 16 日在同一地点召集各区革命委员会，主要来商讨以下两项事宜：募集强制借款及招募一支派往旺代的军队。两个委员会的并存，让公社既可以参与起义的准备工作，又可以在事有不利时脱身；然而，5 月 20 日，其中一个委员会不但要求驱逐 22 名吉伦特派代表，还要求处决他们；此后，帕什两次现身国民公会，向其保证公社决不对此负责，相反，公社谴责这类言辞。这类言辞明显是极端主义的体现，实际上，它揭示了一种更为激进的潮流的存在，这一潮流在主教区官方机构的庇荫下蓬勃发展，公社也无法阻止。同时，各区兴起了一场支持那些受到去职威胁的代表的运动，公社与该运动之间出现不和。公社不得不采取武力，将反对者驱逐出接受妥协的区。它开展了几次逮捕行动，却未能让这些区归附：5 月 26 日，公社试图组织一次示威，要求释放于 24 日被捕的埃贝尔，但它只集结到 16 个区。

不明朗的局势要求人们更为迅速地做出反应。5 月 26 日，罗伯斯庇尔向雅各宾派发出了他著名的号召，呼吁发动一场"爱国"议员反对被指控为叛国的议员的"起义"。他完全没有暗示说需要来自街头的压力，但这个运动的组织工作应由公社负责。然而，公社对此推诿搪塞，而且显得很迟疑，因为它意识到这样一场几乎并非自发的起义前途未卜，意识到各区处于分裂之中。28 日，罗伯斯庇尔不得不挺身而出，这次，他的语言不再谨慎，他敦促公社着手防止可能出现的脱轨，并保证起义行动的成功："如果公社没有团结人民，没有与其结成紧密的同盟，它就违反了第一条义务；它就不再配得上至今仍享有的受人民欢迎的声望。"公社完全意识到此后会有被解散的危险，于是，它决定采取行动：5 月 30 日，多布桑（Dobsen）被派往主教区，他在那里控制了一个小委员会，并使其听从市府的命令。31 日上午，公社将运动牢牢掌握在自己手中。在昂里奥（Hanriot）的大力协助下，公社履行了约定：在 5 月 31 日事件及 6 月 2 日的尾声，它如愿为这场大戏提供了既具有威胁又完全守规矩并得到控制的民众。

雅各宾派控制了国民公会，公社使街头恢复正常：主教区委员会被解散，"继续起义"的呼吁被制止。然而，忿激派利用生计问题重新回到首要位置这一情况，在他们的坚持下，混乱持续了好几周。公社很快做出反应：在雅各宾派进行了一次干预之后，雅克·鲁（Jacques Roux）于 6 月 30 日被开除出科德利埃俱乐部，次日，公社批准了这一决定。8 月底，公社再次展开攻势，逮捕了他；然而，直到 9 月的"那几天"，决定性的打击才落到了忿激派头上：

鲁被囚禁在圣－佩拉吉（Saint-Pélagie），瓦尔莱和勒克莱尔则迅速从政治舞台上消失。

1793年9月4日、5日的动荡，证明了公社仍强有力，它能与最为极端的派系的影响相竞争，取代他们成为街头运动的领导者，并将社会领域的诉求转至政治领域。4日，一些民众围攻市政厅，在这个困难时刻，它假装屈服；5日，它使用一种当时已经相当完备的策略，把闹事者带去国民公会，在那里，民众似乎很有可能"忘记了"前一天的诉求。然而，真正从这种展现力量的新方式中受益的，是政府各委员会。当时与埃贝尔派走得很近的科洛·德布瓦入选救国委员会，这是与起义者的妥协；通过他，埃贝尔主义在政府中没有埃贝尔派的情况下，获得了自己的一席之地！继6月2日事件之后，9月事件产生的种种后果给公社以致命一击。公社迅速认识到中央权力强化的趋势所造成的影响，即损害自1792年8月以来通过起义获得正当性并由此蓬勃发展的一些机构。6月2日刚过，就已经有了不少预警信号：6月，陆军部长布硕特（Bouchotte）差点遭到排挤；为了他，公社不得不动用所有筹码。8月，形势变得非常清晰，公社在5月31日的效力，是得不到回报的。当埃贝尔提出要参选内政部长时，他遭到惨败。从那时起，公社就已经注定失败了。自1793年2月以来，它就是雅各宾派公会议员手中的工具，是他们用来对付政敌的恐怖手段；而当恐怖统治成为日常秩序，宪法被搁置，政府宣布作为"革命政府，直至和平"时，公社这一强制手段便变得无用且危险，因为在政治上已经失去价值的公社有可能试图铤而走险。

公社权力遭到侵蚀，面对这一情形，它最初缓慢且谨慎、随后满怀激情地投身非基督教化运动的阵营，这一运动在 1793 年 11 月达到顶峰，至 12 月就已奄奄一息了。公社组织了戈贝尔主教的公开弃绝活动，并在 11 月 23 日下令关闭教堂。这个事情是由许多因素造成的，确切的原因至今不为人知。从巴黎公社的政治史看，它意味着一种铤而走险的投机、一种认为大革命会激进化的投机，这种激进化将反对罗伯斯庇尔和国民公会，并确保公社的霸权。然而"不可腐蚀者"在 11 月 21 日强有力的干预，迫使公社领导者毫无颜面地向后退缩。

坍塌已经开始：1793 年 10 月 10 日起，所有法定团体都必须隶属于救国委员会，26 日，新的市政选举被无限期搁置。公社处于监视之下，此外，它失去了对于自己的核心机构——各革命委员会——的控制：公社把它们当作真正的行政机关，它们使公社能有效地控制各区议会。9 月 17 日，一项法令强迫这些委员会不经过市政府，直接向总保安委员会汇报，市政府对这一法令进行了抵抗，但徒劳无功。12 月 4 日法令完成了清除公社领导人的任务，它取消了检察官这一重要职位，并代之以"国家代理人"，后者由救国委员会任命、只服从于救国委员会的权威。大势之下，肖梅特由此成为救国委员会与一个逐步回到原位的公社的中间人。

从 1793 年 12 月到 1794 年 3 月 14 日，公社"消失了"；它放任二流活动分子自由行动，在各区组织俱乐部网络，该网络旨在重建为恐怖法令所摧毁的靠山。公社同样四分五裂：埃贝尔派领导人处境困难，常设委员会在一年前就放任帕什-肖梅特-埃贝尔三人团体完全独立行事，此时，它逐步重获自由，以便更好地安排其政治未来。在樊尚和龙森（Ronsin）于12月被捕之后，公社领导人看到了常设委员会的缄默，于是，他们疏远了市政厅，进入科德利埃俱乐部。公社不再是在巴黎发动起义、给国民公会造成压力的首选工具了。

埃贝尔派试图谋反，但结果是不幸的，1793年3月14日，他们在一片冷漠中被捕；公社无动于衷地牺牲了他们。可它还能做什么呢？巴黎人重新走上街头？没什么比这个更不确定的了。昂里奥（Hanriot）和帕什得到赦免，后者在5月10日遭逮捕，被善意地"遗忘"在监狱里；前者热情地为罗伯斯庇尔派控制的市政府服务，一如它之前热情地协助埃贝尔派市政府的工作，但这次他就无法像之前那样轻易抽身了。

在被任命为国家代理人的帕扬（Payan）的严格控制之下，公社迅速走向终结：40多名常设委员会成员遭到清洗，中央政权任命莱斯科-弗勒里奥（Lescot-Fleuriot）为巴黎市长。这个最后的市政府，在它短暂的存在时间里，成为了救国委员会驯服的附属品。但它并非1792年的起义者的继承人：连接巴黎及其公社的纽带已经断裂。自1793年初起，与表达巴黎人民的愿望相比，公社无疑优先服务于其领导者的野心，不过每一次，街头民众都响应了它的号召：6月2日，在国民公会周围，有10万名示威者。随着埃贝尔派被消灭，公社失去了它的超凡魅力和它的传奇。

热月9日，昂里奥只能召集起3400人来保卫市政厅；公社号召发动起义，以拯救罗伯斯庇尔及其同犯，但只有19个区听从号召。之前街头运动最为坚固的堡垒之一，格拉维利埃区，甚至为巴拉斯的军队提供必要援助,以控制那些被剥夺了权力的议员。公社成员遭到谴责,孤立无援,最终被击败,并付出生命的代价,其中某些人自1792年8月以来就不间断地担任公社成员,而3/4的人是因为对辉煌的过去抱有幻想而付出了生命。首都最终谴责那些打断了1789年7月市政革命所开创的革命原动力的人。

从1792年8月到热月9日,公社既是重大起义日的符号、直接民主的化身,也是选举所产生的议会的永恒威胁、开展无穷无尽的竞争和政治竞赛之场所:在它的控制下,各区以令人生畏的方式联合起来;雅各宾派以它为中介,于1792年9月获得了权力,之后,雅各宾派在1793年5月31日确保了它的单独统治。不过公社同样表现出一种异乎寻常的行政活力,它在日常所取得的成果就是明证,即便大部分公社成员都没有相关经验。

在政治斗争之外,公社实际上还负责这座法国最大城市的日常管理,幸运的是,它得到前市政官员的协助,他们的职能在8月10后仍得以保留。一些可靠的人躲在办公室继续履行他们的职责,如负责救济的比德曼(Bidermann)、负责生活必需品的库森(Cousin)和加兰(Garin)。任务越来越难以完成,尤其是关于生活必需品供应的任务,公社被迫满足民众的要求,以亏损的价格出售小麦,这些小麦是它用越来越贵的价格,购自巴黎以外的地区。至1792年10月,它承认亏空200万法郎,并难以获得国民公会议员的帮助;看到公社处于困难之中,后者感到颇为满意。实际上,公社一直处于一种脆弱的状态:1792年12月初,市营商店库存的面粉只有4天的量!然而,公社因其源头及话语,无法采取不得人心的措施，它必须不停地与临时财政、与冷酷无情的日常必需品到期票据打交道。公社勉强达到了它的目的，防范了严重社会动乱的出现，它还能让骚乱转向政治领域，以便最终利用它来使自己受益。

由于公社还是一道防线，它阻止了暴力波及到立法团体自身：每次示威，示威者都在围墙之外，等待代表们满足他们的要求；正是在共和三年牧月，此时，公社已不复存在，惊恐的公会代表目睹了"暴民"冲进大厅，威胁他们、侮辱他们，并砍掉了他们的同僚费罗（Féraud）的脑袋。从 1792 年到 1794 年，公社专门处理无序局面，它深谙如何防止过度无序，如何将大众的狂暴引至更为明智的政治权力斗争之中。

帕特里斯·格尼费

延伸阅读

BRAESCH, Frédéric. *La Commune du 10 août 1792. Étude sur l'histoire de Paris du 20 juin au 2 décembre 1792*, Paris, 1911.
CARON, Pierre. *Les Massacres de Septembre*, Paris, Maison du livre français, 1935.
GENTY, Maurice. *Paris 1789-1795. L'apprentissage de la citoyenneté*, Paris, Messidor-Editions sociales, 1987.
Procès-verbaux de la Commune de Paris, 1792-1793, publiés par Maurice Tourneux, Paris, 1894.

参见条目

中央集权（Centralisation）
非基督教化（Déchristianisation）
吉伦特派（Girondins）
革命政府（Gouvernement révolutionnaire）
埃贝尔派（或科特利埃派）（Hébertistes（ou Cordeliers））
雅各宾主义（Jacobinisme）
革命日（Journées révolutionnaires）
马拉（Marat）
罗伯斯庇尔（Robespierre）
无套裤汉（Sans-culottes）
恐怖（Terreur）

宪法
Constitution

革命与宪法之间从最初起就存在着一种根本联系。国民议会明确地自称为拥有主权的国民的代表，并坚称它是"被召集起来制定（fixer）王国宪法，从事更新公共秩序、维护真正的君主制原则"。它在网球场宣誓要继续集会，直到"王国宪法制定并巩固于坚实的基础之上"。这是对君主权威的大胆挑战，它以一种戏剧性的方式浓缩体现了数十年来对专制的政府和暴虐的大臣的抗议；国民议会以此将建立一种稳定的宪政秩序界定为其革命行动的根本目的。不过，这个旨在"制定"法兰西宪法的任务，很快就显得非常成问题。法国革命与美国革命不同，后者有效地将对革命意志的肯定转变为建立起一种稳定的宪政秩序，而法国革命则以革命与宪法之间不断扩大的鸿沟为特征；所有试图让革命运动最终转向宪政的努力，都遭到破灭。我们显然无法用短短数页的篇幅来追溯从"网球场宣誓"至1799年采纳新宪法文本——拿破仑·波拿巴用它再一次声称法国革命已经结束——这10年间起草、采纳、搁置、实施以及违背宪法的一系列兴衰变迁。因此，我们将仅限于讨论以下几点：大革命前夜宪法观念的不确定性、

1789 年的理论家对这一术语所下的激进定义,以及这一定义在革命进程中所产生的后果。

"制定"王国宪法意味着什么?尽管宣誓者已表明决心,但网球场宣誓亦不乏模棱两可之处。毋庸置疑,它宣告了专制统治的终结,宣告以一种稳定、可预期的合法秩序取代无序和不确定——它们是专横意志的暴虐行使带来的后果。不过,正如就定义而言,宪法是某种确定的(fixe)、稳固的事物,"制定(fixer)宪法"这一表述是一种同义迭用。如果一部王国宪法存在,就其定义,它就是确定的(fixée);如果它不是确定的,那么,它必然不是一部宪法。同样,说"制定"宪法并没有解决根本问题:通过这一表达,人们是想说,存在一种必须去保存和捍卫的宪法,还是恰恰相反,想说宪法不存在,必须制定一部宪法?对于这一问题,三级会议的代表仍持有不同看法,恰如他们带到凡尔赛的那些陈情书所展现的那样。当他们在网球场宣誓一周之前,谈及一部宪法时,对这一问题无法达成一致的贵族代表使用了诸如"建立"(établir)、"重建"(rétablir)、"维系"(maintenir)、"得到"(se donner)等动词;第三等级的代表更喜欢"确立"(asseoir)、"给予"(donner)、"提供(基础)"(poser(la base))、"完成"(faire)、"使……进入"(faire entrer dans)等动词。然而,与以上这些术语相比,"网球场宣誓"中的"制定"(fixer)一词相对而言显得含糊不清:人们既能在"重建"或"维系"等词所具有的保守意义(它意味着存在一种需要得到保存和加强的宪法)上理解它,也能在"建立"、"给予/得到"或"完成"等词所具有的更为激进的意义（它意味着还没有宪法，须制定一部）上理解它。

同样，网球场宣誓并没有解决"传统君主制宪法是否存在"这一革命爆发前20年间的核心政治问题，这个任务得由国民议会去解决。在18世纪50及60年代的斗争中，人们明显已经就这一问题展开了辩论。高等法院的理论家，追随着令人生畏的勒·佩吉①及其《历史书简》，以存在一种传统的君主制宪法为理由，与大臣专制主义进行了斗争：根本法的存在、法官所拥有的注册及核查君主敕令的法律职责的存在，使武断行使君主权力成为不可能。对这种观念最为雄辩的批评来自马布利：他从历史角度对高等法院的理论进行了反驳，由此给了"存在一种持久的宪政秩序"这一观念以致命一击；与之相反，他揭示了一个不稳定的领域的存在，这一领域，因无政府主义与专制主义的剧烈交替而引人瞩目。马布利的《对法兰西历史的观察》（Observations sur l'histoire de France）第二卷，完成于莫普政变这一背景之下，而它的出版，正值革命前关于召开三级会议的大辩论进行得如火如荼之际。它显然是从对法兰西历史的这样一种解读中吸取教训的：即法国人没有宪法，因为他们还无法表达一种持久的政治意志，而这种政治意志对于确定他们的政治生活形式以及维护他们的自由，都是必不可少的。

众所周知，围绕着君权本质及其限制展开的冲突，乃是召开三级会议的根源；随着这种冲突不断加剧，勒·佩吉与马布利所

---

① 勒·佩吉（Louis-Adrien Le Paige，1712—1803），法国法学家。1752—1753年发表《关于高等法院基本职能的历史书简》。

进行的政治辩论,引起了越来越强烈的反响,革命前的那些小册子便是明证。在这场新辩论中,18世纪对"宪法"这一术语模棱两可的使用,进一步激发了人们的政治激情:那些相信法国缺少宪法的人,倾向于强调有必要建立一种能对权力的专横行使加以限制的政治秩序;那些援引既存宪法的人,则在更为宽泛的意义上使用了这个术语,并在其中纳入一种以身份或等级来划分人群的社会(由此,在三级会议中,它们的代表各自分开且人数相等)存在的必然性。西耶斯在《第三等级是什么?》中,非常有效地利用了这种模棱两可:"六个月前……在法国只有一种呼声:我们根本没有宪法,我们要求制定一部宪法。到了今天,照他们的说法,我们不仅有一部宪法,而且若相信特权等级的话,这部宪法还包括两条妙不可言而又无懈可击的措施。第一个措施是依等级区分公民;第二个措施是在形成国民意志时,各等级的影响一律平等。"

那么,什么是constitution?在整个18世纪,各种词典都在两种通用的意义之间犹豫不决。第一种意义与这个术语在罗马法及教会法中最初的用法相一致(它已经存在于皇帝、教皇、国王或教会高级显要的敕令和法律,抑或某种地租或嫁妆制度方面的法令中),它强调制度与机构的作用。第二种意义强调安排、存在模式或对某种实体的设置、世界或人体的结构(constitution)。除了衍生于罗马法的用法外,对这一术语更为专门的政治定义总是落后于语言的演变,它很晚才在词典中出现。不过,制度与秩序这两种意义之间所存在的模棱两可,同样出现在词典最终将要依靠的那些政治作家笔下。孟德斯鸠按照英语的用法,将18世纪政治概念的新核心地位,赋予"constitution"这一术语;不过,他这么做的时候，优先考虑的是第二种意义，即一种实体的存在秩序，从而牺牲了第一种意义，即机构这一意义。在《论法的精神》中，"constitution"是亚里士多德式的"政体"（*politeia*）一词的近代对应词。politeia 用于描述一个国家的根本秩序、民族或人民的政治存在模式、对组成政府形式的权力或基本因素的本质性安排。同样在孟德斯鸠那里，英国成为关于政体问题的讨论中常常引用的对象（*locus classicus*），成为一种典范。在英国，政治秩序是一种确定且持久的结构（其稳定性并不必然与制度的成文特征相联），依制建立的不同部分，其形式和职能得到清晰地划分，它们共同致力于对自由的保存。孟德斯鸠从这一视角出发对英国政府的分析（后来有德罗尔姆（Delolme）、布莱克斯通及约翰·亚当斯等作家予以补充），将为1789年国民议会的宪法委员会提供一种模式。

不过，这种模式能为人效仿吗？一个民族能受到另一个民族的启发，以制定其宪法吗？要做到这一点，就要使语义逐渐发生变化，constitution 作为关于制度或机构的法令这一意义就得超过它作为既存秩序的意义。而且，还得进一步阐明人们能从一个政府的宪法中获得什么，以及一个政府的宪法与一个国家、一个民族（peuple）、一个社会或一国国民（nation）的宪法之间存在什么样的关系，所有这些观念，孟德斯鸠都不那么精确地援引过。关于这两点，最重要的论述来自于自然法学派的理论家，尤其是瓦泰勒[①]和卢梭。

---

① 瓦泰勒（Emmerich de Vattel，1714—1767），瑞士法学家。

瓦泰勒在其《国际法》（*Droit des gens*，1758）一书中，为"constitution"提供了一个清晰的定义：即一个社会或一国国民，为了确保政治联合的好处而确立的政府形式，由此，"国民完全有权自己来制定其宪法、维系它、完善它，并且按自己的意志处理所有涉及统治的事务，没有人能正当地阻止他们这么做。"这种语言很快出现在其他有影响的作品之中，其中包括巴泰勒米·德·费利斯（Barthélemy de Félice）主编的瑞士版《百科全书》，以及让-尼古拉·德默尼埃（Jean-Nicolas Démeunier，稍后他将在国民议会的宪法辩论中扮演积极的角色）为《系统百科全书》所撰写的"政治与外交经济学"词条。不过，卢梭在《社会契约论》中对瓦泰勒的论点做了更为激进的阐释。

《社会契约论》拒绝传统中人体结构（constitution du corps humain）与国家结构/宪法（constitution de l'État）之间相似性所蕴含的自然主义暗示，而是强调：如果前者是自然的作品，那么后者则是人为的。它是一种政治发明、是国民意志的产物、是一种创制行动，通过这一行动，拥有主权的人民创造了它独特的政府形式。这种创制行动并非一劳永逸。一旦"聚集开会的人民"的决定制定了宪法，主权机构必须定期聚会，以展现其力量和存在。在最高政治体展示其存在的这些时刻，宪法的效力被中断："当人民合法地集会而成为主权者共同体的那个时刻，政府的一切权限便告终止；于是行政权也就中断，于是最渺小的公民的身份和最高行政官的身份是同样神圣不可侵犯的，因为在被代表的人已经出现的地方就不能再有什么代表了。"从这一理由中可以得出，国家的宪法不仅仅依赖于最初的创制行动，还依赖于对于这一行动的持续确认。"在国家之中，并没有任何根本法是不能予以废除的，即使是社会公约也不例外"，宪法只有在作为公意的直接表达时，才能一直生效。

西耶斯在《第三等级是什么？》中，相当清晰地展现了这种激进意志主义的含义。实际上，西耶斯批驳了"constitution"的传统词义，即事物本性中所固有的一种政治和社会秩序，并以让"一个政府的制度（institution）"这一词义持久地取而代之。西耶斯反对特权者们用以支持这一术语的传统用法的那些论点，进而肯定了国民是作为一种直接在场、先于所有宪法形式的终极政治现实而存在的。"国民存在于一切之前，它是一切之本源。它的意志永远合法，它本身便是法律。"如果这种政治现实存在，那么人们就无法主张国民是以之前的宪法为名，通过既定的政治或社会安排联结起来的。"国民独立于一切规章之外；无论以哪种方式表示其意愿，只需将其意志表达出来，一切人为法便在它的面前失效，正像在一切人为法的源泉和最高主宰面前失效一样。"这些铿锵有力的词语是用来反对那些传统法国君主制宪法的拥护者的，但对于他们的对手、那些想制定一部新宪法的人而言，它们同样是威胁。革命者即将发现，要摧毁旧制度，国民主权的概念不可或缺，但它不足以保卫新秩序。西耶斯甚至在革命和宪法得以完成之前，就于两者之间开辟出一个概念空间。

是去恢复宪法还是去创立宪法？在这个问题上，代表们带着相互矛盾的委托来到凡尔赛，一如克莱蒙-托内尔所展现的那样。

1789年7月27日，他以宪法委员会的名义说："我们的委托人想要国家新生；但一些人期待着只需改革弊病和重新确立已经存在了14个世纪的宪法。［……］而另一些人则认为现存的社会制度有如此多的瑕疵，以致他们要求制定一部新宪法；除了君主制政府及其形式（在所有法国人心中，这是值得珍藏且尊敬的）之外，［……］他们给了你们制定一部宪法所需的一切权力。"根据穆尼埃提出的策略，委员会力求最大限度地减少分歧：一方面强调法国人传统上将君主制作为一种历史选择的政府形式而心怀崇敬；另一方面则展现出一种一致的愿望，即通过奠定稳定统治秩序的基础（不同权力将明确分立，其各自的特权都有专门限制）来完善这一历史作品。

在委员会对《人权宣言》问题的种种思考中，人们同样发现了这种妥协的企图。克莱蒙-托内尔在关于陈情书的汇报中宣称：在"希望一部新宪法的陈情书，与只要求重建它们所认为的既存宪法的陈情书"之间，唯一区别就是是否有制定这样一部《宣言》的心愿。这就是为什么委员会提议将《宣言》作为序言纳入宪法之中，但又拒绝将它变成独立文本：这是一种手段，能让那些要求制定一部《人权宣言》的人感到满意，又不会吓着这样一些人：他们对效仿美国这个范例可能造成的后果感到害怕，不愿看到对于抽象的自由和平等原则的确认。然而，在8月初的动荡中，当制宪议会最终开始讨论《人权宣言》时，妥协的努力遭到缓慢而富有戏剧性地质疑。一条分界线将那些希望回到根本原则的代表与另一些代表区分开来，后者倾向于立即转向"适合于一个14个世纪以来联合在一起的伟大民族的实在法"。当8月4日议会几乎一致赞同将《人权宣言》置于宪法之前时，它是用一种果断的方式，远离了要保存一部宪法的想法，而选择了要制定一部宪法的想法。此外，在连续对8月4日之夜的事件进行商讨之后，代表们迅速着手起草《人权与公民权宣言》，这先于开始起草宪法本身。议会的立宪工作始于对根本原则的确认。

但是，是哪些原则呢？《宣言》中有3条与"制定"法兰西宪法直接相关；但没有一条不存在模棱两可之处，而且它们之间也不一定相互兼容。第16条："一切社会，凡权利无保障或分权未确立，均无丝毫宪法之可言"，温和地表达了革命前人们的根本性关注：以对于权利的合法保护及明确的分权，来限制权力的武断行使。假如这就意味着在此之前，法国一直缺少一部完全意义上的宪法的话，那么，这一条却也能与宪法委员会的主张相吻合，宪法委员会主张在古老君主制的历史基石之上、在英国模式之上，建起自由的堡垒。但既然这一条款使得分权的确切定义及分权的本质仍存有不确定性，那么，它与一种卢梭式的观念之间也不再无法和谐共处了，这种卢梭式的观念将立法权与行政权之间的区分作为公意行使的根本条件。《宣言》第6条的文字为后一种解释提供了支持。第6条："法律是公意的表达"，显然属于卢梭式的表达。

这一条似乎明显意味着有必要制定一部保障公意的直接表达的宪法。但困难与后续文字相伴而生："每位公民皆有权亲自或由其代表去参与法律的制订。"如果代表制的可能性（卢梭如此明显地对代表制表示了反对）在这里得到了承认，那么，如何解释对于公意的确认？《宣言》第3条中，对于国民主权原则的表述并没有那么强烈,但它远未消除在这一点上所存在的模棱两可。"整个主权的本原根本上乃存在于国民(nation,又译民族)。任何团体或任何个人皆不得行使国民所未明白授予的权力。"然而,确认整个主权的"本原"(principe)存在于国民,并不必然意味着确认主权的行使因此直接来自国民。正如迪凯努瓦(Duquesnoy)在他的日记中所评论的那样:"第 3 条提出,整个主权的本原存在于国民;这并不准确,应该说:'整个主权存在于国民',实际上,显而易见的是,如果国民只有主权的本原,(那么就会有一种主权,)它并非国民的主权,而且,它出自自身,这既危险,又错误。"制宪议会所接受的表述,掩盖了国民主权原则具有强烈卢梭主义色彩的版本(它是最为激进的议会成员所使用的版本)与穆尼埃领导的温和派所偏好的、单调无力的版本之间的差异。

因此,当 1789 年 8 月底至 9 月初,代表们最终转而就委员会所起草的宪法序言的条文展开辩论时,不少基本问题仍悬而未决。制宪议会考虑了国民主权原则和公意原则,但对于它们的解释,远远没有达到清晰的程度;它将宪法界定为一种用于实现分权的工具,却又不对分权加以界定。此外,它还未能清晰地指出,它是"制定了"法兰西宪法,以削弱君主制,还是在基本原则的基础上,创造出一部新宪法。当代表们就宪法第 1 条("法兰西政府是一个君主政府")进行讨论时,他们不仅在法国君主政府的性质方面存在意见分歧,而且对于他们在这种政府定义中所扮演角色的性质,也存在着意见分歧。对一部分代表而言,以下情况仍属实情:"当人们将他们派到三级会议时,不是对他们说:

您们去制定一部新宪法，而是说，您们去使旧宪法获得新生；您们不要说：将在君主政体之上建立起我们的政府，而要说，将巩固我们古老的君主制。"相反，另外一些代表坚持以下事实：他们是作为拥有主权的国民的代表，为了行使其全部立宪权、为了"制定宪法"而被派来的。关于国王否决权的著名辩论，最终解决了这一问题。一些代表支持基于卢梭模式的国民主权，在他们的压力下，宪法委员会的发言人无法秉承他们的中间立场。由于代表们考虑到这样一种观念，即一部宪法是根据国民的主权意志制定出来的并应符合抽象的政治权利原则，他们最终抛弃了以下观念，即法国拥有一种传统政体，人们至少能在其中发现一部宪法的某些要素，成文宪法能使其原则变得完善，并将其固定下来。辩论的过程揭示了意识形态的原动力（它即将成为未来革命事件的动因），即建立和维持一种与公意直接、立即且始终相关的政体这样一个无解的问题。

宪法委员会的主要发言人，拉利-托朗达尔和穆尼埃在历史与哲学之间寻找着一种中间立场。对他们而言，革命意味着通过消除弊病来使既存政治秩序获得新生，而非建立一种激进的新秩序。在他们眼中，这样一种观点，即作为国民议会，制宪议会负责行使法兰西人民的权力，以重新（de novo）确定其宪法，是毫无意义的，因为它假定有一个先于政府、法律、法官而存在的社会。没什么比以下观念更与他们相左的了：革命是一个新的奠基时刻，在这一时刻，在公意面前，所有既定制度都被搁置了起来。他们也无法将革命想象为一个时间原点，此时，社会先于政体而存在，并独立于政体之外。他们强调，国民议会是由国王召集起来的，

191 国王的权威先于它的权力；它的成员接受了委托，去行动，去与国王同心协力，以阻止君主制堕落为专制。君主尚且在位，并拥有一种先于宪法而存在的权力；因此，制定宪法时，他必须作为其中的一分子："国王对于宪法条文怀有兴趣，负责使它得到遵守，并拥有一种宪法必须去调节而非摧毁的且先于宪法而存在的权力，他对宪法的签署和批准是必不可少的。"此外，穆尼埃坚持认为，倘若国王真的不能拒绝不管什么样子的宪法，他也可以在对议会所提交的宪法表示同意之前，要求议会对其进行修改。他在历史上就拥有一种权利，可以对宪法行使某种搁置否决权。

委员会的发言人为他们的提案辩护，认为这些提案符合君主政府的本质。历史上，国民选择了君主政府，而如今，他们负责让代表确认君主政府；他们还认为，根据历史经验和实践理性，他们的主张完善了这一源远流长的政体。在他们看来，历史经验首先体现为英国的例子，美国最近在宪法选择方面所做出的贡献，则使其变得丰富；实践理性，一部分体现在孟德斯鸠、布莱克斯通和德罗尔姆的论述之中，另一部分体现在亚当斯和利文斯通的论述之中。无论文本还是经验，所有这一切都在提示：为了避免专横和滥用，权力必须分立；各种激情必须互相限制，各种利益必须互相制衡；而且，没什么比唯一的立法议会所拥有的权力更危险的了，这种权力总是易于受到激情和反复无常的支配，对自身做出的决定，它从来不会长期保持尊重。因此，权力的分配和平衡是必要的：一方面是统一于君主个人的且强有力的行政权，另一方面是在君主及代表制两院之间分配的立法权。这一体系的关键是在立法方面保留国王否决权。没有这一权利，就无法在行政权与立法权之间获得平衡，任何用以解决参议院与众议院之间冲突的手段亦不会存在。穆尼埃坚持认为，没有它，国王就不是立法团体的组成部分，而仅仅是"一名听从其命令的行政官［……］；政府将不再是君主制的，而是共和制的。"

这种说法非常具有揭示性。因为，在委员会提案的核心，存在着一种深深的忧虑，它想要限制那种在《人权宣言》中宣告的国民主权原则的应用。"我知道主权原则存在于国民之中，"穆尼埃承认道，"但主权原则的存在与主权的行使是截然不同的事情。"对于委员会的发言人而言，主权权力是在国民中发现其源泉和正当理由的，它的行使必须为了国民的福祉；但它不能由国民直接行使或以统一的方式行使。对他们来说，国王绝对否决权的存在，保障了权力的平衡，只有权力的平衡才能确保政府与人民的利益相一致，并阻止大众暴政中所固有的专横。归根结底，他们偶尔诉诸公意的词语，同时，他们又只将公意视为个别意志相互平衡的最终结果。他们的表述缺少卢梭主义表达中的一个基本要素，即假设存在一种统一意志，在一国国民的自我界定中，这种统一意志是该国国民所固有且先于一切政府的存在而存在的。

然而，对委员会的主要反对者（萨勒、佩蒂翁、格雷古瓦、拉博·圣艾蒂安和西耶斯）而言，没什么比为了一种激情、利益和权力平衡的说法而放弃国民主权原则更错误的了。他们被称为"卢梭主义者"，这不是说他们明确依仗卢梭（在这些辩论中，鲜有人援引那位日内瓦公民），也不是说他们处处亦步亦趋地追随《社会契约论》中的论点；要是按照这种标准，卢梭本人也很难被视为一名卢梭主义者，因为在面对眼前的政治问题时（如在《论波兰政府》中），他也毫不犹豫地改变了自身的观点，尤其是他关于代表制问题的观点。不过，穆尼埃将宪法委员会提案所遭受的反对，归结为卢梭主义的影响，他也并未全错："我们盲目地援引一名哲人的箴言，这名哲人认为英国人只有在任命他们的代表时，才是自由的，他将代表制视为一种奴役。"英国宪法模式最雄辩的反对者们，在制宪议会为宪法问题所纠缠时，将这一问题带到对公意的过激主义解释的语境之中，在这一意义上（且在此范围内），他们是卢梭主义者。他们要求的是重新制定一部宪法以及公意主权的直接表达，在这一意义上，他们是卢梭主义者。对他们而言，这样一部宪法，其目的是确保在公意的基础上持续行使国民主权，在这一范围内，他们同样是卢梭主义者。除西耶斯——他使用了非常不同的语言——外，他们都认为，公意与代表制（不可避免地在大国中）的实践之间的关系存在着根本性的问题，在这一意义上，他们同样是卢梭主义者；对于这一问题，国王搁置否决权的存在能够提供一种解决方法。

宪法委员会提案的反对者，力求赋予《人权与公民权宣言》第3条以全部卢梭主义的意义。萨勒强调："在承认'主权存在于国民'这一原则的同时"，国王绝对否决权的捍卫者"以这样一些话来作为幌子：比这一原则更为迫切的公益，要求改变这一原则；为了法兰西民族而改变它，是尤为有益的，因为法兰西民族不是一个新民族；它惯于被统治；[……]赋予它许多权利是非常危险的。"相反，对萨勒而言，法国人不再是枷锁中的旧奴隶，而是一个凭着革命行动而获得新生的民族。"今天，法国人成为了他们所能成为的全部样子。"卢梭主义者中的其他一些人相信，要将臣民转变成为公民，良好的法律也是必不可少的。但无论他们在这一点上持何种观念，其革命运动观念本身，就禁止他们赞同这样一种观点，即需要国王以任意形式，对宪法表示同意。作为一种由宪法确立的权力，君主政体须由宪法重建，因此，国王不能作为一分子去制定宪法——制定宪法只能是作为制宪会议而行动的国民议会的工作，那些选出了它的人赋予它制宪权，以重新（de novo）创制。"我们身负委托，去更新宪法，或是在旧宪法的瓦砾上制定一部新宪法，"格雷古瓦宣称，"我们如今行使着制宪权。"

因此，从这一革命视角看，人们从特殊利益之间的历史妥协这一英国宪法的基础那里，几乎学不到什么。法国人很晚才恢复他们的自由，但在对自由漫长的追寻中，他们现在拥有一种英国人已经丧失的优势：他们能同时安排宪法的所有部分。在这个必须做出政治选择的关键时刻，扮演着决定性角色的应该是哲学原则，而非历史经验。"我们过于频繁地去援引的历史，是一座军火库，每个人都能在其中找到各种武器，"格雷古瓦坚称。"繁多的事实，常常只是种种原则遭到违背的证明，而非为某种原则提供支持。"在所有这些原则中，最根本的原则是国民公意的主权。

对"卢梭主义者"而言，国民主权并非仅仅意味着国民是一切权力的最终来源，而是意味着这种权力以一种不可让渡的方式直接存在于公意之中。当拉博强调对国民主权原则的过激主义解释所造成的后果时，他是对一种流传非常广泛的观点进行了解释。

首先，作为主权的立法权与作为委托性权力的行政权之间卢梭主义式的两分，取代了作为英国模式特征的权力平衡："他（主权者）所分配的，是行政权；他所保留的，是立法权。"其次，主权者意志统一的特征，顺理成章地带来了统一立法机构的必要性。"既然主权者是全体的集合，它就是一种唯一的存在，因此，立法权是唯一的：如果主权者无法分割，那么，立法权也无法分割。"但是，在统一的立法权和统一的国民意志之间建立起简单的等式，并不能为卢梭主义者掩盖一个棘手问题，即一个人数众多的国民中代表制的必要性；因为人们必须要确保（尽管《社会契约论》对此已有论证）选举产生的立法机构有效地表达了公意，而非表达了各自的团体利益。制宪议会中卢梭主义思潮的主要代表，被迫承认"国民代表的决定并不总是国民自身的决定，它们也可能出错"，由此，他们宣称赞同国王搁置否决权这一观念。搁置否决权不是被理解为共同立法者的行动，而是被理解为一种在国王的行政权能之中，由国王执行的特殊职责；在立法机构的意志与公意之间有不一致的嫌疑时，搁置否决权就起到了诉诸人民的作用。否决权由此成为了国民主权与代议制政府之间革命性妥协的关键。萨勒坚持认为，这种权利与"一个只能由受托者来行使主权的政府的本质［……］"完全一致，它将主权留给了人民，且毫无不便之处。

在这一构思中，搁置否决权只是一种机制，它使得在初级议会中能直接诉诸人民（这被视为公意的终极表达）以反对代表们所属小团体的特殊意志。人们从中可以看到，卢梭主义者既接受了在一个大国中实行代表制的必要性，又坚持对这种代表制的不信任。但直接诉诸人民真的可能吗？人们发现，在那些认为不可能的人中，不仅有穆尼埃，还有西耶斯，这位理论家比其他人都要多地将卢梭式的国民主权观念引入议会辩论之中。西耶斯充满激情地反对一切形式的国王否决权，无论是绝对否决权还是搁置否决权。他对搁置否决权的反对，正是基于以下观点，即诉诸人民的想法无法与国民主权原则和代表制实践相互兼容。

西耶斯强调：由于一个大法官管辖区中的选举人的意志，与作为总体的国民的意志相比，必然是一种特殊意志；那么，一名代表，拥有作为国民代表的资格，他就绝不能屈从于这种特殊意志。他指出，将国民代表的立法决定诉诸于所有大法官管辖区——它被视为作为整体的国民的立宪团体——是不可能的；由此，西耶斯否定了搁置否决权支持者的论点。"我知道，一方面因为差异，另一方面因为混乱，人们最终认为，国民的愿望似乎与国民代表的愿望毫不相干，"西耶斯坚持，"仿佛除了通过代表外，国民还可以以其他方式发言。错误的原则在此变得极度危险。"鉴于在像法国这样一个人口众多的国家中无法实行直接民主，诉诸人民，就必然采用付诸特殊团体的集合体这一形式，而非诉诸公民共同体。这将"不亚于把法国肢解、分成小块、撕成无数个小的民主国家，它们之后只能通过一种全体的联邦结合起来。"如果法国要继续作为一个由统一公意所推动的独一政治体，那么，公意就只能通过国民议会来表达。"人民或国民只有一种声音，即国民立法机构的声音[……]。作为一种失策的表述，'诉诸人民'这一表达方式是糟糕的。人民，我重复，在一个非民主制的国家中，人民只有通过代表才能讲话，才能行事。"

从这一观点出发，西耶斯这位制宪议会成员中唯一一位对代表制有着严密论述的理论家，超越了对于代表制政府更为约定俗成的卢梭主义观点。按照后者，代表制只是一种权宜之计，是用以替代一种民主制，即在一个人口众多的国家中，由大多数人的专横法律强制实行的民主制。在西耶斯的设想中，公意统一的特征，不仅意味着它只能在统一的国民议会的框架中得以表达，还意味着这种意志无法存在于议会之外。他使用了一种不同寻常的语言，并且将代议制的实施视为现代社会劳动分工的自然结果，将其视为一种把源于启蒙运动的社会进步所带来的福祉扩展至政治社会的手段。既然在现代社会中，大多数人只是承担着日常任务的"劳动机器"，那么，将立法工作托付给那些享有更多闲暇、接受了更多教育和有着更好的判断力的人，"比他们自己更了解公共利益、更能从这种角度出发解释他们自身的意志"的人，就合乎大多数人的利益。在西耶斯看来，对于智识能力不平等的强调，是代表制理论的本质特征，它使得付诸人民的观念失去了内在一致性。代表们以他们优越的判断力为基础，为了行使社会职能而当选，如果他们不得不服从于选举他们的那些人的意志，那么，代表们是无法做出合乎理性的决定的；不应该将他们对于公意的开明表达反过来诉诸在初级议会里所表达的、不太知情的特殊意志的总和。

因此，在 1789 年 8 月底、9 月初关于宪法的辩论中，代表们要在三个选项中做出选择。要么赞同源于历史并经过改良的宪法，其中，君主权力和国民代表在一个权利平衡的复杂系统内互相制衡。要么制定一部全新的激进宪法，这部宪法基于国民主权原则，将唯一的立法议会和由国王代表的从属行政权分割开来，并将国王搁置否决权作为能调和公意理论和代表制实践的关键机制。最后，要么实现西耶斯所提出的版本：一部同样通过国民主权的行动而重新（de novo）制定的宪法，不过公意的最终表达不是如同在初级会议那里，存在于诉诸人民之中，而是存在于统一的代表团体的理性磋商之中。9月中旬，充满争议的投票使得这些围绕根本问题展开的激情澎湃的辩论告一段落，在此期间，西耶斯反对搁置否决权的理由，并不比穆尼埃赞同绝对否决权的理由更有影响。制宪议会否决了宪法委员会提出的，以国王绝对否决权来保障权力分立和制衡的建议，它声称赞同唯一的立法团体、由国王代表的隶属行政权以及国王的搁置否决权。这些决定对法国大革命的性质和动力产生了巨大影响。

宪法问题上的选择所带来的首个影响，在1789年9月中旬得以显现，那就是对于宪法的卢梭主义激进定义获得了胜利。如果在这一点上，有人仍心存疑问的话，那么，这些疑问也很快为10月的事件所驱散，这些事件一劳永逸地解决了以下问题，即某种形式的国王对于宪法的同意是不是必需的？在制宪议会的敦促下，路易十六于10月1日接受了《人权宣言》及已经为议会采纳的宪法条文，10月5日，他进行了回击，表示只有在有保留的条件下，才应允"获得"（accession）——而非"接受"（acceptation）——它们。这个条件就是，宪法一旦完成，它就应保证全部行政特权都要掌握在君主手中。很多代表认为，这种带有条件的回复是不可接受的，甚至是"模棱两可和阴险狡诈的"。这些代表强调,在国王今后修改宪法或反对宪法,甚至摧毁宪法的可能性得以保留时,它就会形成威胁,导致自由被颠覆、专制恢复、国民主权原则本身被取消。"国王的回复是破坏性的,不仅破坏了整部宪法,而且破坏了拥有一部宪法这样一项国民权利,"罗伯斯庇尔宣称,"他可以为宪法强设条件,他就有了阻止那部宪法的权利。他将自己的意志置于国民的权利之上。"佩蒂翁则反驳了所有将宪法视为国王与国民之间的契约的观念,以此,他重申了立宪权力机构之于依宪所设权力机构的优势:"人们说,在国王与国民之间存在着一种社会契约。我否认这一原则。国王只能根据国民提呈给他的法律来统治。"这些理由说服了议会,就在来自巴黎的妇女代表团出现之前,议会表决决定要求国王"单纯接受"宪法条文。一个由代表及示威者组成的代表团,将议会的要求以及妇女们对于面包的要求带进凡尔赛宫;在民众暴力的威胁下,路易十六接受了议会的要求。制宪议会还要用近两年的时间完成其工作,让宪政革命最根本的任务得以完成。根据三天后制宪议会决定的新称呼,路易十六不仅仅 "凭着上帝的恩赐",还"凭着国家的宪法"成为了法国人的国王。从制定传统形式的君主制宪法出发,制宪议会走到了采取决定性行动,在国民主权的基础上组织并建立起一种君主立宪制。

但如果人们能够根据国民主权的原则重新制定一部宪法的话,那么,他们能以同样的原则废除它或更换它吗?如果民众的行动能以国民的名义,强制人们接受宪政原则;那么,一旦这些原则得以接受,民众的行动还能强制人们修改或放弃这些原则吗?两年后,在国王出逃瓦伦和马尔斯校场枪杀事件之后反民众的氛围中,这便成为了大部分代表最大的担忧。议会决定了将来修宪的方式。当议会在1791年宪法中宣称"国民拥有不受时效限制的权利,去修改其宪法"时,还附加了一个具有重大后果的"但是":修宪权只涉及"经验已揭示其不利之处"的特定条款;此外,只有在连续3届立法机构都表示赞同时,这种修改才成为可能。修宪议会应由第4届立法机构组成,该机构增补了为了这一任务而特别选出的成员。当有修宪的需要时,有关此事的公意应该由立法团体本身在明确的条件下做出表达。在释放出国民主权原则之后,如今,国民议会却不知道该如何对其加以控制了。

制宪议会在1789年9月中所做的决定产生了第二个后果,使得上述问题变得更加复杂。代表们实际上接受了以下原则,即以主权者意志的行动来制定一部宪法,同时,他们又拒绝了西耶斯的提议,即应以明确的方式,将国民主权的表达寄托于国民代表团体。由此,他们从所提供的三种解决方法中,选择了最不稳定的一种:卢梭主义原则和代议制实践之间问题极大的结合。国王搁置否决权旨在通过最终诉诸人民,来填补主权与代表制之间的鸿沟。在实践中,这会使能表达公意的潜在候选人大大增加,因而只是让这个旨在解决的问题变得更加复杂。

当宪法在1791年最终被采纳时,在解决宪法僵局方面,它仍隐含着一个巨大矛盾。为了保护国民主权免遭代表制的侵害,它允许国王在两届立法机构任期内,对议会通过的法令使用否决权——议会由此陷入瘫痪。但是,为了保护宪法自身免遭以国民主权为名所进行的民众行动的危害,它要求议会在三届立法机构期满之后才能修宪。这些安排解释了合宪性原则与国民主权原则之间存在的冲突。1792年8月10日革命的前一周,这种冲突忽然爆发。

正如布里索所指出的那样:由于否决权的存在,1791年宪法只有在"一位革命国王"下才能发挥作用。然而,自从1792年春天它出现后,路易十六对否决权的行使,便妨碍而非扶持了国民的主权意志。不单单是国王,就连宪法自身都处于危险之中。民众诉诸国民主权原则要求国王停职或废黜国王的呼声日益高涨,但在议会中遭到谴责,议会说这些要求是在颠覆一部完全没有防备此类形势的宪法。代表们坚持只能以合乎宪法的手段来拯救宪法,但是他们无法在这些手段的性质上达成一致。而且,就在他们犹豫不决的时候,民众要求采取行动反对国王,随之而来的是要求立即采取行动更换宪法——这些要求还包括反对1791年宪法在修宪方面所设定的限制性条文。在1792年7月25日的一次会议上,伊斯纳尔将这些条文视为对以下事实的补充说明:"世间任何民族,都无法做到将主权委托于他人——哪怕只是委托于他人片刻时间——而那些被委托者又不会试图奴役他们。"他在这一点上同意沙博(Chabot)的观点,坚持认为:"法国人民将始终拥有一种无可争辩的权利,可以在他们判断为合适的时候去更改宪法。"8月4日,一份来自于莫孔塞伊区的请愿书宣称用合乎宪法的手段是无法拯救革命的,并且宣布宪法本身已不再可以被视为公意的表达。一份在马尔斯校场签字的请愿书,以同样的逻辑宣称,在出逃瓦伦事件后,制宪议会所做的决定都是无效的,它还诉诸1791年宪法及《人权宣言》的原则。巴黎人在8月6日向议会提交了请愿书,他们要求废黜国王、举行制宪会议（Convention constitutionelle）的选举、实施革命动员方案；实施所有这些措施的正当理由是："祖国在危急中，我们要回到革命中去。"1791年宪法在1792年8月10日遭到破坏，这不过是重启革命的呼声顺理成章的后果。

君主制被推翻，法国政府变成激进的临时政府——这远远早于1793年10月10日国民公会正式宣告，法国将"保持革命政府，直到恢复和平为止"。1792年8月10日对国民主权的革命性重申再次开启了一个革命与宪法之间的概念空间——不到一年之前，制宪议会在结束审议程序、宣告革命与宪法都已完成时，曾经急切地封闭这一空间。正是在这一空间中，恐怖统治得以粉墨登场，之后我们将看到新的努力前赴后继，旨在再次带着大革命寻找另一部宪法。

所有着一切都意味着，国民议会在1789年9月中旬所做的宪法选择，还有第三个、亦即最后一个后果。议会接受了搁置否决权，在某种程度上，这就意味着议会拒绝了西耶斯为了支持一种基于劳动分工的代表制理论而提出的种种理由；意味着它实际上拒绝了一种基于承认理性、职责及利益的不平等分配的社会话语，转而赞同一种基于统一公意理论的政治话语。用更为通俗的话来说，就是议会选择了政治意志的语言而非社会理性的语言，选择了一致性的语言而非多样性的语言，选择了公民美德的语言而非商业的语言，选择了绝对主权的语言而非人权的语言。这就意味着，它最终选择了恐怖统治。

基思·迈克尔·贝克（Keith Michael Baker）

延伸阅读

CARCASSONNE, Elie. *Montesquieu et le problème de la constitution française au XVIIIe siècle*, Paris, Presses universitaires de France, 1927.
DUCLOS Pierre. *La Notion de Constitution dans l'œuvre de l'Assemblée constituante de 1789*, Paris, Dalloz, 1932.
EGRET, Jean. *La Révolution des notables. Mounier et les Monarchiens, 1789*, Paris, Armand Colin, 1950.
LEMAIRE, André. *Les Lois fondamentales de la monarchie française d'après les théoriciens de l'Ancien Régime*, Paris, 1907.
VALENSISE, Marina. «La constitution française», in Keith M. BAKER (sous la dir. de), *The French Revolution and the Creation of Modern Political Culture*, t. 1, *The Political Culture of the Old Regime*, Oxford, Pergamon Press, 1987.

参见条目

革命议会（Assemblées révolutionnaires）
波拿巴（Bonaparte）
人权（Droits de l'homme）
三级会议（États généraux）
孟德斯鸠（Montesquieu）
美洲革命（Révolution américaine）
罗伯斯庇尔（Robespierre）
卢梭（Rousseau）
西耶斯（Sieyès）
主权（Souveraineté）

教士公民组织法
Constitution civile du clergé

1790年6月表决通过的《教士公民组织法》整合了一套新的安排,制宪议会希望通过这些安排,将法国教会重组为一种世俗机构。这带来了两方面的问题:一方面是在新法国,教会和国家之间存在何种关系?另一方面是法国教会和教廷之间存在何种关系?因此,《教士公民组织法》的通过以及这一法律文本的面世,构成了大革命政治和宗教史中的重大日子。它们尤其标志着大革命与天主教传统的分离,这一分离造成公共舆论的深刻分化,并为反革命行动提供了首支军队。

的确,从1789年夏天起,我们就能看到种种端倪,因为天主教会是夏秋改革浪潮的主要牺牲品。8月4日,作为"封建权利"的所有者,它遭受损失,但根据习惯法,这些权利应该得到相应的补偿。更为麻烦的是,在随后的日子里,什一税被废除,但这是没有补偿的,与适用于所有其他被废止的权利的规则相悖。这一例外让始终坚持法律面前人人平等的西耶斯颇感愤慨;米拉波则证明这种例外的正当性,他认为,教会提供的服务(济贫和教育)具有公共性,从什一税为此提供资金的角度看,它是一种过高的捐税，国家有权废除它。

但更糟的事情即将到来。教会也要出资弥补政府赤字，后者正是三级会议得以召开的原因。1789年11月2日，在奥顿（Autun）主教塔列朗的提议下，制宪议会将教士的财产置于"国家的处置之下"，用以支付国家债务。议会再次援引公共服务的观念对此举的动机加以陈述：教会不应被视为其财物的真正所有者，它只是财物的使用者，使它可以完成一些职能，这些职能本身是可取消的。此外，没收天主教会的财产，在欧洲历史上并非没有先例：英国国王和德意志诸侯在新教的旗帜下，都做过此类事情，更近的例子是路易十六的内兄，奥地利的约瑟夫二世，他也以开明专制的名义这样做过。法国的情况是，1789年的革命者，作为个人，并非特别地反教士，作为群体，也绝不反宗教；他们不过是想一石二鸟：通过剥夺一个旧制度特权等级所拥有的财产，来解决公共债务问题。

但当他们这么做了之后，就会被卷入一种逻辑之中，他们也许并未预见这种逻辑所造成的种种强制手段。譬如，倘若教会只是一个服从于公民权力机构的裁定权的团体，那么，该如何看待存在于教会内部的团体，如修会？又该如何处置它们？1790年2月，制宪议会的教会委员会通过了一项决议，该决议规定法律不再承认修道誓言，并准许任何希望离开修道院的人自由离开。在讨论过程中，南锡主教勒法尔（Le Fare）希望制宪议会承认天主教为国教，但议会否定了这一动议。于是，讨论转至将由谁来管理"处于国家的处置之下"的教会财产。辩论气氛紧张，有时还很激烈——尤其当制宪议会再次拒绝承认天主教为国教时更是如此；最终结果是，教会财产将由所在省和区（district）的新行政机构接手。正是在这个关键时刻，前一年夏天表面上的团结一致破裂了。

当时，大多数教士及信众赞同"爱国者"这一理由。可无论是废除什一税，还是11月2日的表决，都对普遍的热情产生了深远影响，它们甚至波及教会—国家关系。教士等级继续扮演着它在前一年春天，三个等级集会时所扮演的民族性角色；况且，它已经从大革命中受益：在充满激情的1790年年初，制宪议会批准了维护天主教信仰的预算，对大部分本堂神父而言，这一预算意味着生活的改善。即便那些更像行政长官而非神父的高级教会显要，如艾克斯大主教布瓦热兰（Boisgelin）、波尔多大主教尚皮翁·德·西塞（Champion de Cicé），也能在没有那么多困难的情况下，和国家进行谈判，因为旧制度下就已让他们对此做好了准备。他们尽管对新原则并无热情，但至少也从中发现，他们习惯上承认为国王所拥有的世俗主权，现已转移到人民手中。

对第三等级的法学家而言，有关高等法院反对唯一诏书[①]的斗争的记忆以及冉森派传统，的确加强了高卢主义精神。对罗马及任何形式的教皇干预的敌视，在他们中间广泛传播；与此相联系的是一种决心，即无论在世俗事务上还是在宗教事务上，都不接受任何有权裁判议会法令的上诉机关。因此，在国民主权优先于罗马这一点上，大革命和法国教会有着共同的政治立场，不过，

---

① 唯一诏书（Unigenitus），罗马教皇克里门特十一世1713年所颁布，宣布冉森教派是异端。

当涉及天主教义和教皇权威,这种共同的政治立场也会变成相关原则发生冲突的场所。修会誓愿在法律上完全无效,这在2月就让人预感到冲突即将来临。虽然法国国王在18世纪常常就修会立法,但他们从未破坏修会誓愿这一原则。所以,问题在于制宪议会的表决,是否构成了世俗权威对于属灵权威令人无法接受的侵犯。

制宪议会正冒险走在一条逐步通向对天主教会进行激进立法改革的道路之上;两个不同类型、但同样重要的补充要素,增加了这一冒险所具有的不确定性。第一个要素是,部分舆论开始对于打击宗教传统表示不满。这恰巧发生于南方的塞文山区,在那里,天主教徒面对着新教少数派,大革命则唤醒了有关宗教战争的古老记忆。全体居民一致庆祝1789年7月,可是从11月起,宗教对抗的幽灵就在四处游荡,它让失势贵族第一次获得了民众的支持。热尔勒(Gerle)长老——这位加尔都西会修士,既是"一名热忱的爱国者,又是名毫不逊色的虔诚天主教徒"(米什莱语)——提议应宣布天主教为国教。4月13日,他的提议遭到拒绝,这在尼姆及周边地区引发了冲突。一个审慎、但同样坚定的强大新教资产阶级,发现自己面对着一个被煽动家煽动起来的天主教平民阶层,这宛如16世纪的再现。

另一个要素当然是教皇的态度。庇护六世出身贵族,作为一名教士,他视野狭隘,且耽于奢侈,绝非罗马传统的化身,也就是说,大革命远离他的心灵世界。他对于新精神的敌视,并不必等到8月4日之夜(这一夜,他失去了"圣职者首年捐",这是一种当授予某些有俸圣职时,由罗马教廷收取的捐税)。不过,自 1789 年夏天起，法国所发生的事件在他的阿维尼翁臣民中引发了革命动乱，在教廷的法国飞地孔塔也引起程度较轻的动乱。罗马教廷不仅通过法国教会，而且通过教廷的法国领地遭到打击。1790 年 3 月 29 日，庇护六世听从法国大使、前枢机主教贝尔尼①违背其职责的建议，在一次秘密枢机主教会议上谴责《人权宣言》的原则。矛盾持续发酵，但尚未公开化。

在巴黎，没有人认为法国马上就会同罗马发生冲突，甚至没有人认为一定要同罗马发生冲突。无论是制宪议会的教会委员会中的那些人（从 2、3 月起，他们就在思考对于法国教会的行政重组），还是法国教会的高级教士（他们并非兢兢业业为罗马教廷服务的人），都没有预料到会出现无法解决的冲突。历史学家（例如政治立场颇为不同的普雷桑塞和马迪厄）重构了这段历史，并指出对当时的人而言，它是无法预测的，也是意料之外的。《教士公民组织法》并非一部旨在摧毁天主教会的反教士法。它也没有一下子就让法国主教们陷入一种神圣的愤怒之中。即便它的确是大革命和教会分道扬镳、成为死敌的起点，但在 1790 年春天，还没有人知道这一切。制宪议会因这项法令逐步深入大革命和教会之间的冲突，可它从来都不希望看到那些后果。

议会辩论自 5 月底持续到 7 月中旬，并从中诞生了《教士公民组织法》；大部分历史学家常常对这场辩论感到失望，这也许源于以下原因：辩论本身似乎与辩论中所涉及的而且在未来展开的焦点问题并不相称。"辩论既不机智亦不深入，"米什莱写道。

---

① 贝尔尼（Bernis），主教，法国驻罗马大使。

他只注意到辩论领袖之一、冉森派人士卡缪（Camus）提出的一个重要观念："我们是国民会议。我们当然拥有改变宗教的权力；但我们不会去使用它。"对于米什莱来说，这位巴黎代表一刹那就隐约打开了一个空间，让米什莱在其中仿佛梦见一种大革命的宗教；在他看来这正是革命宗教的时刻，却未成为现实。因为在这个刚提出就被收回的主张中，他看出了制宪议会在属灵事务上的瞻前顾后。和之前的国王一样，制宪议会所痴迷的是其唯一的主权。实际上，尽管对于这部将成为《教士公民组织法》的法律提案，制宪议会进行了漫长且谨小慎微的讨论，但当面对新原则与旧宗教的关系这一重大问题时，讨论就显示出某种思想上的枯竭。由政治家、法学家和熟悉诉讼程序的人所进行的这场讨论，一方是精疲力尽、被降服、几乎世俗化了的天主教；大革命一方则紧握全新的权力，并以绝对主义为典范来构想这种新权力。

法律草案包括4编。第1编提出以新教区取代旧教区，新教区的划分效仿将法国分为83个省的新划分法。主教从130人减至83人，大主教不超过10人。所有传统头衔和职务、教士俸禄、议事司铎的头衔和收入、修道院、教务会等均被取消，由此，教士职位分派得以简化，并变得合理。从今往后，主教权力将是集体式的，每位主教需在一个必须由副本堂神甫组成的常设委员会的协助下，行使管辖权。该编第5条解除了法国教会对任何外国主教或大主教的服从，如有必要，也包括对罗马大主教的服从。第2编则更具革新性，它规定在教会职位正式人选的任命中，以选举取代合乎教规的通用方式。所有选举人都能参加投票，这在选主教和本堂神甫时是必需的。作为国家雇员，主教和教士有义务宣誓效忠于宪法。第 3 编确定了神职人员的薪酬方案，它在相当程度上削减了其薪酬。第 4 编要求神职人员住在他们所服务的地区，并接受市政当局的管控。

由此，宗教秩序与公民秩序保持了一致，教会大厦效仿奠基于宪政主权之上的国家大厦，这种主权的合法性源自民众选举。宗教秩序与教廷的联系被割断。它如今完全依赖于世俗权力机构。

面对如此大规模的改革，布瓦热兰所领导的反对派，鼓吹国家在属灵事务上并无管辖权。5 月 29 日，在辩论之初，这位埃克斯大主教便提出，只有公民形式和教规形式相结合，世俗权威和属灵权威互相协作，方能更改教会戒律的传统规定。一个涉及主教权力或教士选举等基本基督教传统的文本，应由法国教会的民族委员会及大公教会的首脑批准。

次日，巴黎代表特雷亚尔对这一观点进行了首次反击。他将大革命对于旧制度的诅咒延伸至教会组织。他谴责教会组织是无序和滥用的混合，这些无序和滥用只能经由世俗权力机构审判。接着，他立刻示意，在这场辩论中，教会即将为深深卷入旧秩序之中、为它与昨日权力相互勾结付出高昂的代价，而非为宗教本身付出高昂的代价。此外，如果这一宗教愿意以教士选举来恢复那些更接近其源头的规定的话，它会比教会委员会里那些人更好地捍卫精神吗？因此，质疑主权者之于教规的绝对权利，是毫无理由的，君主制一直以来的传统就证明了这一点。5 月 31 日，卡缪重启辩论，并将其扩大，他同时援引了原始基督教的传统和法国的公法传统，对委员会的法律草案予以双重祝福：仁慈与必需："服从国民主权权力机构，不仅仅是一种必需的义务，也是一种

214 仁慈的责任。让我们这个世纪的牧者都坚信这样一些原则吧。这些原则激发了教会在最初几个世纪所秉承的原则……这一宗教在法国将如同它当初在非洲时一样纯洁。"冉森派假这位教士团体的辩护人之口,对于唯一诏书以来,教会和君主政府对他们的侮辱和迫害进行了报复。

对于条文的讨论始于6月1日,漫长而沉闷,不时为同样列入当日议程的其他文本和辩论所打断。格雷古瓦神父争得在第1编第5条中保留教皇权利。之后,争论最为激烈的是以下两点:教士选举及对于本堂神甫的捐助(本堂神甫们希望保留本堂区上的小块地产)。然而,6月中旬,教会委员会最终投票通过了6月中旬草案里的基本内容。整个草案于7月12日得以通过。

尽管这一法律文本动摇了所有教会组织,但由于法国国王已经让教会对于世俗权力的巨大优势习以为常,所以,对于这样一个教会而言,该法律也并非不可接受。再说,不久前,约瑟夫二世就已迫使奥地利教会臣服于类似的粗暴改革。大部分主教表示对《教会公民组织法》持保留意见,但教士群体中的大多数人准备接受它。此外,几乎所有高级神职人员都处于观望状态,他们不希望继续因为姓氏而被人怀疑为贵族,对改革是否最终合乎教规也不确定。正是在尚皮翁·德·西塞和布瓦热兰的建议下,路易十六和往常一样在犹豫中签署了这一法令。

215 然而,对教会来说,有一个条件是不可或缺的,在辩论中已经清晰地揭示出来,那就是:这场国家希望并决定进行的改革,必须得到某种属灵权威的批准。制宪议会拒绝召开一个全国主教会议。批准权便留给了教皇，当时教皇正全力应付阿维尼翁事件，在他对于大革命的谴责中，他越来越少倾向于将属灵权威和世俗权威区分开来。出于对阿维尼翁局势及法国主教处境的谨慎考虑，直到1791年3月10日教皇才谴责《公民组织法》，但他的反对态度在1790年夏天就已为人所知，并在很大程度上被不知疲倦的贝尔尼用于谋求私利。

此外，法国一般的天主教徒比教士更早变得紧张不安；他们为不宽容及密谋所鼓动，因该法律中所有涉及新教徒和犹太人的革新而感到惊恐，并对制宪议会拒绝承认旧教的"国教"地位（这将为其保留某种特权地位）表示愤慨。不宽容的传统在其植根最深的地方，尼姆、于泽（Uzès）及蒙托邦（Montauban）等部分南方新教城市卷土重来。6月中旬，正值制宪议会对《教士公民组织法》进行讨论时，尼姆爆发了一场持续几天的内战，天主教势力在不利情况下战败，并遭到屠杀。

夏末，整个法国局势恶化。各省颁布了《教士公民组织法》，在外省，春季新当选的行政机构对它表示了支持，这种支持有时具有一种好斗色彩。俱乐部和民众社团躁动起来，要求立即实施这一法律。与之相对，天主教徒逐步转持敌对态度。制宪议会中的主教代表在10月30日打破沉默，出版了《论教士公民组织法原则》一书，正式驳斥了7月所通过的法律文本。此时，暴力仍属例外，但平静的局面朝不保夕。面对这种局势，制宪议会选择继续前行。11月26日的法令给在职教士两个月的时间向宪法宣誓，由此也是向包含在宪法之中的《教士公民组织法》宣誓。

这是分裂的信号，也是分裂的开始。

216

制宪议会中 1/3 的教会成员承诺于 1791 年 1 月宣誓。按照那个时代的术语,只有 7 名主教"宣誓"(jurèrent),其中有 3 位是"挂名主教"(in partibus)。然而,大麻烦不再是在制宪议会之中,而是在全国。11 月 26 日法令的颁布和 1791 年初的宣誓仪式,几乎在所有地方同时引起了赞同《教士公民组织法》的骚乱和反对《教士公民组织法》的骚乱。在民众支持教士拒绝宣誓,甚至要求他们拒绝宣誓的地方,骚乱尤为严重。在巴黎,情况自然截然相反:有组织的民众对犹豫不决或表现出厌恶的教士施加压力,迫使他们迈出那一步。在一个安排进行宣誓的礼拜日,一大群民众闯入圣絮尔比斯教堂,威胁那些抗拒宣誓的本堂神甫;他们在一片"不宣誓,就吊上路灯杆"的呼喊声中,成功地逃走了。但在阿尔萨斯,在中央高原,尤其在维莱(Velay)和鲁埃格(Rouergue)这些信仰天主教的高地地区,在西部,尤其在 1793 年将成为"军事旺代"的地区,那个武装叛乱的矩形地区,民众猛烈反对宣誓仪式,常常是地方权力机关、市长或市政官员被迫让步。美国历史学家谭旋(Timothy Tackett)对这些骚乱进行了系统分析,他很好地展示了宣誓事件在何种程度上触及那个时代法国人社会生活中最基础、最根本的层面,即堂区共同体。要将每种情况中,属于本堂神甫个性的部分和属于堂区民众的宗教态度的部分梳理清楚,这绝非易事。然而,毋庸置疑的是,人们至少可以根据拒绝宣誓的地理分布,绘出一张民众抵抗大革命的全国分布图。

抵抗如此有力,如此广泛,以致于制宪议会不得不弃卒保车。实际上,在 1791 年 1 月 4 日选择决不妥协后,制宪议会就降低了要求,允许拒绝宣誓的教士留在他们的堂区,直到被替换(并保证他们在任何情况下都能获得一小笔年金）。5月7日，它通过了一项"宽容法令"，让巴黎省政府在4月所采取的一项措施成为了法律，根据该措施，拒绝宣誓的教士可以在"宪政派"教堂中举行弥撒。这一措施更多是"冻结"局势，而非寻求改善局势。它只是在法律上承认了《教士公民组织法》给大革命造成的政治和宗教僵局。实际上，在夏初，所有人都清楚地看到了教皇对于该法律的敌视，"教会公务员"一职不再有模棱两可之处：拒绝宣誓的教士要么已经被替换，要么即将被替换。不过，他们仍居住在村庄或社区，制宪议会出于稳定局势的愿望，最终不得不接受两个教会并存的局面，其中，只有一个教会是合乎法律的。制宪议会想结束大革命，但它却为反革命提供了骨干和军队。

实际上，在过去的25年间，有众多著作致力于寻找农村反革命的某种社会原因或社会经济原因，但这些作品最终都得出否定性结论或经不起推敲的结论。1793年起来反对大革命的地区和社会群体，在1789年，并不比其他地区和其他群体更赞同旧制度。来自于未来舒安党人活跃的地区或"军事旺代"的堂区的陈情书，和其他由法国乡村社区起草的文本一样，敌视封建捐税。将农民的反革命——自1793年的种种事件起，我们就能由果溯因地观察到它——归咎于城市与乡村、资产者与乡下人之间的特殊对立，也几乎是不可能的。因为旺代冲突期间引人注目的这种对立，其实相当普遍，而且它有着各种各样的形式。例如，奎尔西的农民，在1789年8月4日之后，继续为以无需赎买的方式废除封建杂税（redevances seigneuriales）而斗争，而全然不顾新城市行政当局的权威。而在1793年，奎尔西并未起来反抗巴黎和其他城市的独裁。更东边，在洛泽尔，此时则开始了一场暴动。况且，只要与领主父权式的敲诈勒索相比，地方首府的新统治者在文化上对于乡村的傲慢稍微显得令人更难以忍受，这种城乡对立也许就更多是政治上而非社会上的了。

在解释反革命因素时，我们似乎不能将宗教因素归结为另一个层面的现实。相反，显而易见的是，这种宗教因素迅速被转变为政治问题，因为在法国，绝对君主制和大革命先后将天主教会变成了国家的附属品。宣誓危机只不过是以一种更加激烈、极其广泛的形式，重演了旧君主制与冉森派教士关系史中的一些片段，譬如"忏悔诏书事件"。1791年，正是整个天主教会，为它和绝对主义国家之间的契约付出了沉重的代价，因为冉森主义以高卢主义为名的复仇，只不过是强化了教会在政治上的从属地位。此后，全体教士都被责令在巴黎和罗马之间、在教会普世性和公民身份之间、在内在信念和国家权威之间做出选择。在教士身后，或者和他们肩并肩的，是这个天主教国家数以百万计的信徒，他们理解并拥抱这个宗教和政治无法分离的困境。

如果有人还想了解为什么1790—1791年间在这两重困境中形成的矛盾会如此深刻，他只需思考一下冲突会持续到什么时候就可以了：在20世纪中期的法国，近似于政治右派分布图的宗教活动分布图，仍与1791年拒绝宣誓教士的分布图非常接近。

法国在政治上对于教士和反教士的二分，将如此长期地在19和20世纪存在下去，这种二分法阐明了1791年宗教论战的深度。天主教传统提供了比对于君主制的忠诚更为持久和有效的思想与激情。在19世纪，米什莱和基内以各自的方式，批评大革命既然与教会开战却又不力图根除天主教信仰。前者希望大革命自身能成为一种崇拜；后者希望它创造出一种与自由精神和谐一致的新宗教。但大革命能做到吗？在 18 世纪末，它离宗教改革太远，以致无法让一种自创的新教派别扎根，可它离冉森派的战斗和高卢主义的遗产又太近，以致无法在政教分离的基础上，创立一种具有自身价值的世俗信仰。从这一双重僵局中，诞生了一种反天主教的革命文化，它浸染着天主教精神中所有的不宽容。

弗朗索瓦·孚雷

延伸阅读

La Gorce, Pierre De. *Histoire religieuse de la Révolution française*, 5 vol., Paris, Plon-Nourrit, 1909-1923, t. 1(1909).

Latreille, André. *L'Église catholique et la Révolution française*, 2 vol., Paris, Hachette, 1946-1950.

Leflon, chanoine Jean. *La Crise révolutionnaire, 1789-1846*, t. 20 de *l'Histoire de l'Église depuis les origines jusqu'à nos jours*, fondée par Augustin Fliche et Victor Martin, Paris, Bloud et Gay, 1951.

Mathiez, Albert. *Rome et le clergé français sous la Constituante*, Paris, 1911.

Pressensé, Edmond De. *L'Église et la Révolution française. Histoire des relations de l'Eglise et de l'État de 1789 à 1814*, Paris, 1864.

Quinet, Edgar. *Le Christianisme et la Révolution française*, Paris, 1845; rééd. avec texte établi par Patrice Vermeren, Paris, Fayard («Corpus des œuvres de philosophie en langue française»), 1984.

Tackett, Timothy. *La Révolution, l'Église, la France*, trad. de l'anglais par Alain Speiss, préface de Michel Vovelle, postface de Claude Langlois, Paris, Éditions du Cerf, 1986; éd. originale: *Religion, Revolution and Regional Culture in Eighteenth-Century France: The Ecclesiastical Oath of 1791*, Princeton, Princeton University Press, 1985.

VAN KLEY, Dale. «The Jansenist Constitutional Legacy in the French Prerevolution», *Historical Reflections*, t. 13, 1986.

参见条目

革命议会（Assemblées révolutionnaires）
国有财产（Biens nationaux）
反革命（Contre-Révolution）
非基督教化（Déchristianisation）
路易十六（Louis XVI）
米拉波（Mirabeau）
革命宗教（Religion révolutionnaire）
西耶斯（Sieyès）

省
Département

  行省或简称省（Département）作为法国基本行政区划单位，已经存在两个世纪了，尽管我们在学校里不再学习所有省份的名字。在这两个世纪，法兰西国家的基本功能被纳入其空间之中。在这两个世纪，虽然行省具有稳定性，但它也使大量论战文献面世。大革命对空间的重新安排，很快得以实现：这个诞生于1789年8月4日的计划，9月7日得以实施，并于次年2月26日完成，此时，省、区（district）和省会区府的边界和名称都已确定。不过，这一计划同样很快遭到更改。山岳派及拿破仑帝国所推行的中央集权，深刻地改变了制宪议会所构想的省。结果，人们以非常不同的方式，理解和解释了这一区划安排。

  这是一场轻松的改革还是一场粗暴的改革？柏克是第一位指出其外科手术式的特征的人："这是我们第一次看到人们以如此野蛮的方式，将他们的国家分为小块。"然而，托克维尔反驳道：人们并非在活着的身体上进行手术，"人们只是把尸体切成了小块。"他由此认为，令人惊讶的是有人会对一切完成得如此容易感到震惊。

所以，这场改革是一种延续还是一种断裂？如果有人熟知那个世纪的思想，尤其是重农主义的思想，熟知某些陈情书的文本——实行新区划的意愿、大革命时期的改革者念念不忘的1787年省议会（assemblées provinciales）这一机构、甚至是1764年进入埃克斯皮里所编词典① 中的"省"（département）这一词，在其中都有所体现，他们就会试着得出连续性这一结论。长期以来，旧制度复杂的区划一直是国土合理化管理的阻碍。相反，如果有人稍稍援引亲身经历过这场划分的人所留下的文字，就会发现它是一种断裂：例如，"一项自古以来独一无二的计划"，让省行政官员就像"驶遍新海域的领航员"——这些人中的一员，一名来自卡尔瓦多斯地区的省行政官员在1790年11月16日如是说道。

行省是一种大胆的想象，还是一种现实？地方主义文献常常是敌视大革命的，它竭尽全力将新区划描述为一种为政府行动提供的、政治上和行政上的便利之举，因此，这是一个没有实质内容和灵魂的框架。相反，赞成行省建制的文献则力图用真正的职权来充实这个框架，并力图使其具有一种鲜活的个性。制宪议会所构想的省，是国家统一的"代理人"吗？抑或相反，是地方保持生命力的机会？这一问题始终存在于辩论之中。一种根深蒂固的历史编纂学传统则对这些主张中的每一种都提供了支持。

确切而言，辩论的关键问题是什么？这一改革完全如西耶斯

---

① 埃克斯皮里（Abbé Jean-Joseph Expilly, 1719—1793），编有《高卢地理词典》（Dictionnaire géographique des Gaules, 1765）。

所承认的那样，部分出于偶然：8月4日之夜后，市镇政府的组建是在无政府状态下进行的，这一改革则涉及对市镇政府的组建加以控制。西耶斯在8月请求制定一个"市镇和省（provinces）的计划"，以避免看到王国"分裂成为许多共和制的小邦国"。当时，没人赞同维持现状（status quo）。在西耶斯的著作和图雷的人格的双重激励下，宪法委员会着手展开工作，并于1789年9月29日向制宪议会提交了一份计划，该计划因其不顾一切的规整性而闻名：它将全国划分为80个正方形的省（各边边长18古里），每个省分为9个县（cantons）。这实际上是一种外科手术治疗法，用以矫正现存的主教管区、大法官管辖区、政府管辖区、财政区"哥特式的"堆叠。

西耶斯最初的阐述（关于市镇和省的计划）足以表明，人们尚未对与这一改革相关的论战关键问题，废除旧省（provinces）①，做出清晰明确的表述。在西耶斯或图雷早期的文本中，并未提及旧省。当"旧省维护者"（provincialiste）反击时，委员会的回应相当温和，只是表示，提出这种划分是8月4日之夜的必然结果，因为那一夜已经清除了司法和行政上的混乱状态，现在必须和旧的区划做个了断。旧的区划似乎显示了专制政府为了私利而将人分而治之的谋划。因此，新的划分只是旧方案的补充。图雷说，它绝非要实施"这种糟糕的想象"，即摧毁旧省精神，况且人们还有点羡慕这种精神。辩论没有围绕着某种旧省特性展开，旧省

223

---

① province 一词常译为"省"或"行省"，此处为了与"département"区分开来，故译为"旧省"。

特性是一个生机勃勃、丰富多彩的宝藏，无法忍受要将它毁灭的"革命的抽象"。在 19 世纪，人们正是从这种角度并依据自己的关切重新提出这一议题。

但委员会的沉默只是一种伪装吗？我们能揣测出其中的原因：委员会完全有理由向代表们隐瞒它那反旧省生活的方案，毕竟这些代表是他们所在大法官管辖区选出的代表，也是其捍卫者。在 1789 年 8 月，旧省维护者同样不会表现出捍卫团体主义的要求和特殊利益。政治环境给辩论罩上一层迷雾。然而，正如布雷特（Brette）指出的那样，"旧省"的概念相当不明晰。其实有两种定义共存于辩论之中：一种将旧省界定为自然的和文化的统一体，它孕育了省籍精神（l'esprit de la province）；另一种将旧省界定为特殊利益的储藏库，它为地方意识（l'esprit de province）提供着养分。旧省维护者所激发的，是第一种精神，而且，他们使用了一种相当隐晦的方式。委员会所要谴责的，是第二种意识。显然，全部问题就在于省籍精神是否总会引发地方意识。旧省维护者甚至不愿思考这一问题。至于委员会，即便它并不相信必定如此，但也不会明确表达出来。最主流的看法，例如马卢埃的观点，断言这两者是相互独立的。在马卢埃看来，委员会的计划旨在消除地方意识，相反，没有人可以改变省籍精神，这个"逃脱立法权威控制的众多组合体"。不过，如同这种"众多"是通过假设而非分析得出的一样，每个省都有其独特面貌这一 19 世纪地方主义文献费心重构的观念，在一场为政治形势所支配的辩论中，几乎无人提及。

政治任务（完成并巩固于 8 月 4 日开始的工作）和一种简化

意愿相伴相随。如果我们相信历史学家的话，这也是最根本的任务。历史学家描绘了一个支离破碎、混乱不堪的旧制度法国，其中，教会区划、司法区划和财政区划的不明确和互相重叠，导致了对于权限和不便的持续争论；召开三级会议时所遇到的困难，恰好说明了这种情况。尽管旧区划所导致的不便处于重农主义者的思考中心，而且他们也急于调整区划，但他们主要考虑的是预估收入、确定税收金额。从这方面看，省这一区划，成为了对于旧制度下区划的复杂情况、对于边界和飞地的不规整性的恰当回应，它以独一无二的区划体系取代了之前的修修补补。然而，简化并非辩论中的主要议题——陈情书也没怎么提及它。诚然，图雷承认"古老的划分"展现的是令人难堪的混乱，但在他眼中，最主要的问题是"它们既无法有效地也无法恰当地应用于代表制秩序"。

  实际上，这才是问题的焦点。图雷和西耶斯都最为明确地强调了这一点。既然无法由全体选民共同指派代表，那么就必须将国土划分成几部分，由此形成选区。因此，按西耶斯的说法，省（département）不过是"一种新型的大法官管辖区"。这一变化表面上无足轻重，但它隐含着重大的意义。因为一方面，西耶斯在之前的作品中就写过：一旦全国各地都成立了代表会议，它们就会以"与全国利益相联的理性和利益所具有的不可抗拒的力量"，反对三级会议省的那些古老权利主张。另一方面，虽然西耶斯认为，在讨论中应谨慎地将新区划仅视为一种选区划分，但是他也并未隐瞒省的设置所包含的发展潜力：随着时间的流逝，它会"在一切公共权力机构中变得完整"。

由此，不难理解，辩论迅速偏离了选区这一问题。在图雷的思想中，这种偏移与在思想上放弃严格的委托授权有关：为了让代表们将自己视为全体国民的代表而非他们所在大法官管辖区的代表，为了让他们协力以形成公共意志，就必须帮助他们，使其不再流露出对于委托人的忠诚，正如拉博·圣艾蒂安提醒的那样，这种忠诚甚至因为其令人尊敬的特征而成为一大难题。省将会成为夺走忠诚的一种手段，夺走忠诚是痛苦的，却又是"新生"要求实行的。"新生"这个释放出来的重要词汇表明了，关于划分省的辩论是如何在大革命的头几周迅速激进化的。表面看上去，辩论只涉及彼此商量所要划分的省的数目和边界。然而，这一技术性讨论却引起了对于平等、对于历史与自然的关系、对于"新生"一词意义的雄心勃勃的反思。

要划分多少个省？宪法委员会的成员，图雷、塔尔热、德默尼埃和拉博·圣艾蒂安，说80个左右。太多了，旧省维护者，如皮松·迪加朗（Pison du Galland）和马丁·德·贝桑松（Martin de Besançon）回答道：大"省"应与旧省相吻合。太少了，米拉波说，他尤其看好中等区划（委员会最初方案中预先考虑的大"市镇"或区）。在数字问题的背后，隐含的是对于平等的定义。委员会按照重农主义思想，坚持根据面积来界定平等，孔多塞已将这一定义视为"气候、物产、观念和精神上的差异"的强效解药。对于土地面积平等的温情，解释了为什么这些早期方案将国土划分成几何形状：它们希望建立一个由同样大小的正方形组成的乌托邦。尽管这个乌托邦很快就被放弃，但它却一直被用于总结并奚落委员会的工作。相反，米拉波坚持以人口来定义平等：人口密度是真正的富裕指示器："8平方古里没有居民意味着什么？"尽管米拉波的演说获得了成功，而且他强制推行妥协，但所有这些都未能阻止基于面积的观念在最终方案中获得胜利。很明显，空间的中立立场、可随意逆转的事实，成为它的有力理由。它是不变的，而米拉波所珍视的"人口"，则始终在变。最后，这种中立性和固定性，包含着未来的希望：将同等面积的单元——尽管其中人口不等——考虑在内，这恰是一张给予它们同等机会的请柬。

米拉波提议划分为120个省。那么，借助为数众多的行省，就能从人的角度，而不再从土地面积的角度，界定平等的单位吗？对米拉波而言，肯定如此，因为他提倡服从自然和习惯所确定的边界，由此，他将划定边界的方法这一问题，和省的数目这一问题糅合在一起。图雷轻而易举地证明，要建立有着相同人口和税额的单元，同样会切割旧边界；尽管如此，就他个人而言，他并不觉得这种做法会"如此令人忧伤"。委婉的措辞道出了实情：在划定边界时是否遵循旧轮廓线这一技术性问题，再次掩盖着一个哲学问题，即部分与整体、地方与国家的关系。整个辩论表明，特殊利益从一开始就让人觉得缺乏正当性。那些援引特殊利益的人只能指出，只有从特殊利益出发来逐步上升到普遍利益。这正中敌视地方诉求的宪法委员会的下怀：如果地方的要求获胜（人们看到有关强制委托权的根本问题在此重新出现），代表们就很难自称代表："我们将不是一个国民议会，因为我们不希望成为一个整体，"图雷以胜利者的姿态总结道。

在这场划分行省的讨论中，最后登场的是人工论和自然论之间的对立,是巴纳夫所称的精神与习俗之间对立:"委员会过于重视精神,而不够重视习惯。"两者之间是否有可能达成妥协?尽管委员会最终将决定妥协,但在最初,它同样认为妥协与革命精神完全不符,由此拒绝让步。当理性和功用要求这么做时,为什么要屈从于旧的不完美呢?到了"重构国家,使其新生"的时刻,按照图雷的说法,"就不能半途而废"。

对于一开始所提出的问题之一:省区改革是一种断裂还是一种延续?阅读议会辩论就能得出倾向于断裂的答案。以下事实无疑表明了这一点:即便是"旧省维护者",在辩论时也不再敢援引历史、特权,甚至旧名称,而只敢援引一种地理决定论,即旧省是非常模糊的地方面貌的生产者;此外,他们和他们的对手分享着以下看法,即国土结构和王国的整合之间存在着一种联系。

然而,这场迅速激进化的辩论并未结出激进之果。尽管图雷排斥妥协,但人们仍能在国土划分和省行政机关自身之中,发现许多妥协的痕迹。

首先,在国土划分方面,虽然制宪议会按照对于平等的两种界定:面积平等和人口平等中的前一种来划分国土,但它又按人口及税收总额来计算代表比例,以此缓和其影响。在两种划分省的方法中,制宪议会拒绝了将国土划成棋盘格状的方法,而是设法尽可能按旧省边界划定新省界;当无法这么做时,它则相当谨慎地进行边界划分。即便在将一个旧省一分为二,以创建一个省的情况下,如安德尔省(Indre),制宪议会则有时沿着财政区的自然轮廓线、有时沿着公爵领地的自然轮廓线、有时沿着主教管辖区的自然轮廓线来确定新边界。它并未触动教区，只是将其变成市镇（或公社，commune）。在为新省选择名称时，它的选择并没有那么随心所欲：海洋、山脉、河流和其他有助于为新区划命名的地理位置成为省的名称。

所以，人们听取了旧省维护者的意见。如图雷所言，即便旧省有了"在代表和行政方面的新划分"，它们仍是"旧省，有着和之前一样名称的旧省"。最终的边界并非仅仅用直尺和圆规划出的；制宪议会在做出最终决定时，也并非没有考虑到地理因素。如米拉波所希望的那样，人们注意到了"如此长久以来加强了民情、习俗、物产和语言的纽带"。最初的计划迷恋对空间的理性调整，想让每位公民都可以借助马匹在一天内到达省会，不太理会城市的等级体系。宪法委员会与城市之间的激烈谈判使得最初计划的任意性得以修正。制宪议会代表在修正平等主义的预设时，终于考虑到地方现实了吗？假如他们想要以一种令人信服的方式完成论证，那么，他们就必须能够同时表明，他们既承认省的特殊利益，又没有将其降为中央权力的一个部件。

制宪议会创建了两个省级机构。一个是临时性和协商性的省参议会（Conseil du département），其职能为批准省的公共工程和开支。成员每两年由在省会集会的次级议会选举产生，次级选举大会的成员，根据情况从 300—600 名不等。初级议会于县治所在地召开，县（canton）则纯粹是一个选举区划。（实行二级选举，表明迪波尔、米拉波和佩蒂翁战胜了宪法委员会最初提出的三级选举方案。）另一个是永久性和行政性的省政府（或省政务厅，directoire du département），成员 8 名，由参议会任命。它负责学校、监狱、教堂的维护，公共工程（公路和运河），救济和农业。一名总代理检察官（procureur général synal）代表国王，但这位中央政府的代表亦由次级议会选举产生。

按照一种根深蒂固的历史编纂学传统，制宪议会由此使每个省成为一个自治的小共和国，并完成了彻底去中央集权化的工作。为这一论点辩护的第一个理由是，所有省级官职均由选举产生：没有哪个权力机关不依赖于选举。其次是，省行政机构与最高行政权之间的所有中间权力机关均被取消。和对于王室权力的不信任一样，关于与当地生活格格不入的省督的令人不快的记忆，在这一决定中起了重要作用。省督一职于1789年12月10日被废除，这一对王权的挑战，得到了制宪议会代表们的掌声。无论行政官员还是被治理的民众都明确地希望，为了提高效率而拉近彼此的关系。这种共同的意愿体现在下述安排中：在从有被选举资格的人中选择省行政官员时，究竟是从所有的行省选，还是仅从本省选，制宪议会采纳了第二种假设，以此避免出现空降官员，或过去人们所说的"大法官管辖区的搜刮者"。

尽管这些证据显示制宪议会代表眷恋地方生活并努力扩大政治参与，但地方主义者怎么会将省误认为一种中央集权化的工具？他们声称，省参议会的决定只有得到国王承认后，才能付诸实施，这极大限制了省的首创能力。他们还声称，制宪议会通过议会金字塔（市镇议会服从于省议会，省议会直接隶属于国王），首先是为了使确保决定能畅通无阻地从中心传到边缘；与旧君主制下的行政官员一样，制宪议会追寻着直接控制全部国土的梦想。这种控制既意味着部分服从于整体，也意味着一种集权理性的理想。

这种双重解释描绘出一个双面的省。如果人们强调区划及程序的统一，那么，制宪议会设立的省实际上是执行中央权力的场所。如果人们强调既分散了选举、又丰富了地方生活的代议制民主，那么，省就是去中央集权化的工具：在这一意义上，它是第三共和国的省——一个省长与当地利益的代表不断进行谈判的场所——的先驱。然而，制宪议会代表却没有意识到这种双重性。在他们眼中，公共利益和特殊利益应立即互相接合、互相融合。而且，在他们的思想中，如图雷所说的"尽可能迅速且仔细地处理所有私人事务"的雄心，绝非意味着这些事务是特殊的。在辩论中，几乎没有人提及各个地方的特殊需要。因为每一个地方会展现出来的独特性和力量，"只有在专制下才是好的"。如今专制被推翻，当然得有数量足够多和面积足够大的行政区划以促进政治生活——只要它们不再提出特殊要求，而是为民族精神做出贡献。

因此，制宪议会代表心目中的行省，是权力下放的象征，而非真正的去中央集权化。它一方面是中央政府的代理，另一方面是地方利益的管理者，此外，它还有两个不同的预定目标：一个是成为实行地方代议制的场所，另一个是成为民族一体化的场所。行省的持久成功，一定程度上在于它为这些相互对立的要求进行协商和调整提供了可能性。无论如何，它在革命十年间的命运，表明了它能够根据局势的需要，或者成为中央集权化运动的工具，或者成为去中央集权化运动的工具：1793年的联邦主义危机，在省机构及省行政官员那里获得了最主要的支持，反过来又使各省发生了深刻变化。

省选举议会选出了哪些人？泰纳将他们描述为"一伙来自社会底层的小人物"。然而，在他们之中，也有地产主、律师和显贵，他们并不缺乏天分和能力。8月10日——他们毫无热情地迎接这一事件——之后成员的替换以及国民公会对普选的引入，并没有在根本上改变他们的构成，新成员选自和他们前任一样的社会阶层。当山岳派的特派员被迫与这些温和的地方官员打交道时，他们惊讶地发现了"高等法院的傲慢"，对此，人们是可以理解的。正是省议会，在整个1793年冬天试图建立一支武装军队；正是它们——约有60个省议会——在6月2日之后，抗议市镇的强硬措施。正是国民公会强迫它们解散，并最终让大部分成员服从。共和2年霜月14日的组织法，深刻地改变的正是它们；这一法律取消了省参议会和代理检察官（procureur-syndics），只为省政府保留了有限的职权，地方选举也被取消，并委托特派员负责更换省议会成员并补足人数。热月后，这些行政机构的权力逐步——但没有完全——恢复。省参议会并未得以重建，省行政机构被授予监督下级政府的任务。共和三年宪法更关注确保地方服从中央政府，它使每个省都保有一名由政府任命的专员（commissaire）。这一角色，是共和二年"国家代理人"的继承人，而非帝国时期省长的前身，即由选举产生的行政官。它表明革命十年，省偏向了中央集权化。

拧紧中央集权的螺母，此举旨在回应"联邦主义"，然而后者并没有任何坚定的地方主义诉求。联邦主义叛乱是以联合起来的、被视为同质的省的名义，而非以异质的旧省的名义发动的。在所有关于这场叛乱的材料中，人们都可以看到对于巴黎的仇恨，但这种仇恨绝不等于拒绝中央集权的国家。实际上，有相当的证据证明，叛乱者热切期望在巴黎之外找到一个新中央政府。某个特定旧省的权利在其中没有扮演任何角色。当托马斯·潘恩在1793年5月31日给丹东的信中写下"巴黎和各省之间决裂的危险与日俱增"时，他看得很准。他使用了"各省"（les départements），而非这个或那个省。吊诡的是，吉伦特派叛乱中并没有地方意识的存在。人们可以在其中看到省的胜利，无论如何，它是法国人迅速适应社会现实的标志。莫里斯·阿居隆指出了这一点，他注意到在保王派传统中如此为人珍视的旺代，归根结底是省的名称，而非地区（pays）的名称。有什么比佩蒂翁所详细描述的轶事更能说明这令人惊讶的成功呢：路易十六在将他从瓦伦带回首都的马车上，一路说着途经各省的名称作为消遣。 234

我们能从这种现实中得出省的特性迅速形成这一结论吗？在这个问题上，我们得稍稍注意对于区划的抵抗。这些抵抗非常活跃。在共和元年宪法的辩论中，圣茹斯特仍然记得那"1万名代表，他们从法国各个角落来到制宪议会，要求将自己家乡定为地方中心"。旧省出现了大量动员活动，从动员中，涌现出大批异议、诽谤性短文和回忆录，它们旨在支持相互竞争的城市所提出的、要求成为区府或省会的理由。这些文本让我们了解到它们的要求是建立在何种地域表征之上的。

对于某个旧省——尤其是三级会议省——的归宿感，在制宪议会中得到了更为直截了当的表达。其中，对于抽象概念和几何主义的指控也更为尖锐，它们来自那些深知地图有别于实地的人：他们请制宪议会方案的制定者去了解那样一些地区，它们多山，沼泽点缀其间，荒野将其吞没，各地有着不一样的道路，也被赐予了不一样的气候，由此造成了居民在精力、时间和金钱支出上的不平等。无论如何，大量的异议揭示出了一种地方精神，而非真正的旧省精神。正是城市团体，各自在坚持各自的旧权利、要求新权利、结束与作为竞争对手的那些城市之间的旧纷争之时，表现出了它们的生机活力。它们所构想的理由没有固定的原则：这些理由有时是历史的、有时是地理的、有时是语言的、有时是人口的。它们的机会主义常常让它们以制宪议会所颁布的普遍利益原则为名，起来反对制宪议会的计划。新区划方案忽然将市镇沙文主义释放了出来，它们大量涌现并提议让两个城市共同作为区府或省会——这一体系将在1791年最终为人采纳，对此，制宪议会给予了足够重视。戈森（Gossin）的一次演说让人们可以说这种"轮换"在实践中已被证明是不成功的，它最初只是作为对城市要求的妥协而为人所同意。

　　这种地方动员表明了革命转型的规模：在这一情形下，每个团体都在回忆它们在历史上长期拥有的特权，重述它们对新组织机构所怀有的希望或担忧。但即便它揭示了某种根深蒂固的地方精神，也无法从中得出结论，说有一种以地方认同为中心的有组织的抵抗。将国土切割为省，让人首先看到的不是人们对庞大组合的意识，而是地方差异的散播。人们既可以从一种诞生于区划的新文学类型法国各省游记之中，也可以在一些报告——省政府特派员必须将这些描述居民精神特征的报告送至巴黎——中觉察到这种特征。此后，省成为强制性的参照框架，正是在中等空间的内部，人们使用了传统上划分国家空间的方法：北／南，平原／山区，树木围隔的土地／平原。差异继续存在，但它们在消隐、缩小。轮到帝国时期的省长时，他们将被催促着去把他们的省刻画成自治实体，那些对自己省的独特面貌不够敏感的省长则被夏普塔尔（Chaptal）告知应该突出它不同于其他省的特征。一种"爱省主义"（patriotisme départementale）即将从对于这些差异的观察和描述中诞生，此后，这些差异不再危险。这里，人们估量改革者成功达成其目标的标准是：削弱各地方区划在面对契约的全权和统一的意志时，重新聚集起来抵抗中央的能力。

然而，这些残存的差异却讽刺性地回潮，被政治化，同时也被夸大。因为在特派员关于各省的报告中，最重要的部分是政治形势评估。大革命的种种波折迫使革命者根据省对大革命的依恋程度，对它们进行分类：或好或坏，或健康或患病，或可疑或不冷不热。地方行政官员从中学会了处于初始阶段的选举社会学的基本知识。正是省这一创造物所带来的悖论之一，使得此后在行省这个以同质性著称并被视为服务于政治统一体的空间之中，展现了无法克服的政治态度的异质性，并使之持久地铭刻在法兰西的大地上。对于一种地形学的政治运用就这样揭示了一种政治的地形学。

莫娜·奥祖夫

延伸阅读

在众多关于省的建立的专著中，可参见：

Louis BOIVIN-CHAMPEAUX, *La Révolution dans le département de l'Eure* (Evreux, 1895), René HENNEQUIN, *La Formation du département de l'Aisne* (Soissons, 1911), et surtout Henri METTRIER, *La Formation du département de la Haute-Marne en 1790* (Clermont, 1911).

AGULHON, Maurice. «Conscience nationale et conscience régionale en France de 1815 à nos jours», in J. C. BOOGMAN et G. N. VAN DER PLATT (sous la dir. de), *Federalism: History and Current Significance of a Form of Government*, La Haye, Martinus Nijhoff, 1980.

AGULHON, Maurice. «Plaidoyer pour les Jacobins. La gauche, l'État et la région dans la tradition historique française», *Le Débat*, juin 1981.

BERLET, Charles. *Les Provinces au XVIIIe siècle et leur division en départements*, Paris, 1913.

BRETTE, Armand. *Les Limites et les divisions territoriales de la France en 1789*, Paris, 1907.

FERRON, H. DE. «L'organisation départementale et la Constitution de 1789», *Nouvelle Revue historique du droit français*, 1877.

GRÉMION, Pierre. «Régionalisation, régionalisme, municipalisation sous la cinquième République», *Le Débat*, nov. 1981.

LEBÉGUE, Ernest. *La Vie et l'œuvre d'um Constituant: Thouret 1746-1794*, Paris, 1910.

MAGE, Georges. *La Division de la France en départements*, Toulouse, Impr. Saint-Michel, 1924.

OZORF-MARIGNIER, Marie-Vic. *La Formation des départements. La représentation du territoire français à la fin du XVIIIe siècle*, Paris, Éditions de l'École des hautes études en sciences sociales, 1989.

参见条目

革命议会（Assemblées révolutionnaires）

巴纳夫（Barnave）

中央集权（Centralisation）

孔多塞（Condorcet）

民主（Démocratie）

选举（Élections）

三级会议（États généraux）

联邦主义（Fédéralisme）

米拉波（Mirabeau）

八月四日之夜（Nuit du 4-Août）

重农主义者（Physioncrates）

再生（Régénération）

西耶斯（Sieyès）

旺代（Vendée）

革命政府
Gouvernement révolutionnaire

239　　在历史学家使用这个词之前，是 1793 年的革命者将自 1793 年夏至 1794 年热月（7 月），在法国构成公共权威的全部权力机制及制度，称为"革命政府"。当时，"gouvernement"一词拥有比今天更为宽泛的意义，它既指严格意义上的行政权，又指一种政治制度，还指某种意义上的社会制度：孟德斯鸠就提及"封建性政府"（gouvernement féodal），以反对作为君主制特征的"政治性政府"（gouvernement politique）。1793 年，"革命政府"旨在表示国家前所未闻的性质及其与社会的关系。"革命的"这一形容词想要表达的是，公共权力机构并非从宪法和法律，而是从它与革命的一致中吸取正当性的。

　　人们只需听听 1793 年 10 月 10 日圣茹斯特在国民公会中的讲话："法律是革命性的，执行法律的那些人却并非如此［……］在共和国所处的环境下，宪法无法得以确立［……］它（宪法）成为对于自由的攻击的保障，因为它缺乏用以镇压它们的必要暴力［……］。如果政府本身不以革命的方式组织起来的话，革命法律就不可能得以实施。"

这意味着什么？革命与宪法的对立在革命历史和革命理念中是全新的现象。1789年的革命者从未从这种角度来看待他们的行动；因为旧制度的本质是缺少宪法，与之相反，国民议会存在的理由，就是为了给国家一部宪法，以终结专制。实际上，制宪议会代表在最终确定作为其工作成果的宪法文本之后，便于1791年9月分裂了。此后不到一年，当立法议会在1792年8月10日宣布废黜国王时，一切都得重新来过。因此，要选举新的制宪议会：国民公会；国民公会制定了一部宪法，甚至可以说是两部：孔多塞的宪法及山岳派宪法，但这并非一个好迹象。孔多塞的宪法在初春得以提交，但因吉伦特派被排挤出议会而遭到搁置；山岳派宪法于6月24日得以通过，它以新的《人权宣言》为序言，并以一个由普选产生的议会的主导地位为基础，法律被置于在初级议会中集会的人民的直接控制之下。这部宪法是时局的产物，它的起草和讨论都很匆忙，它的实施被推至形势转好的时期。

　　因此，1793年6月是革命开始对于其角色和行动抱有新观念的时刻，它正式放弃把共和国建立在法律的基础之上。6月2日，面对巴黎各区的起义，国民公会屈服了，这就已经暗含着对于这种放弃的同意，因为被迫自残的国民代表团体不再与形成人民意志的代表相吻合了。但随着新宪法的搁置，这种同意变得公开；圣茹斯特在10月只不过是进行了补充确认。其表达有趣的地方在于他提出法律概念与宪法概念之间暂时存在矛盾，由此，他试图改变法律概念，使之有利于革命。为了做到这一点，圣茹斯特从法律的观念滑向法律的实施这一观念。他将"革命法律"的观念（来自于一种革命的、但不合法的权力机构，即6月2日后的国民公会）和一种非合宪性（a-constitutionnel）权力的观念混为一谈：实际上，"革命法律"得以实施的条件是，存在一个"以革命方式组成的"政府，也就是说居于宪法之外的政府。法律观念一下子失去了意义，因为它不再反映一种普遍性，即不再保证给予每个人同样的权利。形势要求用一种打击自由之敌的专横暴力，即革命来取而代之。这便是抛弃了1789年所获得的杰出成就，即以一部成文宪法来确立个人权利的平等；这种抛弃是自8月10日开始的法国大革命第二阶段的显著特征。此后，革命不再将制定新法律作为其存在理由；它那含混的逻辑体现在这样一种套话之中：其政府是"革命的"。

如果它是革命的，那是局势的产物。正如埃德加·基内（Edgar Quinet）所注意到的那样，1793年的革命者不自觉地重拾了一种绝对君主制法学家常用的理由，即公共拯救（salut public）。绝对君主制的法学家们从中获得实施"非常"措施——通常是税收方面的非常措施——的正当理由；1793年的革命者则毫不费劲地在其中看到了一种新型权力存在的理由。诚然，1793年夏天及初秋的局势富有戏剧性。在所有边界，北方、莱茵河一带、阿尔卑斯山山谷及临地中海的南方，法国国土都遭到入侵。从山岳派与吉伦特派的冲突中诞生的联邦主义者叛乱，在8月基本结束，但直到10月，革命者才从保王党人手中收复里昂，12月，他们收复土伦。旺代的叛乱者在整个夏天与国民公会相对抗，并获得了一个又一个胜利。10月17日，革命者在肖莱（Cholet）平定了农民暴动，但仍未将其完全肃清。

局势由此孕育了"公共拯救"的观念以及它所包含的"例外"

措施；然而，局势并不足以解释革命政府的形成及性质。民族危机总是会造就一种特殊的政治局势，但它并不能解释最终从中出现的那一种制度。要做到这一点，就必须考虑那个时期的观念、激情及冲突。旧制度下，公共拯救的观念导致了国王的绝对权威；而在大革命中，它支撑着一种假人民的名义而实行的专制。两种制度是在类似的形势中，或同样的前提下成长起来的。它们都将公益置于法律之上，并认可高效是以国家的专制为代价的。但它们的相互对立，也展现出为1789年的断裂所分割的、非常不同的政治世界。

我们在这里仅限于讨论法国大革命的政治世界，并将对旧制度传统下的政治世界的探究留给读者。为了打击并战胜敌人，就要建立大革命冷酷的专政，这一要求与大革命同时出现，因此也早于1793年。我们在马拉那里发现了它，1789年夏，它就萦绕在马拉的脑海。这也是其名声的关键，因为《人民之友》（出现于9月初）是大众情感的共鸣箱。专政保护"弱者"对抗"强者"，这种思想，或多或少可以有意识地与绝对主义传统相连。但在所有革命事件中，它尤其展现了一种惩罚的意志，这种意志与大革命必须战胜一位强大敌人的情感密不可分，这名敌人因为身藏暗处而更加令人生畏；它就是"贵族的阴谋"，人民意志的恶魔对头。最后，这种情感还是一种堕落的卢梭主义最为单纯的表达。这种堕落的卢梭主义在整个大革命中都留下了印记，按照其观点，人民主权只能通过拥有全部公共权力的、唯一且不可分割的团体来表达。从这种表达中，出现了议会专政的可能性，而议会专政从字面上看似乎是自相矛盾的；从这种表达中，还同样自相矛盾地出现了一种对于专政的相反要求：它要求的是一种通过巴黎各区及俱乐部的直接民主来行使的专政。因此，"革命政府"的概念扎根于在局势强调"公共拯救"之前就已存在的思想和激情之中，形势正常化后，它依然存留了下来。

因此，在民族危难和民众压力这两方面原因的共同影响下，该概念于1793年一点点成型，这丝毫不会让人感到惊讶。第一步是在春天迈出的，当时，经济动荡、前线出现的新困境、吉伦特派与山岳派之间的斗争造成了一种充满骚乱和哄抬物价的氛围。无套裤汉围住国民公会，大吐苦水并提出要求。3月11日，为了审判"嫌疑分子"，革命法庭得以成立；21日，为了辨别"嫌疑分子"，监视委员会得以成立。同样在3月11日，国民公会向各省派遣特派员，在官方层面，他们负责加紧征募30万人入伍，但实际上，他们被授予更为广泛的权力；4月9日，派遣拥有无限权力的驻军代表，至此，所有措施完成。尤为重要的是，总防卫委员会在4月6日让位于救国委员会，后者于5月配齐人手，负责监督及指导部长"行政会议"（Conseil exéctif）：这个委员会就这样形成了，它很快就会成为革命政府中真正拥有行政权的机构。面对吉伦特派的抗议，马拉反驳道："正是通过暴力，自由才得以确立；暂时组建自由的专制以消灭国王的专制的时刻已经到来。"山岳派与无套裤汉结成联盟，以消灭国民公会中的吉伦特派。山岳派还在经济上做出了妥协：他们强制指券流通（4月），限制谷物和面粉的最高价格，并向富人借贷10亿法郎（5月）。

第二个阶段始于夏天，始于吉伦特派被消灭之后。7月10日，革命者改组了已成为政府行动中心的救国委员会。当丹东出于算计或厌倦，或两者兼有，离开救国委员会时，国民公会再次选举了 14 名任满成员中的 7 名，其中 3 人为平原派代表（巴雷尔，兰代及加斯帕兰），4 人为 5 月底就已入选的山岳派成员，他们分别为：圣茹斯特、库通、让邦·圣安德烈及埃罗·德·塞谢尔。公会还增补了 2 名山岳派代表：蒂里奥和马恩省的普里厄。7 月 24 日，加斯帕兰退出，7 月 27 日罗伯斯庇尔取而代之。8 月 14 日，卡诺与科尔多省的普里厄进入委员会。最后，9 月 6 日，无套裤汉强迫委员会接受科洛·德布瓦和比约·瓦雷纳。蒂里奥于 20 日辞职。如果不算遭到逮捕、被审判，并于 1794 年 4 月 15 日和丹东及"丹东派"一道被处决的埃罗·德·塞谢尔，正是这个"大委员会"（Grand Comité），这个国民公会在几个月间再次选举其成员的委员会，在之后的一年中统治了法国，直到 1794 年热月 9 日（7 月 17 日）。它是"革命政府"的中心。

但各区和各俱乐部的活动家不想就此停止他们发动的骚乱：忿激派、科德利埃派及埃贝尔派竞相表现出对于平均主义和镇压的热情，以接收在 7 月被刺身亡的马拉所留下的遗产。粮食供给的困难让无套裤汉的诉求重新变得活跃，而税收和恐怖正是其中两大重要诉求。7 月 26 日，在比约·瓦雷纳和科洛·德布瓦的提议下，国民公会颁布法令，规定对囤积居奇者处以死刑，并将作为必需品首位的食物，置于市政府的控制之下。8 月 1 日，根据巴雷尔的报告，国民公会将玛丽-安托瓦内特送上了革命法庭，并决定逮捕所有 1789 年 7 月 14 日前在法国没有固定居所的外国人，没收不受法律保护的吉伦特派成员的财产。8 月 23 日，国民公会颁布了大规模征兵的法令。但骚乱并未停止，9 月 5 日，当各区武装无套裤汉如6月2日那样，包围了国民公会，要求建立一支对内的革命军队、逮捕嫌疑分子、清洗委员会时，骚乱达到了顶点。

这也许是革命政府形成中的关键时期：因为国民公会让步了，不过它仍保持着对于事件的控制。它在5日让"恐怖统治"成为了日常秩序，在6日将科洛·德布瓦和比约·瓦雷纳选入了救国委员会，9日创建革命军队，11日颁布谷物及草料的限价法令（29日颁布普遍限价及最高工资法令），14日重组革命法庭，17日表决通过《嫌疑分子法》，20日授权地方革命委员会负责准备嫌疑分子名单。但同时，它逮捕了忿激派的首领：既然国民公会负责了他们的计划，它就要夺去其力量源泉。国民公会逐步但迅速地将各区运动的主要诉求制度化，"革命政府"由此诞生。它被写入山岳派的政治逻辑之中，这种政治逻辑就是：为了在春天消灭吉伦特派，山岳派需要无套裤汉；他们想将无套裤汉留作同盟，但不愿将核心权力让给他们。在山岳派以直接民主为名，为事实上统治巴黎街头的众多小股力量尽了自己的一份力之后，正是这种逻辑让它通过在即便残余的国民公会中的协商，保存了与大革命最初的正当性之间的联系。10月10日，圣茹斯特使与街头力量间的这种关系成为法令，但他使用的修辞并未减少法律的不一贯，即便法令的第一条便规定了结束日期："法国的临时政府，直到恢复和平为止，将是革命政府。"

所有这些构成革命政府的机构、措施及程序，都被编入稍后的一部法令，即霜月14日法令之中，这个法令的全部条文，都确认了一种建立在恐怖统治之上的、中央集权的专政的逐步发展。

比约·瓦雷纳发起的争论持续了 11 天，它针对的是精简和加强这一制度的"中间机关"（rouages intermédiaires）。在制度的中心，是国民公会，它在民间的臂膀便是被授予了巨大权力的救国委员会：救国委员会解释议会法令，确定其实施模式；所有国家团体和所有公务员（部长们甚至在 1794 年 4 月被撤销了），都直接处于其权威之下；它指导外交和军事行动，任命将领及其他委员会的成员，国民公会则对其任命予以批准。它负责指挥战争、维护公共秩序及满足必需品供给。无套裤汉著名的大本营，巴黎公社落入它的控制之中，由此，巴黎公社变得中立。

在外省，救国委员会依靠各区（districts）、市镇及负责推行公共安全措施的革命委员会进行统治（绕过有同情联邦主义之嫌的省政府）。这些机关的直接代言人，除了特派员外，便是一个"国家代理人"群体，他们由（完全由地方活跃分子参加的）"净化表决"在地方上选出，并得到国民公会的批准。从技术角度而言，权力机关的中央集权化程度比它在纸面上表现出来的要低：和旧绝对主义完全一样，革命政权也肯定会遭遇信息沟通的迟缓不便及拖拉的习惯和心态。为了克服它们，革命政权依赖于在宣传及精神上的反复灌输方面所做的巨大努力，从引入革命历法（10 月 5 日）到在被划成网格状的国土上系统发行山岳派出版物，都属于这种努力的一部分；雅各宾俱乐部借助数百个子俱乐部，在山岳派出版物的发行中扮演了重要的角色。革命政府与一种意识形态的正统性密不可分，它禁止思想观念的多元性。

革命政府让死刑笼罩在所有国家公仆及公民头上，也就是说，它还通过恐惧来进行统治。总保安委员会居于恐怖机构的顶峰，它是二号国家机关,由国民公会在每个月所选出的 12 名成员组成,被赋予了安全、监督及保安等职责,其职责对象包括公民权力机关和军事权力机关。它使用了大量人手,掌握了地方革命委员会的网络,通过各地成千上万起检举揭发以及就地逮捕,来推行《嫌疑分子法》。预审文书和待判人员被转送至革命法庭。革命法庭于 9 月重组,自 10 月起,它的行动就相当重要且迅速了。局势在各省则更加多样。当时的规定是:当存在国民冲突时,特派员就在普通刑法法庭中,加设一个专为此事成立的司法委员会,以指导镇压革命反对者的行动,就如同在里昂、马赛、尼姆、图卢兹及整个西部所实行的那样。革命政府还以国家理性为名,几乎处处中止人权。

最后,革命政府还使用全部权力来规制经济。在财政方面,这种特权仍是理论上的,因为财政部门并没有发生大的改变——它是由制宪议会设立的,在很大程度上是由专家从旧制度那里移植而来:在所有时期,它都处于国民公会财政委员会主席康邦的控制之下。不过,在经济领域,救国委员会受困于一个之前同样困扰着国王的观念,养活全体居民,首先是巴黎居民,以免出现骚乱。救国委员会设立了一个被冠以生活资料委员会(Commission des subsistances)之名的全新行政机构(10 月 22 日)。该机构由 3 名"爱国者"领导,《总限价法》为其提供武装,它负责管理生产、运输和消费。它将一些不同的部门置于其职权之下;这些部门分别负责对外采购、对内征购、管控价格、为巴黎及军队提供必需品,更不要说为农产品、森林、矿产等提供保护了。生活资料委员会被分为 3 大部门,雇用了近 500 人,它复活了前财政总监的调节及统计精神。尽管处于恐怖时期,尽管对"囤积居奇者"进行了抓捕,但国家通过征用和监管的方式干预国民经济,几乎在所有的阶级中遭遇普遍的欺瞒。

革命政府重新与一度被制宪议会暂时中断的国家调节及中央集权的传统相联结,由此使行政职位大幅增加,而革命者则从中受益。人们对部长级职位进行了统计,1791 年只有 670 个部长级职位(与旧制度最后几年的部长级职务在同一个数量级);1794 年初有 3000 个,至年末接近 5000 个(因为热月 9 日政变并未逆转这一趋势)。无套裤汉不用拿起武器战斗的时候,他们便聚集在警察局、陆军部及物资部。当罗伯斯庇尔和圣茹斯特揭露这些"部门"("bureau"这一术语的现代词义,在当时已经传播开来了)在委员会和代表之间、受委托人和委托人之间筑起了一道屏障时,无套裤汉则通过行动,增加了他们的影响、作用和人数。革命政府的政治修辞由此与社会学意义上的现实相互冲突。

然而,有人想要理解将这一时期和大革命的整体历史联系起来的动力和激情,这种修辞是必不可少的。共和二年的制度实际上是对大革命主要原则的一种自相矛盾却充分全面的实现。这种原则就是由普选产生、被视为公意代表的唯一议会拥有绝对而不可分割的主权;简言之,即混合了代表制观念的、被歪曲了的卢梭思想。称之为自相矛盾,是因为 6 月 2 日之后的国民公会并非由普选产生,而"革命政府"则是一种在巴黎人直接民主的压力之下拼凑而成的政治概念。称之为充分全面的实现,是因为国民公会是政府独一无二的中心;真正的专政机构,救国委员会,并非与国民公会分开的行政权力机构,而只是诸委员会中的一个,是国民公会本身的一部分，由此它要和国民公会保持一致。比约·瓦雷纳之所以在雾月28日（11月16日）的介绍报告中，批评制宪议会将自己作为一种独立的行政权力机构是触犯了法律，这并非出于偶然。这正是大革命似乎最远离最初目标，即将社会建立在法律的普遍性之上之时，也正是最忠于其主权观念之时：迹象之一就是，1789年与1793年从一方面看是对立的，从另一方面看则是一致的。共和二年，人民的权力最终建立起来，居于认同金字塔的顶端：人民等同于国民公会，也就等同于救国委员会，很快就会等同于罗伯斯庇尔。恐怖和美德在各自的范围内负责使这个抽象等式系列保持完整无缺。

罗伯斯庇尔于共和二年雪月5日（1793年12月25日），以救国委员会的名义在国民公会所做的报告也许体现了最完善的"革命政府理论"。革命政府是一种前所未有的权力形式，因此"政治作家"也从未预见过它，研究过它；这种政府与宪政政府对立，因为它服从"不那么划一和不那么严格的规则"，也就是说，它居于法治之外。不过，它却是法律之治的序幕，是为了"建立"民族，以对抗它的敌人，它对这些敌人发动了自由之战："立宪政府的目标是保持共和国；革命政府的目标是奠定共和国。"

"奠定"意味着什么？它首先便意味着不仅要反对外部敌人，还要反对内部"派系"，以保存共和国。人们在罗伯斯庇尔那里，发现了一个旧观念，即人民主权所遭受的最大威胁，是追求特殊利益的团体在篡夺它。这种观念为始于1793年末1794年初的冬天，一方面反对宽容派、另一方面反对埃贝尔派的斗争提供了外衣。谁在人民和派系之间、好与坏之间划出了一条界线？是"对于祖国和真理的爱"。最终，支配政治生活的是一种道德准则；即便法国人民认可国民公会，那也更多的是依据议会行动的"特性"而非依据法律。

正是将社会奠基在公民美德之上的最高需要，批准暂时中止权利，例如人权，这种最高需要甚至超过了公共拯救。大革命从旧制度那里继承了腐化的人群，这些人扭曲了大革命的行动。在确立法律的统治之前，大革命必须使每位新社会契约的参与者都得到新生。众所周知，对于卢梭来说，从个人到公民的转变，是一项很困难，甚至几乎不可能的事情。对于罗伯斯庇尔来说，通过革命政府的激进行动来实现这一转变，成为大革命的意义。

因此，"革命政府"是特殊局势和一种政治文化的共同产物，它们都对革命政府产生了影响。但根据两种不同的解释模式，可以对革命政府做出相互矛盾的判断：要么狂热地崇拜它，要么毫无保留地厌恶它。

第一种态度在19—20世纪的新雅各宾派历史学家中很普遍。他们认为，共和2年的政治体系是对极端民族危难的一种简单回应。战争通常会诱使人们同意授予国家更多权力；1793年那场让法国与欧洲剑拔弩张的战争，的确有可能带来这样的后果，因为战争介入这样一个民族国家：它自1789年以来就失去了真正的行政权，制宪议会的法令在很大程度上使它在行政方面去中央集权化；由于国土遭到入侵，再加上有好几个内战策源地，这使得中央政府有必要重新强有力地控制权力机关。

由此，专政只不过是一种局势造就的权力，这种权力是大革命的敌人暂时强加于它的，所以与革命这一现象的本质，即确立自由并无关联。此外，专政的最终辩护就在于一个事实：它达到了目的，亦即，它从侵略和内战中最终拯救了法国。革命政府是在1793年初春至夏末最危急的月份中建立起来的；至年底，它几乎在所有地方都取得了胜利。夏天，革命政府收复里昂和图卢兹，冬天，它击溃了旺代叛军，同时，外敌被击退至国境之外：9月8日，法军在翁德斯考特击败了威廉·冯·弗雷塔格（Wilhelm von Freytag，1720—1798）指挥的英国和汉诺威联军，这缓解了敦刻尔克的压力。一个多月后，瓦迪尼战役让莫伯日摆脱了科堡（Cobourg）的压力。11月，奥什（Hoche）在莫泽尔的军队中脱颖而出，通过一系列的调兵遣将，他挫败了普奥联军对阿尔萨斯的威胁。这些军事上的成功与"军队中的恐怖统治"相伴相随：取得翁德斯考特战役胜利的乌夏尔（Houchard）将军，因未能截断英国人的撤退而获罪，被送上了断头台。等待尚塞尔（Chancel）的，是同样的命运，因为作为莫伯日卫戍部队的指挥官，他未能在瓦迪尼战役中有所建功。救国委员会的成员，将毫不容情的政治专政强加于军队。卡诺前往北方前线，圣茹斯特和勒巴（Lebas）前往斯特拉斯堡。

因此，如果人们相信是革命政府的成员成功地从外敌入侵和内战中拯救了法国的话，那也是可以理解的：毕竟这些事情都发生了。但这种对事实的观察并不能证明其他政策——如吉伦特派的政策——无法以更小的代价取得同样的胜利。共和二年的胜利应归功于当时政府的"革命"特征，这种不合逻辑的推论是建立在一种错觉的基础之上，邦雅曼·贡斯当在1797年的一本小册子（《论恐怖统治的影响》）中就揭露了这种错觉。将局势的恢复归于政府的活动，确切而言，握在救国委员会手中的政府的活动是一回事，而声称这些活动及局势的恢复都离不开恐怖统治则是另一回事。因为恐怖统治激起一种普遍的畏惧，并落在每个人、每个阶级头上，由此，它并未能增进对于共和国的献身精神，而没有后者，共和国就无法生存。它将共和国封闭在一个镇压和反叛构成的怪圈之中："恐怖统治导致里昂的叛乱，各省暴动，旺代的战争；为了平定里昂，瓦解省联盟，粉碎旺代，就必须实现恐怖统治。但没有恐怖统治，里昂就不会起来反抗，各省就不会联合起来，旺代就不会宣布承认路易十七。"

然而，那些"局势"论的支持者，将革命政府的整体高效视为理所当然；这些人喜欢用"不胜利就灭亡"这样的共和修辞来装饰主权权力：一方面，革命政府是血淋淋的修修整整，但另一方面，它异乎寻常的高效。两个世纪以来，法国左派充斥着这种崇拜者，他们的热情与其说是建立在政府的真实表现上，不如说是建立在莫娜·奥祖夫所说的"在国土面临威胁、祖国在危机中、强权带来奇迹的图景中做梦的法兰西癖好"之上。共和二年的政体成为了与人民、专政和民族密不可分的法国政治想象的宝库之一。

虽然这完全是一种因应形势的临时政体，但展示了一种国家的特征：为了人口中贫困阶层的利益而实行专政，反对资产者和富人，并试图在1789年式样的个人主义的废墟上，重建一个真正的公民共同体。这是巴贝夫在共和四年赋予共和二年的意义，此后，邦纳罗蒂的书《为平等而密谋》让这种意义在19世纪一代又一代的人中传递：圣西门、比谢、埃斯基罗斯、路易·勃朗及其他那些不那么有名的作家以多种方式，重新使用了这种解释。通过他们，事实上的专政变得远远超出了战争的必需：它是正义和平等的迫切需要。他们从中发展出对法律及形式民主的蔑视；发展出对资产阶级、市场和金钱的仇恨。在马克思之前，在工人阶级存在之前，社会主义思想就已经在对于革命政府的反思中，在法国扎根了。阶级斗争在其中找到了伟大的爱国回忆这一额外装饰。

然而，如果能够将必要且令人仰慕的革命专政与令人厌恶且有害的恐怖统治区分开来，人们会更乐意屈从于一种关于民族活力的浪漫主义。这通常是19世纪共和主义历史学家的倾向。他们一直被革命政府、恐怖统治和罗伯斯庇尔主义之间的关系所困扰。譬如，米什莱喜爱山岳派却厌恶雅各宾派，前者为战争的胜利和祖国的得救提供了伟人：卡诺、康邦、兰代以及两位普里厄。圣奥诺雷街的俱乐部，只会成为以大祭司罗伯斯庇尔为首的恐怖统治的意识形态组织。路易·勃朗将他的英雄罗伯斯庇尔放在好的一方；不过他也将作为救国委员会成员、民族安全英雄的罗伯斯庇尔，与作为恐怖统治的推行者、对埃贝尔派犯下罪行的罗伯斯庇尔区分开来。诚然，他比米什莱有更多的理由崇拜战时专政，因为作为一名坚定的社会主义者，他在其中看到了一种强有力的国家的雏形，这种国家是穷人保护者和经济管理者。但他并未将恐怖统治置于公共拯救的必要因素之列。得等到马迪厄和20世纪的共产主义历史编纂学，断头台才会属于胜利不可或缺的工具及平等的公民身份之列，并如同在1793年时那样，为人赞美。

在另一端，更喜爱自由而非平等的历史学家，如复辟时期的自由派，全面否定革命政府和恐怖统治，他们将其视为一种非法政体的两张面孔，这种非法政体是由一小撮不识字的民众强制实行的。米涅并不认为形势要对革命政府负责，因为它是一种短暂持续的现象。同时代的基佐，在19世纪20年代初写了令人赞叹的论战作品来反对极端保王党人，他强调，贵族的抵抗应对1792—1794年恐怖统治的实施负责。但这只是表明，他之所以更为激烈地批评革命政府，是因为它是一种缺少法律的制度，基佐由此称之为"无政府状态"。

在自由派的思想中，革命国家的专政将1789年庄严宣告的人权践踏在脚下，它来源于公共主权在个人自由领域不合法的扩张：邦雅曼·贡斯当很早就将哲学和政治的偏离诊断为《社会契约论》及公意的全权所带来的不良影响。这一观点被基佐所沿用。一些作家，属于比严格意义上的自由派更极端的自由主义群体，对于社会对国家异乎寻常的服从这一问题，他们提出了另一种解释。蒲鲁东是主张自治的社会主义者。基内是被波拿巴三世流放的共和主义者。他们在罗伯斯庇尔的共和国中看到了君主专制的复兴，"公共拯救"这个老借口同样曾经为波旁王朝服务。总而言之，自由派和极端自由派认为革命政府只是完成了一些与1789年想要做的事情截然相反的事情。大革命在法律的缺失之上建立起专政，而不是在法律之上确立了自由。

但如果恰恰相反，人们只是从1793年的恐怖主义国家中看到了大革命自身的延续，那么，对于革命政府的谴责，就不再在于它违背了1789年原则，而在于它落实了1789年原则。用雅各宾专政来否定人权,这便是反革命历史学的悖论。在迈斯特那里,恐怖统治的实施者以他们残暴的力量拯救了法国,但其行动所具有的令人厌恶的特征,向最盲目的人揭示了整个大革命令人惊异的恶劣本质。

两百年来在"革命政府"性质的形成原因这一问题之中包含着大革命自身统一性的辩论。反革命传统谴责整个大革命。雅各宾历史编纂学,或社会主义历史编纂学,或共产主义历史编纂学,将大革命作为一个整体,加以颂扬。共和主义者最常做的是,他们至少会以局势为由宽恕大革命。与整体论相反,一些作家拒绝将 1792 年 8 月 10 日至 1794 年热月 9 日间大革命的进程写入人权和自由的时代。自由派赞颂 1789 年,对 1793 年感到厌恶或遗憾;或者说,他们热爱大革命的结果,而非其过程。对自由最有激情的政治作家,如基内,甚至将 1793 年的专政从大革命的遗产中排除出去,将其视为旧制度的再生。大革命被分割为两个相对立的阶段,一个是自由的沉醉,另一个是专制。自托克维尔开始,法国大革命成为反思现代民主暧昧性质的最好场域。

弗朗索瓦·孚雷

延伸阅读

AULARD, Alphonse. *Histoire politique de la Révolution française. Origines et développement de la démocratie et de la république (1789-1804)*, Paris, 1901, 2e partie, chap. v.

Cobb, Richard. *Les Armées révolutionnaires, instrument de la Terreur dans les départements, avril 1793-floréal an II*, 2 vol., Paris et La Haye, Mouton, 1961-1963.

Guérin, Daniel. *La Lutte de classes sous la première République. Bourgeois et «bras nus» (1793-1797)*, 2 vol., Paris, Gallimard, 1946; 2ᵉ éd. 1968.

Lefebvre, Georges. *Le Gouvernement révolutionnaire*, cours polycopié, Centre de documentation universitaire, Paris, 1947.

Palmer, Robert R. *Twelve Who Ruled: The Committee of Public Safety during the Terror*, Princeton, Princeton University Press, 1941, trad. fr. *Le Gouvernement de la Terreur*, Paris, A. Colin, 1989.

Soboul, Albert. *Les Sans-Culottes parisiens en l'an II. Histoire politique et sociale des sections de Paris, 2 juin 1793-9 thermidor an II*, La Roche-sur-Yon, H. Potier, 1958 (aussi Paris, Clavreuil, 1958; réed. 1962, avec sous-titre *Mouvement populaire et gouvernement révolutionnaire*).

Wallon, Henri-Alexandre. *Les Représentants en mission et la justice révolutionnaire dans les départements en l'an II*, 5 vol., Paris, 1889-1890.

参见条目

革命议会（Assemblées révolutionnaires）
巴贝夫（Babeuf）
卡诺（Carnot）
中央集权（Centralisation）
救国委员会（Comité de salut public）
巴黎公社（Commune de Paris）
孔多塞（Condorcet）
宪法（Constitution）
丹东（Danton）
忿激派（Enragés）

吉伦特派（Girondins）

埃贝尔派（或科特利埃派）（Hébertistes（ou Cordeliers））

雅各宾主义（Jacobinisme）

最高限价（Maximum）

山岳派（Montagnards）

孟德斯鸠（Montesquieu）

再生（Régénération）

罗伯斯庇尔（Robespierre）

卢梭（Rousseau）

圣茹斯特（Saint-Just）

无套裤汉（Sans-culottes）

主权（Souveraineté）

恐怖（Terreur）

税收
Impôt

按照现代观点，税收可以被界定为为了给公共服务提供资金而从私人财富中抽取的强制性、永久性份额。不过，旧制度下，税收的公共、永久和强制的特征尚有待界定。正是在大革命期间，税收的这一定义，以及发挥其功能所必须的制度性机构，才得到全面发展。按照中世纪的传统，君主并没有向其臣民征税的永久性权利。税收被视为临时、例外的权宜之计，只在紧急情况下，通常为战争期间才征收。在和平时期，国王被认为应"自力更生"，也就是说，以佃租、封建课税和领主课税（或封建权利和领主捐税，droits féodaux et seigneuriaux）以及源于王室领地的其他"常规"收入来养活自己。如果需要补充性收入，他有时可能会通过与附庸和城市谈判，接受捐献（dons）和自愿献金（subsides volontaires）。

在15和16世纪战争肆虐期间，国王有权征收数额有限的永久性税收这一观念开始普遍为人接受。国王所征收的新税，因此也是"特别"税，它们包括针对平民或其财产的直接税，称"王室军役税"（或国家军役税，taille royale），对盐增收的税或称盐税（gabelle）、间接捐赠或援助金（aides），及称作"关税"（traites）的国家出口税。1550年左右，人们着手将这些永久性税收重新分至国王"常规"收入这一类别之中。得益于镇压和与精英协商这两者的结合，诸如三级会议这样的代表团体的同意，便不再是必需的了。

王家税收永久和强制的性质由此建立在与法定团体妥协的基础之上。从理论上而言，强制性税收应落在社会中毫无特权、作为仆从的成员头上；同时，人们认为国王保障了诸种"自由"与特权，其中包括不同等级、省及团体的税收豁免权。既然军役税最初是领主向其附庸征收的一种税，那么缴纳这种税，便更是低下、没有社会地位的代名词了。此外，由国家税收来提供资金的"公共"服务，并未与王室收入和王室家产明确区分开来。尽管大部分税收用于执行国家使命，如保卫国家，但它们也维持了王室，并负担了它赠予贵族的年金和礼物。财政上秘而不宣被视为国王的权利，因为与所有贵族出身的人一样，国王享受着以私人方式管理其财政事务的自由。

绝对君主制在财政上的虚弱，是它无法如期兑付债务的结果，最终在1789年导致了君主制的坍塌。历史学家提出了多种原因，以解释君主制在创造足够收入方面的无能。一些人首先强调分派到那些缴纳能力较差的人身上的税负是不公正的，强调特权精英对政府改革方案的抵抗。政府无法增加税收，因为身份较低的阶级，尤其是农民，在经济上被过度消耗，同时，有权有势的团体顽固地捍卫其特权。第二个学派强调王室政府行政机构毫无效率，其中包括缺少预算制度、将王室收入（的征收）扔给征税人，而征税人却用公共服务的开支来维系自己的生意。第三种观点强调君主政府税制的"内幕",即强调以下事实:王国的财政支出及借贷模式,不仅无助于社会的合理调整,反而在实际上加强了旧制度的行会结构和等级结构。王室政府依赖诸如省三级会议或总包税人等拥有特权的中间团体,来募集借款,这一事实就决定了它不可能对行政和税收结构进行改革。

要确定税收给身份较低的阶级带来何种程度的负担,是有困难的,因为人们对大革命时代的王家税制(la fiscalité royale)所造成的确切负担一无所知。不过,人们根据中央政府所了解到的官方税收总额,做出了多种估算。这些估算通常被分成向个人、其收入或财物征收的直接税和在商品的生产、出售和流通过程中收取的间接税。最重要的直接税包括国家军役税及其补充部分:用于养兵的附加税(taillon)及冬季宿营地税(quartiers d'hiver);确立于1695年的人头税(capitation),它按照将身份地位,将个人重新划入22个职业团体或法定团体——人们称其为身份(états);次等重要的直接税是在1710年至1749年的战争期间,从收入中征收的1/10税(dixième),以及其后继税收,征收5%收入的1/20税(vingtième)。1756年后,1/20税翻倍,1760年至1764年期间,及1782年至1786年期间,则翻了两倍。国家修路劳役(crovée royale)通常更多以提供服务而非缴纳金钱来完成。1730年之后,它扩展至许多地区,并强迫生活在国道附近的农民提供劳力和牲口以修建和维护这些道路。内克估计这种劳役价值2000万利弗尔。

主要间接税包括:关税(traits),即从国境和王国内部征收的关税；商品税（aides）或直管税（droits de régie），尤其是葡萄酒和烈酒的直管税，当然也有对纸张、扑克及其他商品征收的直管税；盐税，即强迫国王的臣民购买规定数量的食盐；以及政府的烟草专卖权。王家领地税（droits domaniaux）也常常被视为间接税。它们包括从王室地产本身获得的收入，以及近来形形色色的印花税（timbre）和证书注册税（例如：核查税、备案税及百分之一税）。最后，王室政府向它所征收的大部分税，每利弗尔课一个苏的附加税。18 世纪末，还向人头税和第一轮 1/20 税征收 20% 的附加税（每利弗尔加 4 个苏），并向所有由总包税人（fermiers généraux）征收的间接税加征 50%（每利弗尔加 10 个苏）。

从 1725 至 1789 年，源自税收的王室年收入的增长系数为 2.6，从 1 亿 8000 万增至 4 亿 7200 万，但如果我们考虑到人口、价格及产量的增加，大革命前，官方税负似乎并没有出现真正意义上的显著增加。就 1788 年的税负而言，一种普遍为人所认可的估算为人均（per capita）18 利弗尔，其中包括 10 至 11 利弗尔的间接税及 7 至 8 利弗尔的直接税。法国的官方税负似乎并不比英国重，甚至可能更轻。根据这些统计，旧制度的危机并非源于税收过高，而是源于税收不足。

这些对于人均税负的估算存在一个不足之处，即它们有赖于中央政府所了解的王国收入，并排除了王国的区域性税收、地方性税收及宗教性税收。由于君主政府（如后文所述）利用了以特权中间人课税这样一些改头换面的形式来提供所需税收，因此，单单基于政府官方税收的估算，可能远低于总的国家税负。

全国层次的税负估算无法解答的第二个难题是，各地区和阶层的税收负担究竟如何。旧制度下形形色色的特权,使得对于税收所造成的社会后果的分析变得极为复杂。在法国,法律上的不平等是税收结构中的一部分,它不仅包括以人们在社会阶梯中所占位置来确定的垂直性不平等,还包括地区性不平等。无论何种社会团体,即便是贵族,都几乎不可能在王国境内的不同地方享受同等税收豁免。在实行属物军役税的地区,军役税的豁免基于对贵族财产及非贵族财产的划分,而不考虑其所有者的社会地位;而在实行属人军役税的地区,豁免则基于个体的社会地位:身为贵族、占有职位或是免税城市中的一员都能获得某种税收免除。

在设立盐税、直管税及关税时,区域不平等仍占据支配地位。例如,为了设立盐税,法国被分成6个地区,大盐税区缴纳的税额最高,而某些省份却完全免税。一些省属于所谓的"五大包税区",商品在这些省之间的流通中实质上不用缴纳任何商品税,而位于包税区之外的省份,相互间的商业往来则要被征收24种以上的费用。此外,贵族、职位拥有者、特权城市的市民通常至少部分享受盐税、直管税及烈酒税的豁免。

因此,地方差异、行政安排、城市特权、官职、贵族或教士等级的附属物,都是合法免除税收的重要因素。总之,似乎是一些富有影响的社会团体,而不单单是贵族,让不相称的税负落在无特权阶级身上。

在18世纪,政府在法律层面一点点减少,或尝试减少税收体系中的特权。军役税是最具公开歧视色彩的直接税,因为贵族、教士和许多城市都得以豁免。1725年,这一税收构成了王室收入的25%左右,而1788年,它已经降至15%左右。相反,人头税会根据个人"身份"征收,因此涉及特权精英;1/10税和1/20税则从包括特权者在内的所有团体的收入中征收。

对于君主政府所提出的均等化方案的成功,人们可能会提出异议。人们常常指出,在某些地区,人头税变成了对于军役税的一种补充,徇私和关系使至少一部分精英免于缴纳其收入中按法律应课的部分。即便此类做法让国库蒙受损失,人们也不能将设法不缴纳 1/20 税这样的情况,与合法免于纳税的情况等量齐观。政府的方案旨在向特权团体课税,它反而导致后者要求参与政治,这是一个君主政府绝对不会予以考虑的要求。

直接税所引发的宪政之争,使得君主政府极大地求助于间接税,尤其是求助于总包税所所收取的附加税。18世纪末,间接税(其中包括王家领地税)构成了君主政府税收的一半以上。

君主政府求助于间接税,这对旧制度的纳税人首先是农民这一观念提出了质疑。当然,农民纳税,尤其是缴纳盐税,但间接税的负担主要落在交换和消费的中心,即城市身上。实际上,正如内克估算的数字所显示的那样,很可能城市居民人均缴纳的税比乡村居民人均缴纳的税要多。最突出的例子是巴黎,它以年度人均纳税约 140 利弗尔,成为法国课税最多的地区。既然大部分间接税涉及生活必需品,而且某些特权团体至少能部分豁免,那么,税负最为沉重的便是城市贫民。

正如马赛的例子以一种更为特殊的方式所呈现出来的那样,不单单是税负,还有税负所产生的附属于政治化进程的、不均等的社会影响,使税收成为一个一触即发的问题。大革命前,马赛纳税较少,所有国税及地方税合计仅人均 18 利弗尔左右。然而,这座城市的税收结构属于法国最为落后守旧之列。市政府拥有特权，能将包括从收入中征缴的直接税——如 1/20 税——在内的所有国税，换成向谷物、葡萄酒及其他生活必需品征收的间接税。七年战争后，寡头制的市政议事会与其余城市精英之间就城市财政发生冲突，这种地方性冲突，使得间接税落后守旧的本质成为一个政治问题。1789 年 3 月，时值谷物价格不停上涨，人民准备进行三级会议选举，马赛人民经历了第一场市政革命，这比攻陷巴士底狱要早 4 个月。这场反抗被引向反对城市落后守旧的捐税及封闭的政治制度。民众包围了城市总包税所负责人的住所，新的市政府不仅取消了向葡萄酒和面粉征收的城市间接税，还宣布，任何向供穷人食用的食物征税的行为，属于叛变罪和"损害祖国"（lèse-patrie）罪。

因此，更多是落后的税收制度以及拒绝对其进行改革的地方寡头制所引发的政治敌对行为，而非税负本身，导致了马赛的革命。历史学家提出，也许应该将其视为一幅反映了几乎在全法国发生的情形的图景，这幅图景展现出，并非税负，而是专横、是不公正的分摊以及制度改革方面的无能，激起了对于税制深深的憎恨。人们由此提出了如下关键问题：为什么君主政府在大革命前进行的税制改革，从未获得成功？人们应该谴责特权精英吗？——人们常说，特权精英抵制国王旨在争取更为平等地分摊税收的方案。

人们可能会表达这样的观点：绝对君主制的根本弱点在政治方面，君主希望在无需特权精英的同意下进行统治。从国王对于政治自主的愿望中，诞生了两个与之密切相关的财政问题，即无法在不引发宪政冲突的情况下，向特权团体课税；以及由于王室财政的不透明和不承认王室债务这一专横趋势，国王无法以其名义，发起利息合理的借贷。

18 世纪不断增加的战争支出，将财政中的自相矛盾之处暴露在光天化日之下，而绝对主义的基础正在于这些矛盾。奥地利王位继承战争、七年战争及耗资 10 亿—13 亿利弗尔的北美独立战争，使税收制度的合理化变得紧迫起来。1/20 税在七年战争期间翻了 3 倍，接着是在美国独立战争之后征收新税，最后，卡洛纳提议制订一种向所有特权团体征收的土地税（subvention territoriale），这一事实证明了政府渴望通过税收渠道，将特权团体的财富据为己有。然而，这种要求引发了一场与日俱增且无法解决的宪政冲突，在这场冲突中，特权团体要求有在缴纳新税之前审核政府账目的权利，以此作为他们缴纳税收的交换条件。在君主政府希望保持绝对性的同时，精英希望保护其特权，由此所造成的政治僵局成为了改革失败的原因之一。

第二个原因同样与君主政府拒绝与精英分享权力相连，那就是公共信用（crédit public）的欠缺。既然税收无法满足战争的开支，各国政府便总是付诸贷款及其他财政上的权宜之计，以履行它们的责任。然而，对于借贷的需求在 18 世纪不断增加。法国靠着贷款，为奥地利王位继承战争提供了 28% 的资金，为七年战争提供了 65% 的资金，为北美独立战争提供了 91% 的资金。在英国，比例相应为 85%、81% 及 100%。尽管英国的国土面积和人口大约只有法国的 1/3，但它在七年战争期间使法国受挫，这得益于英格兰银行，它可以轻易借到贷款。由于英国的预算每年都要公布，并呈交议会，同时，议会站在英格兰银行的背后，所以，与王室财政始终秘而不宣的法国相比，贷款在英国要"公开"得多。18世纪中期，对于英格兰银行的信心，使得政府能以3%或4%的利息借贷；相反，法国政府则要依靠长短期贷款，其利息从5%至10%不等，平均而言，略高于6%。

同利率一样重要的是，王室一直向旧制度社会团体组织借贷。之前的历史事件，包括王室否认债务，使得在法国，所有财政活动均经由特权中间团体（市政府、教士、省三级会议及总包税所）进行。除了直接向这些机构借钱外，国王还求助于多种临时税收措施及改头换面的借贷，尤其是出售法官、行会及行政职位。然而，在君主政府试图废除纳税豁免，并使行政合理化的同时，它又不得不依靠来自特权中间团体的借款及其他补贴。因此，从财政的角度而言，这些法定团体对君主政府施加了压力，因为，它们能够和国王展开谈判，以贷款来交换保留多种特权的权利，这些特权包括免税、独立的行政网络。其结果便是，君主政府维持了政治权力机构及社会身份所具有的封闭、等级制及半自治的形式。这个无法解决的矛盾——要用特权来换取借款，可愈发重要的平等是税收的基础——使得结构性的税收改革成为不可能。

不少例子都展现了这一过程。征收国家税收的组织团体，同样是，而且首先是把钱借给国王的银行家。在那些属于三级会议地区的省，省三级会议控制了大部分交给国王的税收的征收。在税区（pays d'élection）地区，国库总收税人（receveurs généraux des finances）将由堂区税务员征收的直接税集中上缴国库。大部分间接税由一个被称作总包税人的私人征税团体来征收。

总收税人团体及总包税人团体被视为征税代理人,他们常常互相指责对方毫不妥协、实行有害的行政自治以及开销巨大。例如,总收税人实质上并没有任何和中央政府签订的行政契约。每位征税员都有各自的总账簿、纳税点以及将私人事务与国家事务混在一起的自由。由于政府没有任何手段,可以将一个纳税点的余额转移到另一个纳税点,甚至没有任何手段可以立刻得知此类余额的存在,它最终只能以短期借贷来偿还无益的利息。

由于总收税人和总包税人成为了政府贷款的主要来源,因此,君主政府无法对这一制度进行改革。例如,总包税人向政府预支基本款项,以换取降低此后租约的金额。他们还用自己的资金,向公众签发短期包税票据(billets des fermes à court terme),这些票据却间接成为此后租约的税收收入。

此外,大部分负责收税或收取垫款(débours)的财政官,都是以捐纳或购买的方式拥有这一职位的,这也意味着一种借款。首个买家交给政府一笔钱(现金),以换取职位,政府则向他支付薪金(gage)或利息。政府被迫通过一种流动性非常强的强制贷款模式——它被称作"增加薪金",使职位持有者投入职位中的资本增值,正基于此,国王才支付薪金。政府无法取消职位,除非它有能力偿还职位持有者所投入的资本——这是一件困难的事情,1788 年,单单总收税人团体的职位,其价值就升至 65 390 000 利弗尔。

一项对于其他特权团体的研究揭示了与法定团体制度相同的税收"内幕"。在法国大革命前 20 年中,三级会议省常常借钱给政府。政府增加了行会、正义法院及行政机构中的捐官职位,并不同程度地增加薪金，以此它打动了王国精英。1789年，仅投入国王秘书这种能带来贵族身份的（anoblissant）职位的资金，就约有7600万利弗尔，而国王秘书在行政事务方面并不发挥任何作用。这仅仅是信贷手段，它带给国王他所亟需的、利率不高的金钱，带给社会一群准备捍卫税收豁免权的新贵族。

在此期间，城市里，人们在中止了各自市参政会中可捐纳的职位的购买，中止了以某一价格来确认他们的特权，并且在1758年后，中止支付无偿捐献，这时，除了名称，无偿捐献在各方面都已经变成经常性的了。为了支付这些财政义务，城市政府借了必要的资金。当君主政府要求城市为它完成这项或那项任务，如修筑国道，建立军营或是安顿督办官时，城市也开始借贷。城市债务由称作"入市许可税"（octrois）的市镇间接税担保，这种税收尽管具有地方特色，却是为了向中央政府提供财政援助而创立的。例如，1787年，里尔征收的入市许可税为人均24利弗尔，其中至少有11利弗尔用于王室所需的临时性开支，而非用于满足市镇需要。人们只在里尔的账簿中发现了这些入市许可税，因为它们从未变成国库里的金钱。不过，里尔的例子让人们了解到，官方对国税（impôt royal）税负的估值将地方税收排除在外，这种估值低估了法国国税制度的真正税负。

一般而言，国王的大臣们也许宣布废除了城市、省、总包税人以及贵族的恼人特权——这些特权在法国阻碍了所有的改革，但从下往上看，废除特权也就明显意味着绝对君主制筹措资金的传统模式终结。旧制度并非死于绝对君主制的政府赤字，也就是说，并非死于一个希望改革的政府无法强迫特权团体接受加税。

它死于无法摆脱与特权相连的借贷结构，这些特权，无法与合理化税收的基础相协调。一种中央集权化的、易于动用的国债制度，依赖于信心，这是绝对君主制无法自发激起的。如莫普所做的那样，利用绝对权力来取消高等法院，或如泰雷（Terray）所做的那样，放弃财政责任，这都只会让精英不那么想将他们的钱投给国家。通过比较，我们可以看出，内克改革方案的基础所具有的首创性，不在于绝对主义，而在于通过包括公开王室账簿、建立省级议会（assemblées provinciales）等方式，让精英参与，以达到孕育信心、刺激投资的目的。这些改革以及其他改革，旨在使征税更为有效、开支更小。借助它们，内克试图使君主政府远离传统上它所依赖的特权中间人。他的失败给法国留下了源于北美独立战争的庞大债务，他的继任者们又让这些债务进一步增加。1787年，约2亿8500万利弗尔——超出了君主政府岁入、4亿7200万利弗尔的一半——用于偿还债务。国王开支超出其收入1亿6100万利弗尔。

高等法院与国王之间的宪政斗争继续使得增税成为不可能，同时，18世纪80年代末经济的衰退使得税收减少，并使来自总包税人和其他金融家的短期借贷枯竭。君主政府无法继续依靠税收代理人的短期借贷以阻止破产，只能在1788年承认破产的现实。

大革命解决旧制度税收问题的办法导致公共权力的基础和市民社会的基础被重新定义。从新原则，即"社会契约"的原则出发，税收——以及信贷——公共、永久及义务性的本质得到承认。国家及其税收是永久的，不仅因为持续时间和传统赋予了它们一种正当性，还因为人民同意在一个公民社会中生活。人民实际上成为了主权者。税收对所有人都是义务性的，包括之前享受特权的那些人，因为所有人都以平等的方式享受国家所给予的保护。税收真正成为公共形式的财产，而不再是公共收入和国王家产的混杂，因为人民代表接受了这些税收，公开研究预算并控制开支。 273
职位买卖制度被取消，正是通过这种制度，公共职务变得与个人社会地位和私有财产密不可分地联系在一起。这一措施为一种理性的行政及税收官僚制度准备好了土壤。在代表拉维（Lavie）在国民制宪议会的发言中，就能发现1791年政治及制度理论的深刻转变："我们发动革命，只是为了成为税收的主人。"

加伊・博森加（Gail Bossenga）

延伸阅读

BEHRENS C. B. A. «Nobles, Privileges, and Taxes in France at the End of the Ancien Régime», *Economic History Review*, 2ᵉ sér., n° 3, 1963, et le débat avec G. J. Cavanaugh dans *French Historical Studies*, t. 8, 1974, p. 681-692, et t. 9, 1976, p.521-531.

BIEN, David D. «The *Secrétaires du Roi*: Absolutism, Corps, and Privilege under the Ancien Régime», in Albert CREMER (sous la dir. de), *De l'Ancien Régime à la Révolution française*, Göttingen, Vandenhoeck & Ruprecht, 1978.

BOSHER, John F. *French Finances 1770-1795: From Business to Bureaucracy*, Cambridge (GB), Cambridge University Press, 1970.

BOSSENGA, Gail. «City and State: An Urban Perspective on the Origins of the French Revolution», in Keith M. BAKER (sous la dir. de), *The French Revolution and the Creation of Modern Political Culture*, t. 1, *The Political Culture of the Old Regime*, Oxford, Pergamon Press, 1987.

HARRIS, Robert D. *Necker: Reform Statesman of the Ancien Régime*, Berkeley, Los

Angeles et Londres, University of California Press, 1979.

HINCKER, François. *Les Français devant l'impôt sous l'Ancien Régime*, Paris, Flammarion, 1971.

MARION, Marcel. *Histoire financière de la France depuis 1715*, 6 vol., Paris, A. Rousseau, 1914-1931.

MATHIAS, Peter et Patrick O'BRIEN. «Taxation in Britain and France, 1715-1810: A Comparison of the Social and Economic Incidence of Taxes Collected for the Central Governments», *Fournal of European Economic History*, t. 3, 1976.

MATTHEWS, George T. *The Royal General Farms in Eighteenth-Century France*, New York, Columbia University Press, 1958.

MORINEAU, Michel. «Budgets de l'État et gestion des finances royales en France au XVIIIe siècle», *Revue historique*, n° 264, 1980.

RILEY, James C. *The Seven Years War and the Old Regime in France: The Economic and Financial Toll*, Princeton, Princeton University Press, 1986.

参见条目

中央集权（Centralisation）

封建制度（Féodalité）

内克（Necker）

公共教育
Instruction publique

"长久以来,我认为这些设想就如同幻梦,只可能在缥缈不定的未来实现,而那时我早已不在人世。然而,一件大喜之事一下子就为人类事业开辟了一条广阔的道路。从昨日到今日,倏忽间,人们仿佛经历了一个世纪的变迁。"在《公共教育备忘录》(*Mémoires sur l'instruction publique*, 1790)中,孔多塞如此揭示大革命给教育领域带来的诸多意想不到的可能性。事实上,大革命从一开始就自觉背负起了教育的使命。它给知识精英提供了一个史无前例的机会,即教育国民。这个机会也意味着知识精英们不可推卸的一项神圣义务。

政治和文化上各种因素共同作用,不断激发着人们对国民教育的憧憬。1789年的革命者在启蒙运动中自我觉醒,并将这份憧憬当作精神支持。作为启蒙运动的产物,大革命本身就带着这种信息,以战胜和扫除那些使人民堕落的愚昧与偏见为己任。只有专制才会与愚昧为伍,映射着启蒙之光的自由,向来只同天才、文学和艺术为友。建立新城邦(Cité nouvelle)需要将人们从双重压迫中解放出来:一是政治权力的专横,二是偏见和愚昧的桎梏。

这既是承诺，亦是必需。如果说大革命有义务向法国国民提供教育的话，那么，新制度机构同样需要受过良好教育的公民。革命恢复了人们被专制剥夺的种种权利之后，需要培养一批既能享受又能维护革命成果的"新人"。离开民族的新生和公民的塑造，新城邦将无从谈起。然而，只有同样新生并具有公共性质的教育事业才能巩固1789年的价值与原则，才能不遗余力地宣扬公共精神。因此，革命的前途与这项艰巨的教育任务息息相关，后者旨在于旧人与新人之间建起一道无法逾越的屏障，一方面是处于卑贱境遇的臣民，另一方面是承担高尚使命的公民。教育事业要使革命带来的新旧断裂不可逆转，新历法的推行将象征着历史的新起点。

大革命期间交织着两个乌托邦，如果我们愿意的话，也可以称之为社会梦想。一个是革命乌托邦，意在让历史从零开始重新发展，在国民享有主权和幸福的基础上塑造新城邦。另一个是教育乌托邦，旨在改造众人，使其全数成为与新的法律和制度在同一高度的公民。新生的国民和新城邦，这些革命想象的关键符号需要有摆脱旧时代沉重包袱的公民组成的民族。因此，激进断裂的神话和有待完成的任务的表征并驾齐驱。教育是民族关照自身的责任。教育也是国民将自己的主权意志和权力应用于自身的一种方式。尽管革命期间政权多番更迭，革命教育事业始终对政治活动家们散发着不可抗拒的吸引力。可以这么说，他们以永久创造一种教育话语、让这一使命在多种方案中得到具体体现，并想方设法推行这些方案为己任。

随着这一话语的制作和教育经验的积累，人们在革命教育的某些特定目标上达成了心照不宣的共识。

　　由于新生的教育事业既属于国民，又是国民的体现，那么，它理应是公共的。这就需要首先同原有过时的、腐败的教育体系划清界限。在此情况下，关于旧制度下教育状况的"黑暗传说"被迅速制造出来。"即便在旧秩序下，人们也不禁思考起了我们机构的野蛮：它们首先彻底剥夺了绝大多数人接受教育的权利，并使其无动于衷，不知反抗；接着，向那些并非愚昧透顶的人们灌输各式糟糕理念；同时还传播种种自行编纂、无中生有的丑恶偏见。［……］这份对于早已过时的习俗盲目而固执的恭敬，使我们仿佛置身于知识被修道院垄断的蒙昧时期。然而在十个世纪之后，这份恭敬仍然驱使着人们去寺院隐修。"（塔列朗《呈给制宪议会的公共教育报告》［*Rapport sur l'instruction publique présenté à l'Assemblée constituante*, 1791年9月］）赋予教育"公共"的性质就意味着终结教会对教育的控制，乃至终结教会对学校近乎垄断的控制。在《教士公民组织法》及随后一系列冲突的推动下，公共领域的去神圣化进程大大加快，逐渐摧毁了原有教育网络。教会学校（collèges）的共同利益因什一税的取消（1789年8月11日）大受打击；公民宣誓的要求将不服从的教士清除出教育事业；随着各个修道会被陆续取缔，附属于宗教组织和教士团体的学校（écoles）和学院（collèges）皆被撤销（1792年4月6日，1792年8月18日）。本着打击团体及其特权的精神，人们先后解散了索邦大学（1792年4月）和各个科学院（1793年8月8日）。换言之，从1792年开始，旧的教育系统已经不复存在，鉴于新的机构迟迟没有设立，在公共教育建成之前，首先映入人们眼帘的是一片"学校教育的荒漠"（désert scolaire）。此外，新旧之间除了显而易见的断裂之外，仍然存在着一定的连续性。许多旧时的修会成员，尤其是奥拉托利会会员，入选了立法议会或国民公会下的公共教育委员会（Comités d'instruction publique），抑或在督政府新设的教育机构任职；他们为大革命的教育事业做出了杰出贡献。

除了教育的公共性质外，人们还达成了另一个共识：他们普遍认为教育任务具有双重性，即教化（éduquer）和教育（instruire）。诚然，这一观点算不上新颖，耶稣会团体和奥拉托利会难道不是既向学生传授知识，又致力于将他们塑造成良好的教徒吗？然而，在大革命的语境下，一切都发生了变化：由于需要囊括全体国民，关于教化和教育的传统划分也有了新的涵义和侧重。这一划分融汇了新的教学理念，指定了各自的对象，确立了独有的教学方法。由于启迪国民是革命的任务之一，所以应当摒弃旧制度下学校教授的知识，传播更新后的知识。只要学校得以改造或更新，它依然是传授知识的特定场所。可是，革命还需要培养公民，只有教育才能与心灵对话（parlant aux cœurs），才能将人们的热情引向公益，最终实现这一目的。正如米拉波曾经在一个颇具冲击力的口号中宣称的那样，为了达成这一目标，教育应当"征服人们的想象力"，他概述了教育宣传的理论，并构思了施行方法。正如拉博·圣埃蒂安在其《国民教化方案》（Projet d'éducation nationale，1792年12月）中所写，应当对公共教育（instruction publique）和国民教化（éducation nationale）加以区分：前者给人以学识，后者赋人以美德；前者为社会增光彩，后者为国家添力量。国民教化是所有人必需的食粮,而公共教育只由一部分人分享。

这些定义与对于两类教育目标人群的区分相结合,以区分两种特定教学活动。简言之,我们可以断言,教化首先针对的是成年人。革命教育面临的最大问题正是如何"化旧为新",如何将旧日的臣民塑造为公民,如何将这些在旧制度下成长起来的成年人塑造为新人,他们组成了作为主权者的国民,但他们不可避免地受到旧制度下各种制度、风俗和偏见的不良影响。对于这些已经定型的人,我们也得设法教化他们,哪怕试着传授给他们一些最实用的知识技能。反之,我们应当竭力教化和教育年轻一代,他们才是革命新时代的主人公。由此可见,两种特定的教育方式既泾渭分明,又相互补充,但同样至关重要。

公共教化(éducation publique)的重要推行方式是公民节日和爱国集会。(在共和二年,人们尤其重视民众俱乐部的教化功能。)不过,虽然教育和教化密不可分,但是它却需要通过学校教育体系这一媒介实现,学校教育体系的革新则离不开一系列新机构的设立。因此,我们发现,在革命教育方案中,这两方面的内容是不可或缺的:一是新的学校教育体系建设、教学内容的设置等;另一个则是革命节日的计划。

这说明,公民教化不应仅限于节日。革命理论家受到启蒙运动的启发,心中萦绕着一个梦想,希望建成一个教育社会,这个社会通过它的各个机构,来行使教化的职能。革命历法无疑是最好的例子:它充满了各种新的象征,人们期望它能有效地使文化环境理性化,进而使其同质化。由此,人们希望,得益于重复的日常经验，它必然会潜移默化地将关于新生活方式、感知时间的新方式，以及新的历史记忆的精神，铭刻在公民心中。在此期间，革命历法的实施，与革命节日的举行相结合，尤其应当使精神世俗化，公共空间非基督教化。

对国民教化和公共教育加以区分并不意味着将两者对立起来，反之，二者的目标具有很强的互补性和根本统一性。理想的小学教师形象应当是这种统一性的化身：他不仅需要教会孩子们读书、写字，还要积极参加革命节日的组织策划；平日里在学校钻研教材和不可或缺的教学方法，休息日则去给聚会的成年居民朗读爱国历书和公民教理问答，丰富他们的精神，打动他们的心灵。当然，这些工作都必须以规范的法语进行，为的是有效打击再现了旧制度所遗存的分裂的方言和"土话"，加强统一而不可分离的民族的团结一致。

然而关乎这些基本理念的共识很脆弱，并不时遭到质疑。怎样为大革命制定一个严密的教育方案，继而进一步地制定一个全面的文化方案？这一系列根本问题实际上仍悬而未定。公共教育与国民教化的重要性分别是什么？换言之，塑造思想与培养爱国热情，批评精神与动员宣传的重要性分别是什么？在教育领域，民族，或者说国家，应该扮演什么样的角色？国家的干预权以何处为限？通过义务教育，是否能合法地侵犯传统上留给家庭，甚至留给父亲的特权？是否由国家垄断教育？抑或相反，国家在认清职责的基础上，保证教育自由，即允许开设私人学校。诚然，公共教育应当缩小不平等，并致力于塑造明智的公共舆论。然而，公共教育应当是平均主义的，并使人平等，还是按照个人的天赋和能力，有所区分？国家是该仅对全体公民提供基础教育，还是在此基础上创造竞争的环境，筛选和培养那些真正的天才，让他们成为各行各业精英的后备军，进而促进科学、文化和艺术的繁荣？毋庸置疑，大革命使得臣民转变为公民，但是，如果一个人没有最基本的能力去满足新的政治空间所包含的文化要求，他能成为一名需要做出政治选择的公民吗？

类似的问题不胜枚举，在前后几个议会中引发持续讨论，并且成为报刊、雅各宾派以及民众俱乐部中的争论焦点。对教育的关心贯穿了整个革命时期，（1791年、1792年及共和三年）三部宪法都有条文强调创办和组织公共教育的必要性，这就是最好的象征。这些条文在形式和内容上的差异恰好证明这一事实，即革命的教育学并非只有一种，它是一个巨大的思想和经验场，其中，流派纷呈，甚至不乏冲突对立。关于公共教育的讨论因为相关的政治选择而愈发热烈。然而，我们不能简单地以政治派别来划分教育阵营。相较于政治和意识形态，教育问题复杂太多，教学问题则保有自主性。事实上，教育学的立场常常深受文化和智识选择的影响。在上文所述的一系列备受争议的问题中，人们轻易就发现了那些困扰启蒙运动已久的矛盾和分歧。譬如卢梭和伏尔泰在先贤祠相邻而眠，但是这种象征意义上的和解并不能抹去他们思想遗产之间的分歧。在大革命期间所积累的经验，汇合了启蒙运动这种充满矛盾的遗产，以及激越的希望和苦涩的失败，变得无比复杂。

为了更好地展现这些讨论的关键问题以及当时所提出的解决方案的多样性，我们不妨考察一下1792年至共和二年春天陆续制定的三份公共教育方案。这个时期,有关教学的讨论层出不穷,学校教育政策一再出现戏剧性的转变。所讨论的三个方案不仅不局限于学校教育领域的调整,更涉及整体的文化选择。孔多塞、勒佩勒提耶、布基耶(Bouquier)三人见证了前后几个政权在教育领域中面对的矛盾,使它们在有时会具有极端色彩的选项中犹豫不决。

孔多塞在1790年发表了一系列《公共教育备忘录》,总共5篇;并在1791—1792年间草拟了公共教育方案。孔多塞当选立法议会代表,并被任命为议会中公共教育委员会的成员。因为该委员会非常重视宗教教育,所以它陡然推翻了由塔列朗在1791年9月,制宪议会的最后时日,提出的公共教育计划。(议会还没有来得及讨论研究它)。孔多塞终于说服委员会接受了他的想法;历经两个月的讨论,经过了某些修改,他的计划为委员会所采纳。最终,孔多塞于1792年4月20日会议期间,即法国向奥地利宣战的当天和次日,提交了他的报告和法案。出于形势,讨论被推迟,立法议会之后再也没有重新对其进行讨论。

孔多塞将教育的最终目的界定为:实现一种能够保障所有个人的幸福和发展的、民主的未来;人类精神的无限进步。公共教育旨在帮助每个人发展其天赋,满足其需求,保障其幸福,认识、行使其权利,完善其技艺。由此,教育将在公民之间建立机会均等,并实实在在地提供法律所承认的权利的平等。此外,通过培养人们的艺术和科学造诣,公共教育体系"致力于使人类逐步而普遍的完善,所有社会机构都应被引向这一最终目的"。对于公共权力而言,教育还被认为是"一项出于社会和全人类共同利益而应承担的义务"。因此,所有级别的教育都应当是免费的。公共教育还必须是世俗的:"完全有必要将道德与一切宗教原则区分开来。"小学教师的任务不仅在于教导孩子们,同时必须确保对于成年人的继续教育,他要在每周日开设讲座普及宪法和法律。教育应当尽可能独立于政权。任何公共权力"都没有权威和威信,去阻止发展新的真理,阻止传授与自己的特殊政策和短暂利益相反的理论"。学校应本着批判精神来塑造公共美德,它无论如何都不能成为灌输任何意识形态的工具和场所,即便是爱国或革命意识形态。这一原则对于小学来说尤为重要:学校的大门应对所有孩子敞开;学校不仅应该教会孩子读书、写字、算术,还需要"根据最新的发现传授文化艺术知识"。学校的目标是让孩子们在充分认识自身权利和责任的基础上,为将来履行公民职责、选举代表,担任陪审员、治安法官、市镇官员等职位做好准备。孔多塞忠于自由原则,拒绝义务教育。对启蒙运动天然的热爱及启蒙运动所带来的益处,会让公民将他们的孩子送到学校,而无需强迫他们。除小学外,其他层面的教育,"严格而言并不具有普遍性"。在小学之上,是一个有奖学金制度保障的递进式高等教育体系(système graduel d'établissement de degré supérieur),它是为了达到这样一种双重目的:"既能保证所有人才都为国家所用,又不侵害任何个体的既得利益。"为使这些原则具体化,孔多塞的方案设计了五类教育机构:初等学校(écoles primaires)、中等学校(écoles secondaires)、专科学校(instituts)、学园(lycées,亦称专科学院)和国家科学和艺术社(Société nationale des sciences et arts)。方案还细化了各个机构的教学大纲、运行方式、区域分布等。国家科学和艺术社肩负双重任务：一方面，在保持自身独立性的同时，领导和监督整个教育系统；另一方面，吸纳和繁荣人类的智慧结晶，这主要受惠于将最优秀的学者聚集起来，并按照能力将他们分至4科。

孔多塞的方案因其思想的严谨、观念的广度和现代，因其逻辑严密、内容完整的特征脱颖而出。它不但为革命提出了一种学校模式，而且它身处这一时期一场争论的中心，这场争论是关于有待创造的民主社会中文化与权力的关系的。它既要考虑保证所有人都有权学习基础知识，又要操心为有才华的人开辟道路，由此促进新精英的形成，而才华和能力则是他们晋升的唯一标准。得益于平均主义的基础教育与选贤唯能体制的结合，法国享有开明的公共舆论，而它正是民主体制的基础。

孔多塞的方案同时遭到了各式各样的批评。一方面，传统主义者尤其指责其世俗特征；另一方面吉伦特派和山岳派却都明确对它表示出保留态度（正如我们所说，政治划分并不必然与教育选择相对应）。人们抱怨它的一些特征：过于抽象、过于具有批判性、过于理性主义；抱怨它不允许"革命热情"渗透到学校之中；抱怨它将公民节日置于次要地位。人们批评其过于精英主义，过于精深；他们对国家科学和艺术社拥有的教育自主权尤其不满：后者可能被视为尝试恢复让人想起旧制度的"终身教师团体"（caste）和等级制。

一些人认为孔多塞的方案过于激进，另一些人则指责它太过保守，立法议会和国民公会都无意对其进行深入的审查。不过，公共教育委员会重新将其作为其工作的基础。1792年12月，吉贝尔·罗默（Gibert Romme）递交了一个新方案，它以孔多塞的方案为蓝本，对部分内容做了改动。修改后的方案同样没有得到国民公会的批准，后者甚至未经讨论就决定重印孔多塞的最初方案。1793年7月8日，孔多塞遭指控。几天后，就在马拉遇刺当天，1793年7月13日，罗伯斯庇尔负责向国民公会提交新的国民教育计划，即米歇尔·勒佩勒蒂埃（Michel le Peletier）的计划。这位国民公会议员投票赞同处死路易十六，并在其行刑前夜被人刺杀，随后被尊为"革命殉难者"。人们在他遗留下来的文件中发现了该方案。罗伯斯庇尔带着某种蔑视，拒绝了孔多塞的方案（他宣称，该方案不切实际且抽象，"不值得讨论"），相反，却为勒佩勒蒂埃方案所提出的"共同教育"（éducation commune）的简洁明了所吸引。实际上，这一方案承诺要"以革命的方式"，快速而有力地解决所有问题，过去四年中，那些无休止的争论使这些问题越来越复杂，并使得革命停滞不前。"我们要敢于制定一部法律"，勒佩勒蒂埃呼吁："扫除种种障碍，让所有最完善的教育方案变得简明，实现所有良好的制度……这部法律旨在建立一种真正国民的、共和的、对所有人同等且行之有效的共同教育，只有它才能使人类无论在生理天赋上，还是在道德特征上都得到新生。"勒佩勒蒂埃主要努力解决初等教育（其他层次的教育只在大纲中略有所提，它们基本继承了孔多塞的观点）。在初等教育方面，他极力推行平均主义和国家干预。新的教育方案同样不信任——如果不是特别不信任——传统主义所假定的家庭环境，必须让儿童脱离家庭环境。家庭的影响应该被人造天地所抵消。这个天地由国家创造和监管，是未来社会的模型，是"新生者"

287 的摇篮。此方案还着重指出儿童属于祖国，父母只是他们的监护人。所有男童，在 5 到 12 岁间，都将由共和国负担费用，共同培养。所有儿童，"在平等这一神圣法律之下，将得到同样的衣着、同样的膳食、同样的教导、同样的关心"。学生必须离开家庭，被分配到各个半军营、半寄宿性质的公共住宅里。他们住在旧时的修道院或城堡中——它们已转而用于这种"有趣的目的"，在同样的制度下生活，这些"平等之家"将成为"新人"居住的小岛。方案规定，城市的每个区（section）、农村的每个县（canton）都要有一所学校。此外，学校应是透明且封闭，受到严格监管，"共和国的每个零件都要放到共和模具中打造"。学生的衣着膳食都遵循统一标准，一切"以满足必需为限"。他们在这里学习读书写字、算术度量，而且尤其要学习道德原则，学习"记述了自由人民历史和革命历史的最为优美的文字"。这种"强制的"教育体系，即便无法立刻将现实中的儿童塑造成理想的人民，也将在不久的将来实现它："这是一个面目一新的种族，强壮、勤劳、生活规律、遵守纪律，一堵无法穿透的围墙将阻隔我们所处的旧社会与之产生污秽的联系。"在这个由成年人进行的革命中，重塑民族的重任落在了儿童肩上。

勒佩勒蒂埃的方案毁誉参半。为了支持这一方案，罗伯斯庇尔不惜求助于公会议员们的想象力，"可能与不可能的界限通常都是我们想象出来的；但当我们有出色完成一件事的意愿时，就必须有勇气突破这些界限。"这种情感的迸发淋漓尽致地展现了
288 革命意志主义，在当时的教育话语中，常常使用这种意志主义以反驳平原派的现实主义观点。平原派认为勒佩勒蒂埃的方案不切

实际，是在编织一个带有斯巴达色彩的"危险梦境"（格雷古瓦），是在侵犯"父母拥有的神圣权利"。推行此种强制教育，即义务教育，风险尤大，因为"各个阶级的父母"都可能转而反抗共和政府（蒂博多）。义务既是此方案的关键内容，又是阻碍其施行的绊脚石。国民公会最终同意设立"平等之家"，但是并不强制学生们居住。因此，这个方案可以说是从一开始就未能得以实施。

直到共和二年冬天，在几经犹豫之后，国民公会终于决定着手建立初等教育体系。共和二年霜月29日（1793年12月19日），它接受了加布里埃尔·布基耶（Gabriel Bouquier）的方案，此方案于几日前便已递交到雅各宾派手中。布基耶是名自学成才的画家、雅各宾派活跃分子、公共教育委员会成员，直到那时，他也不过是个默默无闻的国民公会议员，此方案仅仅表达了他的个人观点。在当时的政治背景下，倘若没有救国委员会的支持，他的方案绝不会被呈交至国民公会。

布基耶的方案对公共教育的见解与勒佩勒蒂埃的方案截然不同。其核心不再是建立一所预示着新社会到来的学校，而是强制将大获成功的革命实践照搬到公共教育之中。该计划建立了面向所有儿童的免费基础教育。国民公会以父母对孩子的教育"负有责任"为由，将"义务教育"纳入其中。布基耶的方案初看上去不仅使人错愕，甚至自相矛盾：身处恐怖时期，它却主张教育自由（*liberté d'enseignement*）。教育自由首先表现在所有公民，只要能力所及，都有权不受限制地开办学校或者从事教育工作；其次，父母有权在其市镇选择符合自身要求的学校来负责孩子的教育。原先的修会成员和"小型学校"（petites écoles）的教师同样可享受上述权利。但另一方面，同一自由也把掌管基础教育的权力交到了几乎不会读书写字的"好共和主义者"手中。所幸，对于这种自由的监管十分严格：教师必须出示其居住地监视委员会所颁发的良民证（certificat de civisme）；此外，市镇议会，甚至是民众俱乐部都应该监督教学是否合乎共和原则。这个方案再次彻底对学校和教师的传统角色提出了质疑。在布基耶看来，革命已经建成了新的教育模式，找到了新的教学方法。"一系列变革就发生在我们眼皮底下，我们还需要去更远的地方寻找吗？各省、各县、各市镇的公开会议，各法庭的公开庭审，尤其是各个俱乐部的公开会议，不正是最直接、最实用、最优秀的学校？在这些地方，青年人可以接受真正的共和教育……可以说，革命本身就是某种形式的公共教育，并且提供了取之不尽的教育资源。"革命敲响了"自由的警钟"，它是否"在眨眼间"就将人民从奴隶变为英雄？"并非民情塑造了政府，而是政府决定了民情"，由人民成立的革命政府"一下子就将公共精神提升到了难以企及的高度……在真理面前，愚昧躲进阴暗的洞穴，狂热盲从销声匿迹，谬误消失遁形……在整个革命期间，单单雅各宾俱乐部带来的英雄主义和美德，就比欧洲所有科学机构在几个世纪里提供的都要多。"危急中的祖国亟需饱经磨炼的军人，为了传授人民大会（assemblées populaires）和革命法庭宣扬的爱国主义和警惕，还需要进行至关重要的教育。相反，国家有足够的理由怀疑那些企图恢复科学院体制和教育等级制度的方案。"自由的民族不需要思辨学者团体（une caste de savants spéculatifs），那种人的思维总是行走在幽径上，游荡于空想和幻梦中。纯粹思辨的科学不仅会使个人从培育他的社会中脱离开来，其自身还会逐渐变成毒药，侵蚀、弱化，最终摧毁共和国。对于一个赢得自由的民族而言，它只需要积极的活动分子及了解自身权利的人。"培养这样的人并不需要专门教员，任何好爱国者，只要其所在区按照规定，对他进行引导和监督，就能从事这一事业，他们将教孩子们读写算，向他们灌输共和精神。至于教育的其他任务，则由革命自己来承担。参与具有英雄色彩且崇高的革命行动，难道不是塑造精神和心灵的最佳方式吗？如果有必要，大可用以下事实加以证明。"自四年前起，国民就失去了小学（écoles）、中学（collèges）和教师（因为革命让它们陷入瘫痪）。但是，他们在这四年中所获得的知识，远胜大学、学院风光无限的那些世纪……人们积极地思考国王的罪行和人性的恶。对于政府的看法、关于艺术成果的观点、生理和道德所产生的效果，在全国都发生了变化，并且仍在持续、快速地变化。这种教育最为重要，也最有价值，无需学校、教师及额外的开支，人们就能获得这种教育。"学校是新社会的预兆，它们以国家强有力的管理为基石，以一支专门化的教师队伍为依靠。这种观点与另一种观点完全对立，后者倡导一种即便不是自发主义的（spontanéiste），也是自发的（spontanée）教育，拒绝以面目一新的社会或人民（他们本身是唯一也是最佳的教育者）的名义，建立任何正式的渐进教育体系。

在这些宣言中，人们当然要对一种革命浮夸中的狂热做出权衡。布基耶的方案将人民的狂热与对镇压的赞扬相融合，使教育服从于思想灌输，以政治忠诚和政治热情取代了才能和能力，并且释放出一种针对"学者团体"的、傲慢的蔑视。与此同时，它还迎合和鼓动了恐怖政策的支持者、无套裤汉斗士自发产生的，对于正派人（honnêtes hommes）乃至接受过短暂教育者的怀疑。布基耶的方案过度煽动群众，并将恐怖统治在文化上的影响和结果理想化，它由此将恐怖统治的行动和表征展现得淋漓尽致，而这些行动和表征则使恐怖统治完全成为一种文化困境。

布基耶方案实施了一年不到，由于时间太过短暂，其实际影响难以估算。然而它的存在价值却不容置疑。它填补了司法和制度方面有关初等教育问题的空白，由此做出了里程碑式的贡献。这一方案虽然没能熬过热月时期，但直到建立了供替换的教育体系后，热月时期的国民公会才将其废除。由此不难看出，恐怖时期与热月时期的关系相当复杂，既有断裂，又有延续。就算作为一种权力体系的恐怖统治象征着一种文化困境，那也并不意味着山岳派权力机构进行的所有文化事业都以恐怖统治为最终目的，亦不意味着它们都会事先遭到谴责——因为在一些人看来，它们已沦为对民众的煽动。在恐怖统治时期，种种与其对立、对革命产生影响的文化趋势并未遭到扼杀；相反，它们产生了特定的效果，有时甚至获得了进一步发展。布基耶的方案展现了对于"学者团体"的怀疑，并将这种怀疑合法化；然而，此后不到6周，恰恰是这些学者要求革命政府实行整个革命中最具独创性的教育倡议之一。在共和二年雨月14日颁布的决议中，救国委员会决定在巴黎组织"革命课程，旨在传授硝石精炼、火药制造以及大炮的模铸、浇铸及穿孔之技艺"。课程为期3周，目的在于进行速成教育，以应对武器的短缺和熟练技工的匮乏。"教育革命"（révolutionner l'instruction）就是在爱国热情中融入"最优秀的要素"，如学生，又如顶尖学者的学识与能力。在宣布开课时，巴雷尔说道："在旧制度下，需要三年的时间来建立学校、培养学生、开设化学或武器制造课。新制度使得一切都加快了脚步。"（巴雷尔从不缺少华丽的隐喻，他还找到了另一种说法："重要的是加快启蒙运动的步伐……大革命之于人类精神，犹如在非洲太阳之于植物"……）大约有一千名"身体健壮的公民"汇聚在巴黎参加课程，"他们或来自炮兵营，或选自国民自卫军中最积极的成员"。这些课程由最知名的学者讲授（其中有佛克罗伊、蒙日、贝托勒、哈森弗拉茨）。这一举措基于一种双重革新：它在技术和干部培养方面，都"引发了革命"。课程大获成功，风月30日，也就是结课那天，学生们在国民公会前游行，展示他们的劳动成果：一门大炮、火药和硝石，所有这些都是他们亲手制造的。

革命课程由此还成为其它三项革新工作的范本。坐落在萨布隆平原、地处巴黎门户马尔斯学校（l'École de Mars）（1794年6—10月）是一所军事训练营，汇聚于此的年轻人均按每区6名的额度，依照他们献身于革命事业的程度选拔而来。学院的管理参照勒佩勒蒂埃的方案，所有人共同生活，他们在这里接受速成教育，以便日后进入军队或者行政机关工作。师范学校（1795年1—4月）面向全国招生，集中了约1400名学生。学生们需要在很短的时间内（4个月），为成为负责培养小学教师的老师（des professeurs）做好准备。学生们上的课均由"所有科学领域中最杰出、最具有才华的人"讲授，内容包括各门科学的方法论以及当代知识概要（在师范学校的教授中，我们再次发现了拉格朗日、拉普拉斯、蒙日、多本顿、沃尔尼等人的名字）。此外，综合理工学校（共和三年葡月 7 日建校，最初名为中央公共工程学校）旨在于三年内，为军队的技术部门培养工程师。第一批招收了 400 名学生，他们都参加了在全国不少城市中组织的考试。然而，学生水平参差不齐，有些甚至只掌握了最基础的知识，尤其是数学。大学者们负责提高他们的基础知识水平。然后再教授以数学为核心的理论知识，同时进行实践指导。这三所学校都是于恐怖时期，在救国委员会的推动下设计出来的。罗伯斯庇尔倒台前几个星期，马尔斯学校开学，但它最终未能在热月政变中幸存下来。一方面，学生们对雅各宾主义持怀疑态度，另一方面，斯巴达式的生活体验让他们急切盼望回到自己家中。师范学校和综合理工学校都在热月政变后开学（师范学校的经验未能得以恢复，综合理工学校反而有着众所周知的大好前景）。热月党人毫不犹豫地将它们作为恐怖时期"汪达尔主义"得以终结的象征，他们宣告：一个面向科学和艺术的新时期已经到来。正如勒佛克罗伊（Le Fourcroy）在《关于建立中央公共工程学校的报告》（*Rapport sur l'établissement de l'École centrale des travaux publics*）中所说：

"事实表明，那些阴谋家（罗伯斯庇尔及其同伙）的计划之一就是毁灭科学和艺术，从而跟随愚昧和迷信，穿过人类知识的残骸，迈向统治，"然而幸运的是，"自由之神和艺术之神已经联起手来，他们为了拯救人民而时刻戒备，两者的共同努力取得了足以震惊欧洲的成功。"

热月党人的精神主宰了共和三年宪法中有关公共教育的条文，以及公共教育组织法。后者在国民公会使命结束前夕得以通过，并于共和四年雾月 3 日公布。（多努和拉卡纳尔设计的）新教育体系将对大革命的所有政治和文化经验进行批判性考察，特别是，它将总结恐怖统治的教训。恐怖统治只会迎合愚昧无知的人民的偏见，来树立权威。因此，想要阻止其卷土重来，并为共和机构奠定坚实基础，最为有效的方式就是培育受过教育的选民，同时形成开明的公共舆论。换言之，恐怖统治的教训教会我们：民主的公共空间具有内在的文化要求，而身为公民就必须满足这一要求。共和三年宪法由此引进了一种文化观念："不能将不会读书写字，不干手艺活的年轻人录入公民簿之中。农业体力劳动也属于手艺活。"虽然梦想建成一个公民都能识字的胜利共和国，热月党人控制下的国民公会却有足够的自知之明，它将这项措施推迟到共和十二年实行。然而，正如我们所知，共和三年宪法并没能在共和八年的雾月政变中幸免于难……。

共和九年雾月 3 日法所推行的公共教育体系（多努法，loi Daunou）并非意在加快扫盲进度。这一体系总体借鉴了孔多塞的方案，但在一些基本要点上有所修改。多努法只是宣布，每个县（canton）都要有一所或几所初级学校，但并没有明确规定数目。乡村和市镇的学校皆被取消，是否创办公立学校也全凭地方政府意愿。公立学校不是义务性的，也不再免费，政府只提供教师住所和校舍场地。教师的薪酬由招生状况和自身职位决定，因此变得不稳定。此外，公立学校还面临着私立学校的竞争。这都是由于共和三年宪法宣告了教育自由，并赋予公民"开设教育机构的权利"。私立学校更加开放，例如开设在公立学校禁止的基督教教理课，这也使得竞争愈发激烈。然而，它没有规定建立任何培养教师的机构。教师的水平普遍非常平庸，教师不会正确拼写也并不罕见。如果说这部新法忽视了基础教育，它反而非常重视共和国新兴精英的培养。每个省都设有一所中心学校（école centrale，等同于孔多塞设计的专科学校）。它是唯一高于初等学校的教育级别，它的学习计划给予学生很大的自由选择权，并具有一种百科全书式的特征。在人们的设想中，中心学校不仅是文化知识之家，也是某种科技学校。尽管在不同的省，中心学校所取得的成功差距甚大，短短四年时间也无法真正证明其成功，但它的建立无疑是一个雄心勃勃的创举。法案还设立了国立科学艺术研究院（Institut national des sciences et des arts），与孔多塞方案不同的是，这个机构对教育系统没有任何控制权。它的三类学科：数学和物理科学（sciences physiques et mathématiques）、政治与道德科学（sciences morales et politiques）及文学与美术（littérature et beaux-arts），"应当胜过学院（académie）的风采，恰如共和的命运已然超越了君主制法国最辉煌的时期，"多努在报告中如此宣称。以培养人民对共和制度和伟大民族（Grande Nation，这个自吹的称号后来带有嘲讽意味）的热爱为目的而设立的一整套公共节日，使得这一教育系统变得完整。

督政府各种制度的自相矛盾和软弱体现在以下事实之中：它们既是为了完成革命，结束经常性的反复无常而设计出来的；却又长期处于不稳定之中，处于一种每年选举后都会重新活跃起来的危机之中。在新雅各宾派于共和五年果月18日发动武力政变之后，学校教育问题被重新提上日程。在议会的辩论中，有人指出了初级学校的凄惨状况，并在这一显而易见的失败中发现了"公共精神"虚弱不堪的主要原因之一。这些辩论使议员们回想起国民公会的光辉岁月：层出不穷方案、热切的期望、丰富多彩的教育梦想。但它之所以使议员们回想起这些日子，还因为他们在其中发现了曾经备受争论且至今未变的问题，以及当时给出的解决办法。社会角色分配问题亦重新进入了人们的视野：国家扮演教育者的角色，人民则是受教育者。还有长久以来的设想，如果人民没有主动接受教育，那这一定是偏见和教士的过错。于是，一切终止，就如同某些在启蒙运动的理性主义和革命的意志主义中找到其根源的教育话语，已经耗尽了革新和修正的可能性。

总之，大革命的教育历程十分短暂，并且未能最终完成。但是，除了留下一小部分制度和方案外，它还留下了其他遗产。它在法国人的社会想象中烙下了一个深远的印象：民主与教育利害攸关，共和国与学校命运相连。

布罗尼斯瓦夫·巴奇科

延伸阅读

BACZKO, Bronislaw. *Une éducation pour la démocratie. Textes et projets de l'époque révolutionnaire*, Paris, Garnier, 1982.

JULIA, Dominique. *Les Trois Couleurs du tableau noir. La Révolution*, Paris, Belin, 1981.

JULIA, Dominique, et al. *Atlas de la Révolution française. Vol. 2. L'enseignement*, Paris, Éditions de l'École des Hautes Études en Sciences Sociales, 1987.

PALMER, Robert R. *The Improvement of Humanity. Education and the French Revolution*, Princeton, Princeton University Press, 1985.

PANCERA, Carlo. *L'utopia pedagogica rivoluzionaria (1789-1799)*, Roma, 1985.

参见条目

历法（Calendrier）
孔多塞（Condorcet）
教士公民组织法（Constitution civile du clergé）
非基督教化（Déchristianisation）
启蒙运动（Lumières）
再生（Régénération）
罗伯斯庇尔（Robespierre）
恐怖（Terreur）

最高限价
Maximum

人们在法国大革命中以最高限价的名义立法,国民公会则试图以这种立法调节经济生活:它规定最高商品价格,接着则规定最高工资数额。这种立法与所有革命领导人的信念相悖,这些领导人,包括山岳派,在经济事务上都是自由派。如果说山岳派在1793年的确与"自由放任"这一重农主义正统学说决裂,那也是出于政治原因。此外,相关规章条例的立法分为两个重要阶段:1793年的4—5月及9月,这两个阶段清楚无疑地表明了限价法令是"革命政府"确立过程中的一部分。

制宪议会在旧制度的废墟上建立了国内自由贸易(同时注意在边境贸易中延续保护主义):在一个习惯于君主制国家小心翼翼地进行调控,尤其是对"谷物"进行调控的旧王国中,这算得上一次激进的转型。但在1791年,制宪议会任期结束时,这个不干涉的新制度已为乌云所笼罩。指券已经贬值了1/3(在兑换市场上再贬值2倍)、硬币被人藏匿起来、物价上涨、政治危机(瓦伦事件)加剧了怀疑、扣留物资、囤积居奇。此时,问题在于,持续存在的困难更多在政治方面而非经济方面。物价上涨,这一民众悲惨境遇的古老标志，不仅仅源于收成很糟，而更多源于一种集体预感：惨剧即将到来。历史学家或许还没有充分注意到问题所在：当大革命将经济从国家的控制下解放出来时，它反而增加了将不幸和贫困的责任归到国家身上的理由，因为，如果此后主权属于人民，那么，主权者怎么能对人民的悲伤无动于衷？既然民主制确立了平等，它怎么能比君主制做的还要少呢？

从这条存在于期望与日复一日的生活之间的鸿沟中，涌出了民众的不满；关于君主调控的记忆，同样无意识地滋养了这种不满。1792年的春天目睹了在巴黎南部和西部的乡村，人们以控制物价为名，组建起无产者纵队。这些因经济而出现的骚乱被省行政当局镇压下去，但在夏天，它们将于许多地方重新出现，而且常常迫使地方当局制定类似于旧制度时期的管制措施。战争加速了通货膨胀，农民越来越不愿意把他们的农产品放到一个不稳定的市场中出售，而且，8月10日后，无套裤汉统治了巴黎，9月，出于军事目的，他们强迫以某个固定的价格买卖谷物。秋天，这一运动蔓延开来，尤其在佩尔什（Perche）地区的南部和整个博斯（Beauce）地区，不过镇压让这些地方恢复了秩序，在吉伦特派的敦促下，国民公会撤销了9月的管制法令。

然而，这个"社会问题"仍然存在，它还处于吉伦特派与山岳派冲突的中心。两派的冲突并非由理论引起：这两个团体在经济事务上分享着同样的自由哲学；秋天，《农业法》的相关标语口号四处蔓延，他们对此都压根儿不赞同。他们并不喜欢这种反对私有财产的蛊惑宣传，这类宣传常常是由乡村神父推动的。吉伦特派进行了猛烈的批评，山岳派则保持冷静，并看到了即将到来的未来:这种行为上的显著差异,源于各自的政治策略。前者希望依靠资产阶级以及新旧"利益人士"来与巴黎相抗衡,在他们的诉求中,我们看到了一个主题,即"红祸",这个主题注定在法国政治中拥有重大命运。后者企图依靠巴黎"小民"来获取权力。他们致力于公共拯救和民族统一、反对外敌入侵,此外,他们念念不忘贵族阴谋,这让他们和无套裤汉联系在一起。诸如马拉这样的人阐明了山岳派这种议会资产阶级与充斥巴黎各区的手工业者阶层之间的共同之处。

尽管如此,1793年2月,山岳派和主张价格管制的人之间的矛盾仍不断激化。民众运动投靠了独立的激进主义领袖:领导忿激派的瓦尔莱和雅克·鲁,前者是一名狂热的富家子弟,后者则是一位善于煽动人心的神父。山岳派以马拉为首,并得到雅各宾派支持,谴责并反对主张价格管制的人所发动的骚乱。然而,两个月后,面对这一运动不断增长的力量,以及击败吉伦特派的需要,山岳派改变了立场。粮食的限价法令正是源于这种被迫做出的妥协;经过激烈的讨论,在来自于旁听席的持续压力下——旁听席坐满了以"代表团"形式组织起来的积极分子,国民公会于5月4日投票通过了该法令。议会竟屈服于街头,即便是对这一问题做过最深入研究的马迪厄都无法让自己相信这一点。不过,辩论看上去就像是将给吉伦特派致命一击的6月2日起义的预演。

5月4日法令,以过去6个月的平均价格为基础,在各省确立了谷物的最高价格,这么一来,它就开始着手制定一系列措施,以控制粮食贸易和打击违反法令的行为:申报、清查、入宅搜查、行政许可以及对顽抗者处以罚金。无论如何,这个法令的实施将是漫长而困难的。而且，各地方政府和省政府有权自行决定其实施，因此，它在各地的实施情况将不一致。在当时，它所带来的结果是各省的"平均价格"如此之不平等，以至于达到了可以为了另一省的利益，将一省谷物搬空的程度。新制度的逻辑超出了管控的逻辑，它是征调和恐怖统治的逻辑。

此外，忿激派为平均主义而抬码加价，粮食限价法令并未平息这种抬码加价，反而给了它一个新动力。在随后几个月间，雅克·鲁将公会置于这样一种境地：除了投票通过普遍限价法令外，它别无选择；只在面临罗伯斯庇尔和马拉的反击时，他才后退，但这也是为了在7月重新进攻，他利用了"人民之友"（指马拉）之死，并依靠严峻局势，以"对非常危险，施以非常措施"为名，展开攻势。由于外省农村粮食的运抵已陷入混乱状态，巴黎面包短缺。7月27日，国民公会听从了科洛·德布瓦在头天晚上提出的建议，丢卒保车，通过颁布一项法令来打击囤积居奇：这项法令要求商人在一周内申报他拥有多少必需食品，并向革命警察的合法调查敞开大门。

当时，许多来自外省的批评都在强调5月4日法令的害处，议会希望撤销该法令，以此作为一种补偿。然而，政治逻辑再次压倒了经济合理性：巴黎各区的骚乱和对国家资源中央集权化的动员，迫使议员们和救国委员会走上一条实行统制经济、调查和控制的道路。罗伯斯庇尔击退了雅克·鲁，却不得不采用他的方案。8月，一系列法令授权政府权力机关几乎可以完全自行决定谷物生产和流通，法令还附有一个严厉惩罚走私的方案，为告密者提供赏金的许诺也是必不可少的。政府预备在各区建造"丰收粮仓"，以储存征调而来的粮食。从此时起，任何废除 5 月 4 日法令的观念都变得不切实际。大规模征兵在 8 月 24 日的实施，使得国家要养活的人大幅增加。9 月 5 日的无套裤汉事件，迫使公会把它的全部政策激进化，经济政策亦在其中。这一转变带来了将全面限价制度化的 9 月 11 日法令和 29 日法令。

9 月 11 日法令在整个革命政府期间，甚至在之后的一些时间里（直到 1794 年秋季）都处于生效状态，它确定了全国范围内谷物及饲料的最高价格，还确定了非常具体的购买条件。不事耕作者只能在自己的市镇上购买粮食，粮食短缺的地区只能通过各区征调来补充。粮食贸易成为政府专卖，拒不服从的农民将被纳入由 9 月 17 日法令所规定的、人数众多的"嫌疑人"之列。

9 月 29 日法令，是自 22 日开始的激烈论战的产物，辩论再次受到来自旁听席、巴黎公社及各区代表的压力。某些山岳派成员，如蒂里奥，在辩论中重新使用了吉伦特派关于贸易自由的必要性的话语。然而，公会最终投票决定对所有生活必需品强制实行价格管制。烟草、食盐及肥皂的最高价格在整个法国都是统一的，谷物的最高价格也是如此。其他基本食品，按 1790 年的时价再增加 1/3 即为最高价格，实际价格则由各县确定。使整个体系变得完整的，自然是最高工资。它比 1790 年的时价大约高 50%，由各市镇当局确定。所有这些数字必须在一周内准备好。

这项荒谬的措施需要大量清查员、检查员和处罚员，更不要说物资保管员了。它只缺一样东西，就能成为一项好规章制度，这样东西就是：中央权威。随着生活资料委员会的创立，这一疏忽在 10 月得以弥补，法国所有内外贸易都即将在该委员会的职权范围之内。它的任务是通过征调、各区之间的调配，通过进口谷物，出口制造业产品，为人民和军队提供粮食。这个庞大的计划不过是用平等的语言对君主制下的旧行政逻辑的改头换面；它被托付给了3名革命斗士：雷松（Raisson）、布吕内（Brunet）及古戎（Goujon）。雷松是巴黎的大汽水供应商，并担任巴黎省总秘书；布吕内出身蒙彼利埃大商人家庭，是艾古安（Aigoin）的连襟、财政委员会委员、公会中主管法国财政的康邦的副手；古戎是塞纳与瓦兹省的代理总检察官，之后，他很快为国民公会中一名唯利是图的政客，茹阿诺（Jouenneault）所取代。正如米歇尔·布吕吉埃所指出的那样，这些相对而言不为人知的名字，表明了在恐怖主义专政的鼎盛时期，革命政策中存在着一种资产阶级式的管理。

然而，至少在内政方面，这种管理可以依靠的也只有恐怖统治及其世俗武器，即革命军队和救国委员会的特派员。这个通过法律建立起来的体系，立即造就了它的对立面：扣留商品、非法囤积、走私、黑市；它在工场主、商人及店主中激起了抵抗，广大农民同样抵抗它，他们几乎不把自己收获的农作物拿到市场上出售。统制经济开启了一种平行经济，与之相联的是多数人的赤贫。10月底，作为被派往里昂的特派员，公会议员阿尔比特（Albitte）向救国委员会报告他旅途中的印象："在所有地方我都看到人们忙着寻找面包，许多地方面包的供应都处于短缺，人们只能吃一点东西，他们能获得的这点东西还非常糟糕。我自己就遇到过三次：我发现旅馆，甚至驿站长家中，什么吃的都没有。其原因在于谷物最高价格、农夫的贪婪、贵族和自私自利者的恶意,以及军队的巨大需求……几乎在所有地方,我都发现了生活必需品短缺,集市荒废,空荡荡的,许多店铺都关门了……"

这份来自山岳派代表的证词,解释了为什么国民公会在整个秋天,不断以附加法令来对两大九月法令进行修补,这些附加法令试图更好地调和农业利益和商业利益,却徒劳无功。徒劳无功是因为公会之于全国的权威明显依赖于强制和恐惧,因为"最高限价"的精神并不属于经济合理性,而属于恐怖统治。无套裤汉充斥于革命军队以及整个征调和镇压系统之中。山岳派代表竞相施压,就像雪月3日,圣茹斯特在阿尔萨斯的著名"布道"中所做的那样:"〔国民公会〕要求下莱茵省的刑事法庭将任何被确认为以高于最高限价的价格出售商品或投机的人的房子夷为平地。"即便坚定的意志和征调能为军队提供粮食,但对于国内贸易的现实,它们也几乎无能为力。

然而,如果有人以为,经济专政在恐怖主义的修辞中表现得比在实际中更为中央集权化,那么他就错了。原因有二。首先,最高限价实际上只是对谷物,即对面包强制实行:困扰着财政总监的东西,变成了困扰着生活资料委员会的东西了,而且更为尖锐的任务是,不仅必须为人民,而且必须为军队提供食物。这项任务通过威胁和征调勉强得以完成,之后,农民至少获得自由,能随意出售家禽(但不能出售牛)和小宗农产品。此外,谷物限价,换言之,廉价面包,至少在城市贫民中非常流行,然而,对其他物品的价格管控却影响了店主和手艺人,而无套裤汉则来自他们。

另一个原因是,地方局势差异极大,如果一个人只通过《导报》上刊登的演说和法令来研究大革命的历史,他就很容易忽略这一点。国民公会的经济政策——除了由生活资料委员会控制的对外贸易——都在地方政府、市镇,尤其是区的掌握之中(既然有温和主义嫌疑的省被革命政府排除在外)。然而,预计实施的法令,碰到了技术上的障碍,如缓慢的交通——在许多情况下它因马匹的短缺而加剧。在一处,法令的实施得到了狂热支持,而在另一处,则遭到了消极抵抗,这取决于在一个市镇或区占据优势的,是忠诚还是意外。在巴黎,与最高工资相比,最高价格,尤其是面包的最高价格得到了更好的控制,因为先是忿激派,接着是埃贝尔派统治着巴黎公社,而在其他地方,情况毋宁说是恰好相反。限制消费的政策始终是市镇层面的。每座城市,由其所在区供给生活必需品,它按照自己认为合适的方式来调节分配。巴黎实行了面包供应卡,但只有寥寥数个城市效仿。最后,国民公会向外省派遣特派员,不同特派员所实施的镇压行动在程度上也极不一样。是否倾向于服从来自巴黎的法律,是随着特派员们所引起的恐惧程度和与革命军队的邻近程度而变动的。

307 最后,最高限价制度始终取决于建立了这一制度的逻辑。它不是为了解决例外的经济问题建立的,而是山岳派有些不情愿的平均主义竞相许诺的产物。因此,在罗伯斯庇尔垮台之前,1794年3月底对埃贝尔派的清算,就给了这个制度第一击。当埃贝尔及其拥护者被送上断头台时,巴黎正极度缺粮:正是这一原因强化了对于生活资料委员会的改革所造成的、始于2月的演变;生活资料委员会此后被分为两个部门,它所能发挥的真实作用遭到削减。救国委员会并未放弃最高限价,它刚刚颁布了一个最高限价的总进度表,但它应允增加订货或向供货商提供津贴,来减轻最高限价对他们产生的影响。至于零售，囤积居奇监察员的取消，减轻了检查机构的负担，并让平行市场一点点繁荣起来。革命军队在芽月7月（1794年3月27日）被解散，这产生了类似的效果。最终，委员会再次批准允许粮食出口，以便将大宗国际贸易纳入它正在进行的事业之中。

至于最高工资，由于国有工厂自身是共和国中最大的雇主，委员会继续实施最高工资。如果它废除了法定最高工资，这将为经济流通增加额外的通胀压力。然而，尽管法律存在，在很多地方，譬如在乡村，当受雇佣的人要求以实物支付工资时，他们就会获得加薪。通货膨胀继续威胁着他们不稳定的生活水准。罗伯斯庇尔派独裁的最后几个月，工人不满的信号不断增加。热月10日（7月28日）晚，就在马车将罗伯斯庇尔及其追随者送往断头台的途中，易变的民众辱骂着这些失败者，人们在其中还听到普通百姓喊着："该死的最高限价！"

12月底，革命政府被全面拆毁，在这一背景下，最高限价事实上被废除了。对外贸易、货币兑换和银行业务重新获得了自由，政府用供应商取代了统制经济。然而，它通过征调权，为自己保留了在有需要的情况下，保障市场和军队供给的可能性。然而，主要问题是价格自由的回归，它将热月党人控制的国民公会卷入到一些不同的、但同样难以解决的问题的循环之中，这些问题包括：指券的暴跌、外汇交易的崩溃、金属货币和商品的匮乏和昂贵、按财富定量配给以及民众的悲惨境况。另一段历史开始展开，革命资产阶级在其中既找到了自己的信念，又找到了自己的利益。

最高限价和统制经济这段插曲留下了重要的记忆。与它那异乎寻常的特质、它与战争及"公共拯救"之间的联系相比，它所蕴含的意图更为长久地保存下来，这种意图是：保护小民、穷人，也许还要打击富人。即便从那时起，它就成为了一种在很大程度上低效、开销巨大且专制的行政体系的源头，那又有什么关系呢？更重要的是，它在大革命之中就展现了一种雄心：它力图将平等原则延伸到人们的现实生活条件之中，以此来超越这一革命本身。只要热月9日庆祝恐怖统治终结的小油灯熄灭，限价法令的插曲就以这种方式为对罗伯斯庇尔主义的社会主义解释，或者同样地，为对法国大革命的社会主义批评指明道路：巴贝夫的时代即将来临。

弗朗索瓦·孚雷

延伸阅读

BRUGUIÈRE, Michel. *Gestionnaires et profiteurs de la Révolution*, Paris, Olivier Orban, 1986.

CALVET, Henri. *L'Accaparement à Paris sous la Terreur. Essai sur l'application de la loi du 26 juillet 1793*, Paris, Imprimerie nationale, 1933.

La Commission des subsistances de l'an II. Procès-verbaux et actes, publiés par Pierre Caron, Paris, E. Leroux, 1925.

GUÉRIN, Daniel. *La Lutte des classes sous la première République. Bourgeois et «bras nus» (1793-1797)*, 2 vol., Paris, Gallimard, 1946; 2e éd. 1968.

MATHIEZ, Albert. *La Vie chère et le mouvement social sous la Terreur*, Paris, Payot, 1927; rééd. 2 vol., 1973.

参见条目

指券（Assignats）
巴贝夫（Babeuf）
平等（Égalité）
忿激派（Enragés）
吉伦特派（Girondins）
革命政府（Gouvernement révolutionnaire）
马拉（Marat）
山岳派（Montagnards）
无套裤汉（Sans-culottes）
恐怖（Terreur）

革命宗教
Religion révolutionnaire

标题是"革命宗教",人们也可以使用"大革命的宗教"(religion de la Révolution),或"诸革命宗教"(religions révolutionnaires)。在这些类似的标题中,问题却无处不在:名词与形容词的组合,单数的选择,乃至似乎革命宗教存在的证明都有问题。卡缪骄傲地断言:"我们无疑有改变宗教的权力。"我们是否应该把他当真,相信的确存在一种革命宗教,而非革命者的愿望或幻想?

实际上,如果人们认为法国大革命粗暴地将宗教放逐到私人信仰的领域,或者如果赞同托克维尔的说法,承认"宗教暂时被卷入被民主所推翻的力量之中",宗教与民主的分离让法国大革命成为历史上的奇事,那么可以说,名词"宗教"和形容词"革命的"之间存在着尖锐的矛盾。在宗教与大革命之间,存在着两种原则之间的冲突以及互相排斥的关系。有关教会和大革命的基督教历史编纂学偏爱这一主题:它不承认在大革命的种种崇拜(cultes)中有任何宗教性内容,并发展出了一种观念,认为宗教与诸革命宗教在教义上是对立的。

革命宗教的复数形式让我们回到奥拉尔与马迪厄之间的旧争

论。实际上，奥拉尔在谈到革命宗教时，只愿用复数形式，甚至只说大革命的各种宗教：因为在他的眼中，革命崇拜只不过是保卫民族的权宜之计，它回应着一系列的政治需求，并由相互竞争的政治团体付诸现实。于是，人们经埃贝尔派的崇拜，即理性崇拜，来到了罗伯斯庇尔派的崇拜，即最高主宰崇拜。换言之，革命崇拜是人造之物，既是政治对立的手段也是其目的。奥拉尔不相信这些崇拜中包含任何宗教性内容，也不相信它们与任何集体需要或作为整体的革命方案有关。对他而言，不存在什么革命宗教。

马迪厄明确对所有这些观点提出了挑战：他反对奥拉尔的"人造论"，认为革命宗教是一种自发的创造，是一朵由18世纪哲学催发的迟开的花。他反对多元论，认为它是统一的——应该将各种革命崇拜理解为一种整体性尝试。最后，马迪厄反对奥拉尔将宗教的社会特征和政治特征分开，作为涂尔干的热心读者，他捍卫它们的连带性。实际上，马迪厄从涂尔干那里获得了一种对于宗教的定义，他将宗教界定为一种普世现象，尽管它有大量特殊的表现，但其本质却是不变的；界定为"一个与神圣事物，即与众不同的、禁忌的事物相关的，信仰及实践的连带体系"；界定为将个人整合到社会中的全部约束：革命崇拜声称，作为社会宗教，它们拥有这些统一且富有尊严的特征。此外，当马迪厄在涂尔干那里读到宗教就是"严肃的生活"时，他可以想象他最喜爱的英雄罗伯斯庇尔会满心欢喜地对这一定义表示赞同。对他而言，当然存在一种革命宗教。

尽管出于论战的需要，奥拉尔与马迪厄之间的差异被戏剧化了，但缩小这一差异也是有可能的。由于奥拉尔并未按照他所要求的严密性,对他所枚举的崇拜一一进行考察:他记下了存在于理性崇拜和最高主宰崇拜之间大量的"互相感染",因此必须假设,它们摆脱了创造出它们的那些对立团体,他还承认,与他一上来所假设的相比,它们有着更多的一致性。至于马迪厄,他也不再一概否定"人造论"。因为,如果革命宗教是一种替代性宗教,那么,就应当将这种替代品归因于人;而且马迪厄对他们就这一事业所做的尝试表示了尊敬。与其讨论革命宗教,不如说大革命想象出并建立起一种宗教。人们在革命与宗教之间建立起的是一种外部关系,即大革命拥有自己的宗教,尽管这令马迪厄感到不快。

这种关系可以作为成功的例子加以探讨——如马迪厄所做的那样,也可以作为失败的例子加以探讨——如从贡斯当,经傅立叶到基内的整个历史编纂学传统所做的那样。贡斯当在观察时,写了一句之后不断为人重复的话:"即便是最默默无闻的小村庄中如此小的圣人,在战场上与所有列阵和他交锋的权威战斗时,也不会全无优势。"贡斯当将失败归结为习惯的全能;而傅立叶则将其归于革命者贫乏的想象力:他们低估了天主教会东山再起的能力,不懂得如何反对它,也没有异教高贵的勇气。基内将这两种解释结合起来:他从贡斯当那里借来了失败的主题,从傅立叶那里借了对懦弱的诊断和对宗教的策略性解释。他同样认为,如傅立叶所说,"宗教事务遭到了重重一击。"这记"重击",就在于让另一种宗教,取代了天主教。基内对革命崇拜所创造的可悲符号表现出了蔑视,但这种蔑视是模棱两可的。他认为在理论力量方面,革命者实际上是无力的。他和卡缪一样,认为对革命者而言，改变宗教是可能的。因此，他较少说一种革命宗教——因为其中，政治仍与宗教分离，而更多地说一种大革命的宗教。

正是这种隐藏的"人造论"，让米什莱觉得无法接受。他反驳基内，认为假如说法国大革命没有接纳任何教会的话，那是因为它自己成为了一个教会。对于革命象征符号的批评，并未对一种米什莱式的确信产生多大影响。这种确信认为，在大革命的教会中，"信仰就是一切，形式无足轻重。"大革命无力为自己提供另外一个基础，这种无力要好过大革命强大到以自身作为其基础。这里，认同关系胜过了外在性关系。大革命无需发明一种新的信仰，既然它自己就是这一信仰，至少直到革命者"从正义降至得救，从积极观念降至消极观念"的那一天是如此，因为从未有"消极观念能确立起一种新的信仰"。但在大革命历史上这个灾难性的转折点之前，宗教与大革命是携手共进的，"革命宗教"就是一种同义迭用。

"革命宗教"？我们必须将其视为一种不当的，甚至是令人气愤的表达吗？还是应该如奥拉尔那样，用复数形式的"革命崇拜"取而代之？抑或一方面如马迪厄那样，另一方面如傅立叶或基内那样，用"大革命的宗教统一体"取而代之：宗教成功了，大革命失败了？还是如米什莱所提议的那样，用"一种革命—宗教"取而代之？

坦率而言，第一个革命宗教是基督教，尤其是天主教。联欢节（fêtes fédératives）体现了宗教热忱和革命热忱之间的结盟。它们将庆典弥撒和公民宣誓糅合在一起。它们带着那些新生儿，

315

经过国民自卫军用佩剑搭起的拱道,来到祖国祭坛,在那里,新生儿的襁褓被佩戴上了三色徽饰,他们接受了双重洗礼:天主教的洗礼和大革命的洗礼。它们听到本堂神甫在布道,这同样在日程之中。高卢教会在这些庆典中扮演着关键角色,它庆祝着大革命与福音之间的亲缘关系,或如富歇所写的那样,庆祝着"宗教与自由之间的和谐"。在革命的头几年,成百上千的演说、布道、讽刺文字、爱国祷文,见证了大革命为了使"基督教的启示能和爱国主义产生共鸣"这一观念大众化所做的努力:要么明确让宪法的统治和福音的统治互相接近(1790年10月,库唐斯的本堂神甫说:"推崇上帝子民之间甜美的博爱和神圣的平等。");要么颂扬一种爱国者耶稣的形象;要么如同在一些更为大胆的文本中那样,重新界定上帝的王国。这个王国远非纯粹精神上的,而是要将一种权利上完全平等,也许还包括财产共有——原始教会已经提供了神圣的典范——的尘世生活强加于人。

《教士公民组织法》引发的震荡,打破了这种心与心的交融:第一次分裂出现在1790年秋天,源于教士宣誓一事。不过,爱国庆典仪式和宗教庆典仪式仍相伴相随,直到标志着第二次决裂的1791年夏天。正是这个夏天,国王逃至瓦伦;人们在米拉波身后出版了他的一次演说,米拉波在演说中建议将基督教从爱国庆典仪式中排除出去,因为基督教的朴实严肃无法将就跳舞、唱歌以及亵圣的戏剧;人们将伏尔泰的遗体迁入先贤祠,这不仅是第一个没有宗教参与的革命节日,还是反教士态度的一次展示,而宪政派教士对此提出抗议。

在立法议会被阴云笼罩之时,宗教与公民责任感之间的分离得以完成。人们还能发现一些本堂神甫，以体现"在一个自由的民族之下，宗教与崇拜的和谐共处"；但正如德·莫瓦（de Moy）所做的那样，这只是为了展现一种摒弃教士服饰、禁止教士独身、强制推行公民葬礼的愿望，在这种葬礼中，死亡被视为永恒的沉睡。此后，"普世教会"就是政治社团的普世教会，因此，朗特纳斯（Lanthenas）在1792年呼吁各个政治社团结成联盟；正是从这种新教会中，"爱国传教士"动身出发，献身于布讲理性和法律崇拜。8月10日后，制宪议会迈出了决定性的一步：鉴于一些信徒对宣誓派本堂神甫所行圣事的反对带来了严重的混乱——这种混乱已经进入出生、受洗及去世证书的注册之中，1792年9月20日，立法议会的代表们将民事身份世俗化，而且为了便于统计，他们使离婚合法化。对本堂神甫而言，这是一项传统职能的终结；对所有人而言，这是与过去的断裂。这也是宪政派教士脱离革命阵营的起点。

迈向替代性崇拜的新步伐，来自于一些省以及一些特派员的创造性行动，这些特派员通常是旧教徒。尽管共和元年宪法宣布了宗教仪式自由，但是革命者推迟实施这部宪法，直到和平为止，这为他们留下了自主行动的空间，他们很快时而禁止礼拜日办公（安德烈·迪蒙［André Dumont］在索姆省［Somme］就这么干），时而劝教士结婚（富歇在涅夫勒省就这么干），而且他们几乎在所有地方都发起了一种汪达尔人式的进攻，针对那些所谓的"外部标志"：十字架、耶稣受难像、门廊下的圣徒雕像（由于当时糟糕的财政也要求人们寻找贵重金属，所以，教堂内部的财产也不会得到更多的尊重）。巴黎在最初有些许保留：既便是埃贝尔，即便是肖梅特，即便是无套裤汉，即便是公社，都迟迟未跟随这一运动，人们意识到这是一伙外国革命者干的，他们属于埃贝尔派的中间派，包括阿纳卡西斯·克洛茨（Anacharsis Cloots）、佩雷拉（Pereyra）。在那些破坏场景（最具象征性的场景是，人们在兰斯砸碎了圣油瓶）以及始终伴随这些场景的荒唐行列中，最终出现了一种替代崇拜。它第一次接管了天主教在公共生活中所扮演的角色，它第一次自称革命崇拜。无论如何，这是一系列企图中的第一个；这一系列企图，是想让人们根据情况来对一种革命宗教所具有的尊严表示同意或反对。

在所有革命崇拜中，史书描写最多的是理性崇拜，在最坏的情况下，它将其视为"一种永久的狂欢"，在最好的情况下，则将其视为"对天主教仪式夸张可笑的模仿"。它认为，在"理性崇拜"的名称之下，人们真正得到的是各种混杂的要素：在教堂中为理性祝圣、银质祭品、教士发誓弃绝、自由殉难者崇拜、非基督教化运动参加者荒诞不经的游行。这是一种多形态的集合体，以不守成规和夸耀卖弄为特色："一种眼与耳的宗教"，傅立叶如是说。在非基督教化运动参与者的胜利日，即1793年11月7日所举办的庆典仪式，混合了所有这些要素，这显然是一种偶然现象。当天，国民公会收到富歇从涅夫勒省的教堂夺来的财宝，听到巴黎主教的弃绝誓言，巴黎省和巴黎公社决定将最初在罗亚尔宫举办的"自由节"这一公民节日，自下周日起转移到巴黎圣母院举行。人们还庆祝了"理性刚刚战胜了18个世纪的偏见"。同样的戏剧也将在外省上演，并可以或多或少地自行增添一些内容。但几乎在所有地方，借助于显现与隐没这种简单的舞台透视，它都包含一个核心情节：一名战胜了狂热盲信的女性，散发着光芒，光芒驱逐了暗影和怪物。正是这一景观成为了人们所称的"理性崇拜"的核心。

这一称呼算不上名副其实，因为它既与某种崇拜毫无关系，也与某种理性崇拜毫无关系。它不是一种崇拜：理性节拥有深刻的戏剧特征。它的主题和演出均借鉴自歌剧剧本。如同在剧院一样，它可以"再次上演"，实际上，它将在国民公会面前重新演出。它将自己限制在教堂空间之内（更多是因为季节的限制而非反教士的挑衅）。最后，如同在剧场中一样，它需要一位知名女演员的参与，基内就注意到，她加强了整个节日的人为特征："一小时后，女演员褪去了她的神圣性。"在这场经常需要许多人工技术的戏剧中，并没有什么东西能传递一种崇拜观念：女演员是炫目的中心，可没有任何人向她祈祷。

此外，它是一种对于理性的崇拜吗？19世纪末的历史编纂学感兴趣的是这种"崇拜"，它将其解释为对自由思想所获胜利的宣告。但这种解释是为了揭示：人们所庆祝的理性并不具有原则性，在这里的确是理性，但在别处，就是自由，或自然（谢尼埃的颂歌赞颂道："自由女神，大自然的女儿。"），或在一个鲜有个性、拥有多个名称（民情节、美德节），甚至包含了祈求最高主宰的节日中，就是胜利；这种解释是为了揭示它缺乏良好的逻辑。因此，不要将理性节过度体系化。它在历史编纂学中导致了一种丑闻，这种丑闻并非源于它所传递的信息，亦非源于它所传递的画面；而在于积极推行非基督教化行动的形势，这种形势，同样由于缺少全国性方案而具有了弹性，它有时使掠夺的情形变多，有时使可笑的队伍人数增加，有时希望理性节具有革命军队圣像破坏别动队的形象。

作为理性崇拜继承者的最高主宰崇拜，却缺少这种弹性。将它和理性崇拜相对照是相当容易的，因为发明它的人自己都在一步步进行着比较。对此，只需指出以下情形就足矣：在庆祝理性的仪式中，人们拼命焚烧的是教士长袍和无边圆帽，今后焚毁的则是具有无神论寓意的形象（在巴黎，罗伯斯庇尔亲自点火）。然而，也不要过于强调这种焚烧仪式，它并非庆典仪式的中心：最重要的部分是一支由老人、母亲、年轻姑娘及儿童组成的队伍，这支队伍分成几段，并伴有赞歌、抛向天空献给"伟大组织者"的花朵以及为感激最高主宰而进行的祈祷。这次，仪式所具有的实际上只是崇拜的表象。其中没有观众，只有主祭；没有公众，只有人民。最后，大卫设计的流程被送往各地，在全法国境内举行的庆典仪式几乎不允许有地方的自主创新。

历史编纂学从未将这一庆典仪式与对罗伯斯庇尔个人政策的解释分割开来。共和二年霜月1日，罗伯斯庇尔中止了非基督教化运动，这是他对雅各宾派的第一击。霜月18日，仍然是在罗伯斯庇尔介入后，国民公会才确认了崇拜自由的原则。（愤怒的基内写道："那天，罗伯斯庇尔和救国委员会的那些人获得了拯救反革命、宣布它不可侵犯的荣光；那天，他们为旧宗教所做的，比圣多明我和托尔克马达所做的还多。"）花月18日，正是罗伯斯庇尔做了一个关于共和原则的长篇报告（他确定获得新生的庆典仪式在全年的分布，其中，最高主宰节就是第一个例子）。

节日当天凑巧是罗伯斯庇尔成为国民公会主席的日子，他身居最醒目的位置，看上去像是一名大祭司。随着罗伯斯庇尔的最终垮台，最高主宰崇拜也被取消。人们有足够的理由将这个新崇拜和一个人格及命运联系在一起。

一些历史学家，如奥拉尔，从这一崇拜中看到了一种深奥神秘的灵魂和真正的宗教方案。另一些历史学家，将其视作一种伎俩：它时而是一种不怀好意的伎俩，旨在于重获的社会秩序之上确立有产者的财产（丹尼尔·介朗）；时而是一种善意的伎俩，旨在调和大革命与天主教（马迪厄）。因此，在历史学家那里，最高主宰崇拜总是引发了同样两个问题：它是一位信徒的发明？还是一名谋士的安排？

且不说真诚这一情感是难以度量的，我们也实在不必在这两种均得到有力论据支持的解释间做出选择。我们无需假定罗伯斯庇尔有任何特殊的神秘主义倾向（如夏尔勒·勒德雷所说的花月"神秘的危机"），以此解释他的最高主宰信仰。这一室外崇拜，是一种自然宗教的体现，它从狭窄的圣殿及教士的出席中解放了出来，由此，既"净化了"迷信，又"净化了"无神论；这一崇拜并不是非常个人化的想象的证明：它是整个18世纪知识精英的梦想和心愿。诚然，它从罗伯斯庇尔那里获得了对于某种气质的承认和这种气质所具有力量：执着于声望的本能，强化了他对于骗人的小把戏和表演卖弄的厌恶。

罗伯斯庇尔重视这种自然神论的崇拜，他个人也支持它，然而很显然，这并未阻止罗伯斯庇尔为它制定了一个最终目的，即恢复宗教和道德思想领域中的秩序。花月报告充斥着关于确立和完成的动词：将道德"系于"永恒的基础上，"确定"（法律和财产），"居于"（正义的基础之上）。简言之，这是通过创立一种国家宗教来结束大革命。

无论是所追寻的目标（结束大革命），还是所采取的手段（共和典礼是作为整合和保存社会的一种手段）都无法让罗伯斯庇尔特别为人赞美或遭人辱骂。他重申了一个启蒙运动的老观点（宗教对于遏制人民是有用的），并阐释了革命思想中的一个老生常谈。而且，我们要牢记这一点，即最高主宰节是建立公民庆典仪式这一总体方案中的一部分，该计划是由公共教育委员会起草，马蒂埃作为报告人陈述的。罗伯斯庇尔重新采用了这一方案，并保留了其核心内容。我们不要忘了也有开明观点赞成这一庆典，不要忘了有人从中体验到了一种安心的舒适感觉，还有，不要忘了节日所获得的成功。

然而，无论花月演说还是最高主宰节，都带有一个罗伯斯庇尔式的特有印记，即，新崇拜与恐怖的关系。这种关系常常被描述为一种纯粹的时空毗邻：在巴黎这一空间中，断头台和最高主宰节宴会共存（这已经让许多历史学家感到愤慨，一些人是出于断头台，另一些是出于最高主宰节，还有一些是出于乌托邦式的节日和死亡工具之间刺眼的对比）。巧合的是，这个节日和牧月那些恐怖法令的通过之间只隔了两天。实际上，这种关联远远超出了一种偶合：罗伯斯庇尔有意让其中存在一种逻辑联系。花月报告则清晰地显示出了这一点：它在看上去几乎无法共存的必要之事之间，建立起一种不容置疑的联系："平静地居于正义这一不变基础之上，并使公共道德复苏"（换言之，创造一种国家宗教);"将惊雷投向罪人头上,让闪电如雨般落向敌人"(换言之,战争及恐怖统治)。人们能够感觉到这两套必要之事之间的协调一致。一些人相信,一种盲目的力量随机地攻击罪行和美德,后世也无法得以修补,简言之,他们赞同"肖梅特令人沮丧的学说";要让这些人接受恐怖统治,并非易事。而更加不容易的是,让个人对恐怖统治负责。要使人容忍恐怖统治的必要性,抹去一切个人印记,有比天意更正当的理由、更好的庇护所吗?由此,最高主宰绝非一种不适当的幻想,而是一种适当的、以正统性来支撑恐怖统治的手段。

这个为热月所吞没的国家宗教,可能是革命宗教(religion révolutionnaire)吗?很难说它不是。但也存在着这样的迹象:在各个城市和村庄送给罗伯斯庇尔的贺词中,就有许多对下述情况表示了遗憾,即人们没有在官方方案所准备的赞歌和祝圣词之中,增添获得最高主宰庇护的祷词。这是一种迹象,标志着在这个矫揉造作的宗教中,实际上并没有求助于最高主宰的踪迹;它只为宗教感受性提供了很少一点精神食粮。

最后一次企图创立一种革命崇拜的尝试,使用了"敬神博爱教"(théophilanthropie)这个毫无魅力的名称,它既像最高主宰崇拜,又不像最高主宰崇拜。新崇拜和在它之前的那个崇拜有所不同:督政府和议会对罗伯斯庇尔的记忆太过深刻,因此新崇拜并未获得政权的官方认可,尽管它一度享受着政权的保护。敬神博爱教在共和四年雪月26日举行了第一次盛会,此时它仍然是一种民间事务,是共济会中形成的小团体的创造,这些人团结在一位不知疲倦的书商、新崇拜的组织者、仪式的创造者、仪式手册的编写者谢曼（Chemin）周围。带着对新宗教的热情，瓦朗坦·阿维（Valentin Haüy）率领他的盲童合唱团加入其中，杜邦·德·内穆尔、贝纳丹·德·圣皮埃尔（Bernardin de Saint-Pierre）和督政官拉雷韦里埃－勒波也加入其中。尽管有这些人的努力，尽管有来自军队、还俗教士、记者和书商的骨干——他们保证了新宗教在外省，尤其是法国中部得到一定程度的扩张，但这种崇拜将遭受因督政们和议员们缺乏热情而造成的损害；将遭受各种各样要求建立一个国家宗教的提议所带来的损害。对于这些提议，督政们和议员们，如塔洛（Talot）在共和四年获月所做的那样，答复道："我们绝非一种新崇拜的创造者。"这一表述宣告了对于革命雄心壮志的放弃。在祛魅的背景下，人们能理解，当共和六年花月政权转而反对雅各宾，这就意味着敬神博爱教的彻底终结。

然而，人们在新崇拜中，如同在最高主宰崇拜中一样，也可以发现 18 世纪流行的自然神论。因为敬神博爱教承认福音道德与共和道德之间的和谐一致，有时它甚至赞同将"耶稣，犹太哲人"作为真正的创教者。它还自称是一种净化了的崇拜，没有教士——家长取代了他们、没有象征物、没有图像、没有塑像，回归最初的简朴。（敬神博爱教徒必须自称"原始基督徒"。）它还重新建立起与宗教的社会效用这一主题的联系：宗教庆典仪式不但在使重要的个体身份证书，如出生、结婚、去世证书变得庄严这方面不可或缺——因为没有仪式，生活就会在毫无价值之中散架；而且，它们独自就能决定那些单纯的人应承担的义务：有良好教养的人最终"通过一种理性的选择"来实践社会美德，可拉雷韦里埃-勒波说，或者说忧郁地承认："那并非一个真正的民族。"谢曼走得更远："一个庞大的人的聚合体，他们不承认上帝，相信可以将他们的罪永远埋葬在坟墓之中，这个聚合体很快将变成一支凶残的兽群。"

敬神博爱教是一系列庄严朴素和具有教化作用的庆典仪式的集合。它拒绝诉诸于想象，由此便注定失败。按照傅立叶的说法，对于一个渴望某种"使他们充满热情"的崇拜的民族而言，它过于"富有理性"。作为革命者所梦想的"大刀阔斧的非常手段"，它并不会比之前的崇拜更成功。

我们已经从一种崇拜走到了另一种崇拜，那么，我们终于能讲出它们是一种崇拜还是多种崇拜，评定奥拉尔与马迪厄谁对谁错了吗？我们能够理解为什么奥拉尔等人所写的政治事件史强调接连不断的尝试和复数的崇拜仪式。但如果我们考虑到崇拜的内容，那么马迪厄的论述就更为中肯：规律性大于独特性。相互竞争的团体，尽管互相对立，但都分享了共同的信念：道德构成了宗教的基础，法律形成了民情。我们甚至还赞叹那惊人的集体本能，它在与天主教的决裂甫一完成，就催促着革命者按照相同的模式，构想出关于长者、家庭、友谊的庆典仪式，勒南在其中看到了一个"幸福资产者的伊甸园，他们分成小组自娱自乐，依照法令信仰"：这的确是一种统一的世界观，但还不足以让我们确信它是一种宗教。

那么，哪里可以找到这种革命宗教（religion révolutionnaire）呢？人们可以在官方崇拜的边缘寻找它，或如米什莱所想，在革命冲动自身中寻找它。

1793年夏天和秋天，因马拉之死激发了一波波的情绪，于是，铺张的丧礼、圣人化、半身雕像的揭幕成倍增加。人们能从中看到各区之间，各民众俱乐部之间的竞争。人们还能像阿尔贝·索布尔那样，在其中辨认出一种真正的崇拜：普罗大众非理性的宗教情感，在这里得到了满足。将这些典礼仪式解释为一种真正的崇拜，有赖于为人熟知的事实，反革命历史编纂学也始终在凸显这些事实：马拉之心被置于圣器之中，悬挂在科德利埃修道院的穹顶上，称颂他的赞美诗（《啊，马拉，啊，基督》），祈祷文和教理书出现。马拉，以及随后加入的沙利埃（Chalier）和勒佩勒蒂埃，被视为圣徒，人们祈求得到他们的保护。不过，这里还需迈出艰难的一步。这种解释较少依据人们的举动（触摸、亲吻"革命圣人"的半身塑像，从中借取一种仍极为罕见的治愈力），而更多依据一直被引用的文本。但在革命语言中，自由"殉道者"就是一名英雄。在与一种全然人性化的英雄气质相关的图像和语言中，宗教职责消失；这种全然人性化的英雄气质，将马拉以及布鲁图、莱库古、卢梭、伏尔泰，混合安置在一座道德万神殿内，耶稣也作为"可敬的犹太贵族制牺牲者"位列其中。人们同样称"不朽的"马拉，不过，在大革命的话语中，不朽，与其说是一种希望，不如说是一种残存于集体记忆之中的符号，正如葬入先贤祠（Panthéon，原意万神殿）所展现出来的那样。此外，对革命者而言，教理书和福音书是利用传统模式的一种方法。一本教理书有这样的文字："除马拉外，我们不会有其他的神"，革命女性共和主义者社团中的女性宣誓说，"除了他（马拉）的文集外"，不会把"其他任何福音书"交给她们的孩子；这些都不足以得出存在一种真正的信仰这一结论。在向1793年的革命圣徒所表示的敬意中，人们无疑能发现情感性参与的迹象，但这种崇拜缺乏本质内容，即请求获得神圣的庇护。这些圣徒并非代为求情者。它仍是一种革命崇拜的粗胚，而非一种革命宗教。

由此，人们就还得将大革命本身重新解释为一种重获的和重新被赋予的基督教精神。埃斯基罗斯[①]写道："某些现代作家将民主视为基督教思想的必然发展。对他们而言，法国大革命出自于福音，或者我应该说，它是体现在某个事件之中的福音本身。"这种解释就会带来的确存在一种革命宗教这一结论；在米什莱的著作中，人们能找到这种解释最生动的形象和最有力的论据。在米什莱看来，大革命是一种宗教，因为它既是再生，又是创立：它的神圣性如同洗礼的那种神圣性。大革命是一种宗教，因为"它无视空间和时间。"大革命是一种宗教，因为它展示了每个人同属于人类，并且使妇女和儿童再次融入公共生活。对米什莱而言，后者至为重要。大革命是一种宗教，因为它将个人从自身剥离开来，坚持不懈地致力于将个人与同胞、个人与祖国联系起来。联盟节和公民宴会证明着个人与同胞间的联系；祖国则成为集体统一性的新表达，公民，在一种坚持不懈的宣誓仪式中，发誓保卫它，并许诺为它献出生命。

如果我们同意米什莱的说法，忘掉种种具体的革命崇拜，那么，就得说存在着一种与大革命合为一体的宗教吗？如果我们将

[①] 指 Alphonse Esquiros（1812—1876），法国作家。引文出自其《山岳派史》。

革命宗教定义为重新赋予祖国和人性以一种对于神圣事物的情感，那么，我们得说"是"。革命崇拜绝不是企图驱逐神圣的事物。天主教的悲剧性、痛苦有益论及阴沉的特征一经消灭，革命崇拜的发明者就尽力设法去发现共同的基石，以支持他们的典礼仪式。这个共同的基石就是，揭示一种存在于每个人之中，却又超越每个人的同一人性。罗伯斯庇尔说过，必须"激发人心里对于人的那种虔诚的尊重"。卡巴尼斯（Cabanis）补充道：必须赋予人以一种"关于其存在之尊严的崇高观念"。耶稣也被认为是一名"崇高的人"。革命者通常要求以这种人所具有的人性的神圣性，来证明个体为整体牺牲这一革命宗教核心信条的正当性。

然而，如果有人相信，宗教必须指明另一种存在、另一个场所、一种异乎寻常的状态，那么就不存在革命宗教。大革命庆典仪式的组织者将生理纽带和社会纽带神圣化，确切而言，除了人之外，他们无法想象出超乎人之上的其他存在。他们悲壮地尝试通过庆典仪式的公共性，使贡斯当所谓的"私人情感"变得庄严，而这恰好表明集体纽带正在变弱，人们愈益退缩进私人生活："革命宗教"恰恰宣告和象征了一个没有宗教支持的社会的来临。

莫娜·奥祖夫

延伸阅读

AULARD, Alphonse. *Le Culte de la Raison et le culte de l'Être suprême (1793-1794). Essai historique*, Paris, 1892.

BOWMAN, Franck-Paul. *Le Christ romantique, 1789: le sans-culotte de Nazareth*, Genève, Droz, 1973.

LATREILLE, André, René RÉMOND ET AL. *Histoire du catholicisme en France*, t. 3, Paris, Spes, 1962.

LEDRÉ, Charles. *L'Eglise de France sous la Révolution*, Paris, Laffont, 1949.

LEFORT, Claude. «La Terreur révolutionnaire», *Essais sur le politique, XIXe-XXe siècle*, Paris, Seuil, 1986.

MATHIEZ, Albert. *Les Origines des cultes révolutionnaires (1789-1792)*, Paris, 1904.

MATHIEZ, Albert. *La Théophilanthropie et le culte décadaire, 1796-1801. Essai sur l'histoire religieuse de la Révolution*, Paris, 1904.

MCMANNERS, John. *The French Revolution and the Church*, Londres, SPCK for the Church Historical Society, 1969.

MENOZZI, Daniele. *Les Interprétations politiques de Jésus, de l'Ancien Régime à la Révolution*, trad. de l'italien par Jacqueline Touvier, Paris, Cerf, 1983; éd. originale: *Letture politiche di Gesù. Dall'ancien regime alla rivoluzione*, Brescia, Paideia, 1973.

SOBOUL, Albert. «Sentiment religieux et cultes populaires», *Annales historiques de la Révolution française*, 1956.

参见条目

教士公民组织法（**Constitution civile du clergé**）

非基督教化（Déchristianisation）

联盟节（Fédération）

埃贝尔派（或科特利埃派）（Hébertistes（ou Cordeliers））

启蒙运动（Lumières）

马拉（Marat）

米拉波（Mirabeau）

罗伯斯庇尔（Robespierre）

恐怖（Terreur）

汪达尔主义（Vandalisme）

选举制度
Suffrage

选举是大革命期间议会内外众多辩论和对峙的焦点。公民参与政治的边界是什么？选举团体如何组成？自1789年起，这些问题就是最重要的问题。前后几个议会所做出的回答，并不足以显示大革命所实验的政治制度的特征，不过，它们都凸显了这些政体的价值、期望及其正当性的理由。

大革命将主权交还给国民，在此之前，国王仍依据一种外在于社会的原则，把持着它，由此，大革命把选举置于新政治秩序的中心，选举成为一种公共权力制度化和正当化的必要模式。与这一目的相联的，是对于选举的全新定义：选举是公民身份的象征，而公民身份与社会的有机表征截然不同，是从平等的个人出发加以界定的。投票个人化和平等化、多数规则及匿名投票，可以实现公民对将要施加于他们身上的权力的真正同意。同时，选举将政治和社会分离开来，就抵消了一个统一政治体中的社会多样性，由此阻止了任何社会团体将自己与权力等同起来：实际上，投票的不再是真实的、具有社会特征的人，而是抽象的公民，在法律上，他们被定义为自主且同等的公民。选举产生同意，所有人"立即，或通过他们的代表"将权力制度化：它是安宁政治生活的保障。可是，启蒙时代的继承者，制宪议会代表们宣称：选举无力消除种种充满暴力且"陈旧"的政治行动，这将让人颇感苦涩。

纳税选举制在 1789 年及 1795 年的实施能保证基于普遍同意原则的政治体系的融贯性吗？想要理解选举所具有的既根本又受限的地位，就必须考虑到多重因素，其中，代表制原则扮演着重要角色。

代表制基于对人民直接行使主权的拒绝。在理想状态下，人民直接行使主权无疑更好，但这只能在规模有限的社会里实现：微弱的需求和简单的利益，使个人"对公共事务而言，总体上是可用的"。相反，在一个社会和经济都很复杂的大国中，在一个基于权利平等而非奴役的社会中，根据分工的原则，则适合建立一种代表制，以处理公共事务。但选出的团体并非仅仅是时局所需的媒介：公意并非个人意志的总和，只有个人意志中的共同点才能进入唯一的公意构成，一切与私利相关的事物会被排除。代表制的建立，是为了通过协商来完成形成公意这一工作。代表制将一个多样化的社会统一起来，它就是集合起来的国民，离开了它，就只有个人。

代表制使选举具有极其重要的地位，因为，正是通过投票，公民在公意的形成中发挥着作用：公民选择那些将负责以国民的名义说话，或为他们说话的人；同时，代表制也规定了选举的限度。选举，一方面是必要条件，另一方面是充分条件：它任命权力的暂时持有者，但它也意味着公民同意他们选出的代表行使那种权力。选举带来某种选择,但它不允许任何控制;制宪议会将坚决反对任何扩大选举适用范围的提议,其理由就是,代表制议会的审议特征要求代表不受任何委托人的影响。1789—1790年通过的法律,在这方面有非常明确的规定:选举仅限于表决,它禁止选举议会审议或限制所选出的那些人的权力:在投票表决中,选举人耗尽了他们的权力。票数一旦清点,当选者就脱离了他所在的选区,成为作为一个不可分割的整体的所有选区的代表,成为全体国民的代表。西耶斯写道:"所有县(canton)相互授权,相互委托,以进行这种局部选举;也正出于此,这种局部选举被认为是整个共同体的工作。"每个县,乃至每位选举人,在选举制度中都代表国民:选举人不是在行使一种权利,而是履行国民委托给他的一项职能。纳税选举只有在与选举是一种职能这一学说相联时,才说得通,才情有可原:在这一层面,它与关于每位公民都有参与制定法律的权利的《人权宣言》第6条相协调,因为只要耍些花招,每一次投票就都能被视为是全体国民的意志的表达。

西耶斯由此对普遍权利和政治权利进行了区分:前者是"消极的",因为它们自身属于联合体的所有成员;后者是"积极的",因为它们是为了整个社会体的利益,由国民委托一些人来行使。选举是一种公共职能,"没有人对此拥有权利,社会按照利益的规定来分配这一职能"(巴纳夫,1791年8月)。行使政治权利的能力应该用社会功利来衡量。

直到1792年,选民(corps électoral)的构成才回应了以下3个主要标准:完全的、不会因破产或诉讼而中止的公民身份,独立判断及"关心公共机构",即关心一种对于事和人的良好统治。根据这些条件中的第2点,所有被认为在其意志的运用中依赖他人的人,如未成年人、女性或仆人,都被排除在选举之外。整个大革命期间,除仆人外(1793年宪法赋予了他们公民权利),许多此类群体一直被排除在选举之外,尽管有几个孤零零的声音为女性选举权辩护,如孔多塞和西耶斯。第3个条件意味着:国民权力的行使必须要托付给那些私利与公共繁荣息息相关的人。积极公民必须是在公共事务中拥有"利益"的人,人们愈能确认这一点,在责任的梯子上就爬得愈高。制宪议会代表质问道:人们能合理地假设那些一无所有的人,那些什么都不珍视的人,能为保存社会秩序和繁荣的法律投票吗?各种纳选举税法令的目的全然在于此,此类法令为数众多,人们还能将"在同一个县(canton)居住达1年"这一条件列入其中,在一个拥有相当多"流动"人口的国家里,这个条件相对能发挥筛选的作用。

在种种不合资格者这一问题上,人们很轻松就达成了一致。然而,对于纳选举税条件的确切界定,就没那么轻松达成一致了。在1789年底的辩论中,两种倾向相互对峙,制宪议会则寻求两者之间的妥协。

富裕、受过教育、拥有闲暇的公民——有产者的形象是从启蒙时代和重农学派那里继承来的,并始终存在于1789年的政治想象之中,被认为是具有权衡民族利益的能力的保证,被假定是稳重审慎的。1795年布瓦西·当格拉斯同样将这一模式作为一堵最有效的堤坝,用以抵挡可能出现的向共和二年"无政府状态"的回归。长期以来,孔多塞将公民身份与"对于一块土地的权利"

相联。制宪议会中的不少代表，如杜邦·德·内穆尔或卡扎莱斯，要求将选票留给土地所有者，后者甚至认为应将那些只关心利润、没有民族情感的大商人排除在外。

在制宪议会中，存在着一种趋势；作为下个世纪自由派和"空论派"所捍卫的思想的先驱，该趋势赞同一种基于能力的制度：巴雷尔同样要求不要将民族繁荣的真正源泉，"工业和工艺"排除在外；巴纳夫在1791年提前使用了1793年所著作品中的内容，更为系统地发展了一种选举理论，这种理论将首要角色留给了社会中的"中等"阶级，即动产财富的生产者，他们因利益与一个"自由政府"相连，并由此构成政治体系的最佳基石。

制宪议会最终选择了一种基于强制性税收的选举制度，它在卡扎莱斯的传统主义和巴纳夫的现代主义之间寻求一种妥协，由此使自己和这两种相对立的倾向区分开来：选举人的资格取决于缴纳3个工作日收入（1利弗尔10苏至3利弗尔）的直接税；次级选举人的纳税额定为10个工作日的收入（5至10利弗尔）；最后，要想行使代表的职能，就必须是有产者，并缴纳相当于1个银马克（超过53利弗尔）的税。根据统计，在1791年，1/3的公民被排除在选民之外；60%的积极公民符合初级被选举人资格纳税额；但只有不到20%的人达到1个银马克这一具有高度筛选性的门槛。

这一制度一上来就执行得很糟糕：1790年头几个月行政上的真空及税收上的混乱无序，造成了难以解决的困难，这迫使制宪议会着手安排，颁发特别许可；在宪法委员会中，未来的斐扬派甚至推动那些旨在取消银马克的陈情书。1791年8月，制宪议会几乎彻底修改了这一制度：他们取消了有关财产的条款及银马克法令，所有积极公民均可入选立法团（Corps législatif）；与之相应，重新明确确立了次级选民资格的中位纳税额（此后，根据情况，它从15利弗尔至65利弗尔不等）。此次重新调整，在某种意义上实行了巴纳夫的提议，即负责做出决定性选择的次级选举人需要有一种特殊的能力。人们要求他们达到相当高的选举人资格纳税额，由此希望能保证他们不做出糟糕的选择。与之相反，被选举人资格不再取决于任何财产条件，而仅仅依赖于选举人根据"德行和天赋"来辨别公民的能力。1789年僵硬且等级森严的制度，在1791年让位于一种更具弹性的结构，后者将筛选辨别组织和向所有人开放所有职业的原则调和了起来。

选举税（cens）与《人权宣言》的原则相悖吗？1791年宪法序言的同一条文，既规定立法会议不能制定任何与《人权宣言》相悖的法律，由此赋予《宣言》以宪法式的价值；另一方面，它又授予立法者一种权力，去界定在《宣言》中仅以抽象方式所确立的权利的具体内容，因此，也就是为这些权利设限。在后一层面上，任何由国民代表予以批准的法律，都不能以与《宣言》不相容为由被宣布无效。然而，对许多人来说，选举税与平等原则不相容；他们有意忽略了制宪议会所做的双重区分：一方面是权利与其行使之间的差别，另一方面是公民权利与政治"权利"之间的差别。

选举税基于平等原则，即使它造就了一种无可否认的不平等，这看起来似乎是自相矛盾的。这种情况出自于原则上的平等与现实不平等之间的张力。选举税通过确立一种最小的差别，以保护平等原则免遭抽象平等所产生的负面效果的影响,这种抽象平等,是在未考虑现实情况下确立的。巴纳夫就评论道,让"穷人"进入选举人团体,事实上就是将"富裕"置于国家之首。平等原则造成不做区分地招收新选举人,这种招募将不可避免地导致现实不平等的加剧。孔多塞在1788年同样强调,政治组织应借助一种适度的选举税,寻求建立可能的平等,以阻止最富有与最贫困的公民之间、那些没有利益关系的人与那些其私利超出其他任何考量的人之间,通过抽象的平等,形成灾难性的合谋。在这些情况下,普选将不可避免地导致操控和收买人心。不过,正如关于这种很可能存在的合谋的萦念所凸显的那样,在1789年,拒绝普选,就是优先考虑进步主义和精英的改革精神,而不是考虑社会中的抬码加价以及也许存在的保守倾向,的确,并没有什么能确保1789年的"巨震"对社会产生了深刻影响。

  选举税似乎认可了一个"税收贵族群体"(但这是一个相当宽泛的群体)的权力,在这一点上,它本身造就了假象。单凭选举税,是无法行使选举权的:一个人还需在选民名单(listes électorales)上登记,并进行公民宣誓,换言之,一个人必须明确表明他参与政治生活的意图。这是一种基于自愿的体制,并非所有缴纳了规定税收的公民都被自动登记在册。诚然,这种特征并非刻意设计的产物,因为制宪议会否决了西耶斯的提案,该提案想让选举依赖于一种有别于普通课税的、适度的自愿捐税。不过,当制宪议会批准了公民无论其税收状况如何,都得自愿缴纳爱国税时,它实际上是采纳了一种自愿体制。更加具体地说,推行中的税收改革,减少了间接税,增加了直接税,这一改革应该会使得积极公民的数量得到迅速而显著的增加。此外,纳税选举制注定会放宽:这里,我们再次在一种根深蒂固的信念中看到了这个世纪的乐观主义和理性主义,这种信念就是:良好的法律、公共教育和经济进步所产生的效果,很快就会"增加公民的数量,并减少民众的数量"(孔多塞)。

纳税选举制反映了一种谨慎的考虑,一种让政治权力摆脱无组织、可操纵的"大众"的影响的愿望。然而,它并不是对于1789年所释放的平等动力的反动。相反,平等的动力才使得人们有可能将纳税选举制界定为普选的序幕。

普选,以及对被选举资格所需条件的废除,是革命要求抬码加价的主要内容:正是在这些诉求之上,罗伯斯庇尔建立了他惊人的名望,兄弟会蓬勃发展;晚些时候,雅各宾派于1791年7月底分裂,之后,他们与巴黎各区最激进的斗士结成了紧密联盟。在8月10日前所进行的动员中,一部分就是关于公民平等这一主题的。这些诉求在政治辩论中的重要性在于,它见证了一种尤为强烈的不公正之感,即便这种感觉并非事实。人们还会对存在于这些要求和对于普选制几乎普遍的冷漠之间的不相称性感到震惊:1791年的一次统计,揭示了在卢森堡区被认定为积极公民的1600人中,勉强有800人在选民名单上登记,只有不到400人参加了选举;此外,所有一切都表明,在1792年8月普选确立后,之前的消极公民并没有利用这一被承认为他们所拥有的权利。

相反,反对选举税的一方非常清晰地显示出一种富有策略的手段:他们能以《人权宣言》中所表述的普遍原则,反对制宪议会表决通过的成文法，用前者否定后者的全部合法性。同样，罗伯斯庇尔在1791年4月揭露纳税选举法令与1789年庄严宣告的权利相悖：制宪议会限制选择的自由，并且在政治权利的行使中以不平等摧毁了天然的平等，因此，它违反了这样一些原则：保存这些原则反而是成文法的最终目的。对罗伯斯庇尔而言，制宪议会必须废止一个"一无是处且毫无效用"的法律，该法律的表决通过是出于这样一些似是而非的理由，如一个民族所拥有的（虚幻的）主权不同于这个民族的成员，或公民权利与政治权利的差别。

激进话语并不满足于只是谴责一种能轻易纠正的不公正；它在两个方面，触及代表制的核心：1. 只有普选才能将国民和整个政治权力机构联系起来；2. 对选举的适用范围加以限制对国民主权而言是毁灭性的，因为这是为了"议会专制"的利益，剥夺了国民的权利。

这两大论据中的第一个，对在纳税选举制框架下设计的立法团体的代表性提出了异议：代表们将是积极公民的代理人，而非国民的代理人。一些批评强调，冒着将社会中的一部分人排除在政治生活之外，并将其边缘化的风险，对积极公民和消极公民进行区分，这对国内和平是危险的，有可能会削弱国民代表制必须依赖的共识，这些批评也并非全无道理。从政治视角而言，此种因间接选举模式而恶化的局势，反而（*a contrario*）使得为了将俱乐部和社团建成监督代表制的机构而进行的尝试合法化，人们怀疑这种代表制违背了一个并未完全参与其制度的民族的利益和意愿。从1790年到1792年，在以俱乐部中所表达的"舆论"取代选举作为权力合法化的模式方面，反纳税选举制阵营做出了强有力的贡献。

关于第二点：1789年12月，《巴黎革命》上的一篇文章对选举税与人权的不相容进行了提醒，之后它强调，选举的新合法性"没有消灭国民自由，因为它并未将最大部分的法国人［从立法会议中］排除出去，并由此剥夺了他们协助批准法律的权利"。相反，是将选举权的行使限制在有限几种选举之中的法令，摧毁了国民主权。关键之处在于控制立法机构的行为，在于人民对这些行为的批准，而非在于选举代表，在选举权的行使中，后者最终被视为一种较不重要的，甚至是无关紧要的方式。

339　1792年8月10日的起义，敲响了1791年宪法的丧钟，它为选举的双重扩展开辟了道路：自10日起，普选得以确立。9月，国民公会宣布："只有人民接受了的宪法，才算是宪法。"

对奥拉尔而言，这两部法令标志着民主精神在大革命中的胜利。可惜，对此必须泼点凉水。应该注意，1792年普选是有限制条件的：年满21岁（而非此前要求的年满20岁）的成年男性公民，可以投票，不过他要达到下述条件：能证明在同一市镇居住达1年，有足够收入，被认为是"以劳动成果为生"，这就等于将那些不纳税的人排除在外。此外，对间接选举模式的支持，将在很大程度上消解人们期望普选所能产生的效果。之后的各种宪法提案都宣称支持一种真正的男性公民普选，但如果孔多塞在1793年让人民进行直接选举成为一项强制规定的话，那么，6月通过的宪法则重建了间接选举来任命公务人员，甚至还重建了一种三级选举来选举行政会议（Conseil exécutif）。由于这部宪法在1793年

10月被无限期推迟，1792年8月表决通过的法律继续发挥作用，直至共和三年的全民公投。

根据1792年9月21日法令的规定，初级议会于1793年7月召开，对是否接受宪法进行投票，但这些在1793年所预期的、更为宽泛的制度，并未能付诸实施。在这方面，孔多塞的提案仍然最为雄心勃勃，它考虑将公民投票应用于否决那些被判定为与个人权利相悖的法律，应用于宪法条款的通过，应用于对宪法条款修订的建议，应用于立法团体就涉及公共利益的问题寻求意见，最后，应用于立法动议。在孔多塞的提案中，选举权的行使将创制权、批准权及在较小范围内的动议权这三重权力结合起来，由此，它居于一种非常宽泛的民主制的中心，在这种民主制度中，国民所持有的、能直接行使的权力，远超他们委托出去的权力。孔多塞的提案勾勒出一种近乎理想的民主制度的框架，离开这位哲人的理性主义假设，它便无法实现；这一假设是：整体的生命力，有赖于每位投票人都必须符合这位哲人之前所界定的"有选举权的人"（homo suffragans）的模型。

更为务实的是，在吉伦特派垮台后表决通过的宪法文本中，所有涉及某种立法动议权的条文都被删除，它仅仅给初级议会保留了对于立法团"所提呈"法律的否决权。1793年宪法没有2月提案那么雄心勃勃，但它似乎仍要实现1792年夏天的诺言。一项更为细致的考察显示出情况并非如此。在2月提案中，初级议会构成了政治秩序的基石，孔多塞致力于保障国家基层选区之间的完全平等。在6月的文本中则相反，一种所有组织都难以抗拒的上级权力统治了各机构，在很大程度上使初级议会拥有的权力变得无效。这种权力就是各区的"人民主权",如激流般无法控制的、未明确的制宪权力。决定初级议会所选出的受托人的最终权限属于主权者。与用选举来做决定的初级议会不同,"人民"以起义亮相,他们才是合法性最高及最终的授予者:议会选举代表,而"人民"在任何时候都可以否决他们!那么,除了一种临时的合法化模式外,选举还意味着什么?在这一临时模式中,"人民的意志",甚至如1793年《人权宣言》中的某一条明确规定的那样,仅仅"一部分"人民的意志,就能宣布选举结果无效。

341 1793年宪法,远非共和二年革命者的那种让人无法企及的理想,相反,它实际上是制度合法性与民众合法性这一双重性的果实,这种双重性能在1793年6月2日,以主权人民的意志之名,将一部分在普选中当选的国民代表除名。

1793年6月的宪法,是最坚定的普选支持者的作品:他们将那些在1792年让他们获得胜利的手段神圣化,由此揭示了其民主信念的限度。促使选举最为理想化的扩大的斗争走向了对于选举的绝对贬低,因为他们付诸未经界定的"人民"的不确定意志,以压倒大多数公民所确认的合法愿望。在这一意义上,当共和二年革命政府以事实取代了权利时,它并未偏离宪法的精神:确切地说它是毫不掩饰地确认了这一精神。

选举在后来所发生的变形,证实了一种制度的失败,而这种制度是1789年的主要成果之一。

共和二年的风暴一旦过去,热月党人便再次发现制宪议会代表曾经面对的一个重大问题:在人民主权原则与制度稳定之间达成妥协。不过他们吸取了1793年局势失控所带来的教训。共和三年获月,布瓦西·当格拉斯阐释了指导起草下一部宪法的精神:"要有勇气免受绝对民主和毫无限制的平等这些虚幻原则的影响,对真正的自由而言,它们毫无疑义是最可怕的暗礁。"在选举方面,共和三年宪法在很大程度上采用了"改良过"的1791年宪法文本中的条款,不过,它还是向所有缴纳直接税的人开放选举人资格。一个新条文阐明了建立屏障以阻止可能回归恐怖统治的意愿。国民公会成员反对以年轻和无知为特征的1793年"汪达尔人",他们一方面提高被选举人资格所需的年龄;另一方面预备自共和七年开始,任何公民,如果不能证明自己能读写,就不能在选民名单上登记。正如人们所知,共和七年,法国的制度再一次改变,因此,这一条款从未得以实施。

人们能克服1792年的失败吗?各区运动于牧月彻底失败,民众俱乐部被解散了,从而有可能终结了使"主权人民"得以在6年间对各种制度发动攻击的机制。正常化的主要障碍得以清除。然而,自共和五年果月起,显而易见的是,两年前表决通过的宪法已经无法达到它的目的:合法性仍取决于争夺权力的斗争结果。选举在督政府时期的命运,就是个明显的例子:对政坛人士而言,只有在选民们与他们的利益相一致时,选举的判决才是合法的,在这种情况下,"国民公会集团"在政治上得以存活;选举必须是一台机器,通过公民投票来认可在位的那伙人。然而,选民们的保守倾向危及督政府所奉行的"中庸"路线。此外,这个包括了共和二年的"恐怖分子"及"沉默的"大多数代表的政权已名誉扫地,每次选举,它都身处选民的羞辱之中:在共和五年果月,之后再次在共和6年牧月，督政府取消了与政府指示相反的选举结果，显示了它对选举的不屑。1799年，一份亲政府的报纸是这样来总结其观点的："督政府，既不喜欢保王党人也不喜欢无政府主义者，它将会懂得如何让一切井然有序……"

选举的反复失败，不能归于某个单独原因。大革命初期，它在面对一种平行的合法化模式时失败了，因为这种模式将"街头"的判决强加于投票箱的判决。督政府统治下，情况则反了过来：选举一直在各机构中占据一席之地，但这种成熟的状态，又导致一种新的失败，这次是由于政治权力的干预。在1792年及1795年，选举散播了不稳定：在1792年，是因为它没有必需的力量来挺住，而在1795年，是因为它拥有了手段，并掌握着政治的未来。

人们也许会指责选举的频率过高：各院每年更换1/3成员，导致多数派发生变化，这不利于政府行动的协调一致。然而，选举频率在选举制度中并非只占据次要位置：这是以坚持不懈的方式将权力带回其源头的一种手段，而非无关紧要之事。在反抗一种也许想象甚于实际的君主绝对主义时，自1789年起，人们所做的一切都是为了限制专横的权力，并以将被国家所夺走的一切还给市民社会的方式，来确保后者之于前者的优先地位：无疑，1789年所构想的那种代表制倾向于一种议会制度，在这种议会中，聚合了所有被认为是属于国民的权力；但立法团体两年一次的更换，确保社会与国民代表之间的交流绝不会中断，并以此限制了与议会无限权威相连的危险。制宪议会则毫不松懈地致力于削减国王（并非由选举产生的行政权掌握者）的权限及决定权，直至从他那里夺走所有实权。选举因此既是一种权力合法化的有力手段，又是限制这种权力的首要机制。反之，正是虚构的"人民主权"使选举无效，成为使权力在1793年摆脱市民社会控制的借口。选举由此在1793年夏，成为行政部门的中央集权化和（在救国委员会的形式下）行政权的加强这一双重过程的首个牺牲品。恐怖统治之后，1795年宪法标志着向1789年精神无可否认的回归，然而，在督政府时期，一些1793年的趋势却仍在延续，如解放行政权及削弱公民的影响。

雾月18日政变结束了所有这些模糊之处。宪法颁布后不久，便部分按照西耶斯所提出的方案，取消了选举。在普选的基础上重新遴选的选举人团体必须具有双重职能：首先，让选举人的"公民簿"保持最新状态；其次，通过每级10选1的缩减，选出将列入市镇、省及国家名单的"候选人"。对西耶斯而言，这是完好无损地保存代表制原则的方法，借此希望除非得到国民的同意，任何人都不能行使权力。"信任来自下面，"他写道，并补充道，"权力来自上面。"由此，他将自己在1789年所设想的公务员的权力，扩展至政治权力。然而，共和八年，当他希望把组织指导国民选举的权利委托给一位"大选举人"时，宪法却将这一权力赋予保守的元老院，由它负责从人民所设计的"候选人"名单中选择人选，以填补所有职位空缺。无可否认的是，选举的实质内容已被掏空。行政权加强，而且这次是决定性加强，所付出的代价，便是选举遭到摧毁。

帕特里斯·格尼费

延伸阅读

研究法国大革命中的选举这一问题的著作很少。不过，我们在奥拉尔（François-Victor-Alphonse AULARD）的《法国大革命政治史》(*Histoire politique de la Révolution française,* Paris, 1901.) 中找到了许多可用于分析的材料。相反，第三共和国的学家从法学方面对选举进行了深入的探讨，在这些法学家中，必须援引的有：Raymond CARRÉ DE MALBERG, *Contribution à la théorie générale de l'État,* 2 vol., Paris, Sirey, 1920-1922; rééd. 2 vol., Paris, CNRS, 1962. 我们还可以参考 Eugène PIERRE, *Traité de droit politique, électoral et Parlementaire,* Paris, 1893; Albert LHEURE, *De l'influence de la fortune sur la capacité politique,* Paris, 1900; Maurice GRAS, *Du suffrage politique censitaire en France et en Belgique,* Montpellier, 1910. 近来，罗桑瓦龙使一直接受大革命经验影响的后一时期的选举问题得到重视，见 Pierre ROSANVALLON, *Le Moment Guizot,* Paris, Gallimard, 1985.

参见条目

革命议会（Assemblées révolutionnaires）
巴纳夫（Barnave）
中央集权（Centralisation）
民众社团与俱乐部（Clubs et sociétés populaires）
孔多塞（Condorcet）
民主（Démocratie）
人权（Droits de l'homme）
平等（Égalité）
选举（Élections）
公共精神（Esprit public）
民族（Nation）

重农主义者（Physiocrates）

西耶斯（Sieyès）

主权（Souveraineté）

图书在版编目（CIP）数据

法国大革命批判辞典．3，制度卷/（法）弗朗索瓦·孚雷，（法）莫娜·奥祖夫主编；张智译．—北京：商务印书馆，2022
ISBN 978-7-100-20328-9

Ⅰ.①法⋯　Ⅱ.①弗⋯②莫⋯③张⋯　Ⅲ.①法国大革命—研究　Ⅳ.①K565.41

中国版本图书馆 CIP 数据核字（2021）第 177139 号

权利保留，侵权必究。

法国大革命批判辞典
3
制度卷

〔法〕弗朗索瓦·孚雷　主编
　　　莫娜·奥祖夫
　　　张　智 译
　　　刘北成 校

商务印书馆出版
（北京王府井大街36号　邮政编码100710）
商务印书馆发行
北京中科印刷有限公司印刷
ISBN 978 - 7 - 100 - 20328 - 9

2022年2月第1版　　开本 880×1230　1/32
2022年2月北京第1次印刷　印张 10⅛

定价：60.00元